智能规划+旅游英语

Let's GO
欧洲自驾

（第 2 版）

《亲历者》编辑部 编著

中国铁道出版社有限公司
CHINA RAILWAY PUBLISHING HOUSE CO., LTD.

图书在版编目（CIP）数据

欧洲自驾Let's Go/《亲历者》编辑部编著 . —2 版 . —北京：
中国铁道出版社，2019.4
（亲历者）
ISBN 978-7-113-25240-3

Ⅰ . ①欧… Ⅱ . ①亲… Ⅲ . ①旅游指南 – 欧洲 Ⅳ . ① K950.9

中国版本图书馆 CIP 数据核字（2018）第 282558 号

书　　名：**欧洲自驾Let's Go（第 2 版）**

作　　者：《亲历者》编辑部　编著

策划编辑：聂浩智

责任编辑：杨　旭

版式设计：戴立志

责任印制：赵星辰

出版发行：中国铁道出版社有限公司（100054，北京市西城区右安门西街 8 号）

印　　刷：中煤（北京）印务有限公司

版　　次：2016 年 12 月第 1 版　2019 年 4 月第 2 版　2019 年 4 月第 1 次印刷

开　　本：660 mm×980 mm　1/16　印张：20　字数：320 千

书　　号：ISBN 978-7-113-25240-3

定　　价：68.00 元

PREFACE

如果你决定出去走一走，感受一下别样的风情，选择一个旅行目的地和一种属于你自己的方式是首要考虑的。你不妨考虑一下前往这个集历史、自然、风景和文化于一身的神奇地域——欧洲，体验一场快意人生的自驾之旅。

"欧罗巴"是一位神话中美丽女子的芳名，以此为名的欧洲同样是一个迷人的地方。这里有着悠久的历史和美丽的风景，有着瑰宝般的建筑和优雅的人文风情，有着壮丽的山峰、温婉的河流与桃源般的乡村小镇。璀璨瑰丽的古希腊文明，人性释放的文艺复兴，热情洋溢的西班牙风情，浪漫抒怀的古典音乐，闪烁着智慧光芒的经典哲学……这里的星空下点缀着古希腊神话的魅力，这里的土地上布满了文艺复兴巨匠们的痕迹，这里的空气中弥漫着经典哲学的气息，这里的河流中流淌着古典音乐的旋律。

来到欧洲，在英国富丽堂皇的建筑与生活气息充沛的平民小酒馆间游走，融入英国浓郁的老欧洲风情中，静静享受着静谧时光……不知不觉中让人领略到百变的绅士魅力，忍不住想要一起体味迷人的英伦风情。

驾车穿梭在西方文明的时空隧道，穿越雄伟的阿尔卑斯山、充满诗意的莱茵河与多瑙河，探寻风情万种的花都巴黎，飞驰于美丽迷人的蓝色海岸，品味着甘美的葡萄酒，陶醉在盛开的薰衣草花田，漫步于一座座富丽堂皇的宫殿与古堡……

就这样，自驾在欧洲，走走停停，将无数美景装入相机，人生因为阅历的增长变得分外清晰，这样的生活你想要拥有吗？

欧洲旅游委员会

目录
CONTENTS

导读：欧洲自驾实用信息

精品自驾游线路　　PART 1

英格兰、爱尔兰风情自驾　　PART 2

北欧自驾   PART 3

导读

欧洲自驾实用信息

SELF DRIVING TOUR PRACTICAL INFORMATION IN EUROPE

欧洲基本信息 CARD

欧洲基本信息	
名称	**基本信息**
洲名	欧罗巴洲
英文	Europe
欧盟总部	布鲁塞尔
欧盟 27 成员国	法国、德国、意大利、比利时、荷兰、卢森堡、爱尔兰、丹麦、希腊、西班牙、葡萄牙、瑞典、芬兰、奥地利、塞浦路斯、捷克、爱沙尼亚、匈牙利、拉脱维亚、立陶宛、马耳他、波兰、斯洛伐克、斯洛文尼亚、罗马尼亚、保加利亚、克罗地亚（截至出版日）
主要城市	伦敦、巴黎、柏林、法兰克福、苏黎世、维也纳、布鲁塞尔、哥本哈根、米兰、罗马、阿姆斯特丹等
官方语言	英语、法语、德语、西班牙语和意大利语等（语义冲突时以英语为标准）
欧盟盟歌	贝多芬《欢乐颂》
货币单位	欧元，也有的国家有自己的货币
欧洲道路通行方向	除英国靠左行驶外，其他国家基本为靠右行驶
家用电源电压	除法国某些地区为 127V 外，其他地区（包括法国）都为 220V
频率	50Hz
插座	每个国家皆有区别，最好购买"万能转换插头"
吸烟	酒店、餐厅和公众场所禁止吸烟，个别国家如荷兰、爱尔兰等国，在咖啡馆和酒吧同样禁止吸烟
酒店设施	大部分酒店均不提供拖鞋、牙膏、牙刷等日用品，需自备

浅识欧洲公路

在欧洲，高速公路一般标记以字母 A 开头，国道则用字母 N 开头。值得注意的是，欧洲还有以字母 E 开头的公路网，涵盖高速公路与普通公路，所以往往道路上既能看到 A 字头路标，也能看 E 字头路标。从整个欧洲看，德国的高速公路质量最高。

欧洲大多数国家的高速公路都是收费的，但由于地区性差异，各国对高速公路收费的规定也不尽相同。某些路段可接受现金或信用卡缴费方式，而有些路段则有"Electronictollonly"字样，表示只能通过电子缴费。下面对欧洲主要国家的公路收费问题作简要介绍，以供参考。

德国拥有世界上第一条高速公路，公路网络非常发达，但德国却是欧洲目前少数几个对轿车不收取高速公路费用的国家之一。德国从 2019 年开始实行高速公路收费政策。

英国的大部分高速公路都不收费，只有英格兰地区有 3 处收费，其中 M6 公路是唯一收费的高速公路，另外 2 个是桥梁，分别是塞文大桥和塞文二桥，位于英格兰和威尔士交界处。收费站采用人工和电子收费结合的方式，根据车辆大小不同，所收取的费用也有所差异，小汽车标准约为 5.5 英镑，6:00 ~ 22:00 实行优惠票价约为 1.5 英镑。虽然大部分路段免费，但如果车辆进入伦敦市区的话，还是会被收取拥堵费。

法国被称为"欧洲收费公路最多的国家",大部分高速公路都会收费。高速公路分段收费,以现金或刷卡形式缴费,每百千米大约15欧元。进入收费站前要看好车辆通行标志,走正确的车道。法国主要有3种通道:分别为带有"T"字标志的免停车自动扣费通道、信用卡通道,以及现金通道。需要说明的是,信用卡通道虽然方便,但大部分机器只识别带"芯片"的信用卡,不接受磁条信用卡。法国"国道"(字母N开头)一律不收费,如果是短途,或不受出行时间限制的话,可以选择国道自驾旅行。

意大利以收费公路为主,高速公路通常有3条车道,分为超车道、行车道和卡车道,车辆在临近高速公路收费站时会看到显眼的"距离收费处1千米"的标

志牌。此时驾车者就需要将车速放缓,驶进收费入口。收费站一般有4条通道,分别设有电子记账器收费、信用卡磁卡收费、现金收费和人工收费,每条通道用不同颜色区分。

意大利几乎所有的城市或乡村都设有ZTL交通限行区域("ZTL"意大利语为Zona Tmffico Limitato),只有购买了ZTL区域年票的车辆才可以通行。每座城镇的ZTL限行区域和限制时间不一,通常为周一到周六,周日不限制。在进入ZTL限行区域之前会有明显的指示牌,看到后可以选择绕行,避免直接闯入。

瑞士、奥地利、匈牙利等中欧国家的高速公路基本都收费,但高速路上很少有收费站,高速公路的过路费可通过购买税票的方式支付。在当地租车的情况下大多已经预付费用,这个可以在租车时事先询问,如果从其他国家经过时,可以在边界线、邮局或加油站购买税票。通常加油站旁边都会有超市,加油的同时购买税票比较方便,对于自驾旅行者来说有10天、20天、30天等不同种类票券可供选择,最少10天,费用约8欧元。

需要提醒的是，瑞士和奥地利的高速公路收费小票，必须粘贴在车前挡风玻璃的 4 个角才算有效；捷克的高速公路小票必须写上车牌号，然后再贴在车前挡风玻璃上；匈牙利则是在买票时提供给营业员车牌号，营业员会给你一张带有车牌号的发票。发票不需要粘贴，但需要保存好，遇到警察检查时以便出示。

西班牙高速主要分为 2 种，收费的 AP 高速和免费的 A 高速，目前主要高速有 6 条，分别命名为 A1 公路、A2 公路、A3 公路……A6 公路。AP 收费高速基本为百千米 1 欧元，通常每个方向的 A 字高速旁都会有一条 AP 高速。有些路段中 A 字高速公路中间会穿插多段 AP 高速公路。收费方式有现金和刷卡两种，需要提醒的是，上高速前最好准备 10 ～ 20 欧元的零钱，因为，有些出口只有自动收费机，只收硬币和小额纸币，而有的出口会接受人工刷卡。

葡萄牙所有的高速公路都会收取费用，不同路段收费不一，最高约 20 欧元。除传统的现金、信用卡缴费方式外，还有某些高速公路只接受电子缴费方式。在车辆通过收费站时，会被安装在通道入口处的电子眼识别，并即时显示"Electronictollonly（仅限电子收费）"字样。自驾游司机可以租用临时的"ViaVerde"游客电子收费系统设备，根据通行距离消费，直接从账户中扣除通行费。一般租车公司均会提供该设备的出租。

挪威、瑞典同样收取高速费

用，收费方式有自动缴费和人工收费两种，其中绝大部分都是自助缴费。车辆通过收费站时无需停车，而是在下一个加油站缴费（无论你是否需要加油）。芬兰和丹麦的道路大多数都免费，需要收费的一般是一些大型桥梁。

特别照顾

如果在缴费时走错了岔道，如人工收费走到了 ETC 通道，既不要着急，也不要强行变线，以免同后面的车辆发生事故。ETC 通道旁边有一个按钮可呼叫工作人员，按下之后稍等一会儿工作人员便会过去，之后最好给后面等待的车辆打个招呼致歉，通常人们都能理解，如果强行变道就会引起他人的不满。

Give Way：让行

Humps for 3/4 mile：左侧 3~4 英里有驼峰路段

限时速 30 英里

Cycle Lane：自行车车道 Look both ways：在路两侧

禁止转弯

Red route no stopping at any time：红线内禁止停车

Hang in there 悬挂，有陡崖路段

End Roadwork 道路施工

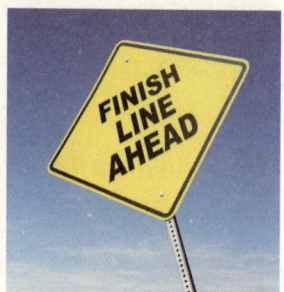

FInish Line Ahead 陡崖路标

欧洲旅行注意事项

到欧洲旅行，除了游山玩水外，不可避免会遇到与当地人交流的问题。尤其是欧洲国家众多，语言、习惯等与国内有诸多差异，如果能事先了解，早作准备，能使你的旅途更加轻松愉快。

语言问题 ≫≫≫≫≫≫≫≫≫≫≫≫≫≫≫≫≫≫≫≫≫

欧洲是一个语言种类非常丰富的地方，除了英国本土和北欧几个国家外，其他国家基本都有自己本民族的语言。尤其在法国、德国、意大利这些以本民族语言为骄傲的国家，除了大型的国际机场，街头巷尾几乎看不到几个英文。大部分国家的英文普及情况与国内相差不大，因此，在遇到衣食住行等问题需要向别人求助时，可以向一些青年人咨询，他们大都有一定的英语基础。

大多数情况下，只需要会读几个关键的单词，再配上全球通用的语言——"肢体语言"，就可以解决在欧洲自驾途中的基本问题。将常用的用餐、住店等语言提前制成信息卡片或下载语言翻译器，并随身携带当地地图都能为旅途增加许多便利。

货币问题 ≫≫≫≫≫≫≫≫≫≫≫≫≫≫≫≫≫≫≫≫≫

欧洲虽然有欧盟，但并不是所有欧洲国家都是成员国，也并不是所有成员国都使用欧元。像热门的旅游地英国、瑞士以及北欧国家中的瑞典、挪威和丹麦等都是使用本国货币。因此，在这些国家旅行时依然要使用英镑、法郎或克朗等当地货币。当从欧元区进入非欧元区时，可以在当地银行兑换一些零钱，以便支付小费等。需要提醒的是，欧洲有些国家的公共卫生间和停车场也需要投币，所以随身带些零钱是很明智的。

捷汇－汇率实时换算

兑换欧元时要注意搭配不同的票面，最好50欧元、20欧元、10欧元票面的都有。欧洲接受现金的地方通常只接收50欧元或以下票面，有些超市、商场则直接贴出不收100欧元及以上面额的标识。

去欧洲自驾，可以分别携带银联信用卡和VISA、Mastercard等国际信用卡，以便在任何地方都能随时使用。出国前最好先申请提升信用额度，因为部分情况下租车会收取较高的押金，提升信用额度可以避免在欧洲旅行时卡刷不出钱的状况。

营业时间

欧洲各国商店的营业时间基本都受到法律的约束，一般营业时间都是周一至周六，周日不营业。周六通常也会早早关门，一些小城则会从周五就开始休息。包括银行、邮局和一些政府单位，周日往往也是不办公的。所以如果是赶上周日到一些地方旅行，除了景区外基本就只能逛一些纪念品店了。

小费

给小费是欧洲的一种传统，也是一种文化，这种习惯本身也是出自于欧洲国家。因此，支付小费几乎在欧洲的生活中无处不在。小费通常是服务人员的重要收入来源之一，如果不支付小费就会被视为不懂礼数、不尊重他人的服务，甚至会引起纠纷。

欧洲旅行小费支付常识

需要支付小费的情况	通常的支付金额
侍者提行李	1 ~ 2 欧元
代客停车	2 ~ 5 欧元
打扫房间	5 欧元
餐厅用餐	消费金额的 5% ~ 10%；若账单中已标明包含小费，则不需要另给。此外，将零钱如 2 欧分、5 欧分作为小费放到桌子上是极不礼貌的。快餐和自助餐厅通常不用给小费
乘出租车	通常将车费凑成整数
坐马车游览	即便事先谈好价钱，付钱时也应多付 5 ~ 10 欧元作为小费
合影	与正式的警卫甚至皇家卫队的人员合影无需小费。与街头艺人合影需支付小费。在景点中，如果有身着民族服装的表演者或小孩主动找你合影则需要支付小费，一般为 5 欧元
看街头艺人表演	看清楚是否摆有钱箱，如果有，驻足观看通常需要支付至少 1 欧元的小费，匆匆而过则不需要

特别照顾

　　需要提醒的是，如果有人在广场上主动要求给你拍照，通常都会收取小费。别人主动提供服务的情况也与之类似，觉得没有必要或不想接受相关服务，可以婉言拒绝。另外，倘若觉得服务人员的工作很不到位，或产生了不愉快事件，可以拒绝支付小费。

行前必做功课

制定合理的旅行计划

对欧洲概况有了初步了解后，就需要根据自己的时间和自驾类型规划行程了。有份计划在手，走在路上就会觉得很踏实，设想到可能发生的问题和解决方法后，一旦遇到困难也不会手足无措。一份完善的自驾旅行计划基本需要考虑到以下几个问题。

确定自驾终始点 〉〉〉〉〉〉〉〉〉〉〉〉〉〉〉〉〉〉

想要去欧洲自驾的朋友建议提前半年就开始准备，计划行程，确定好起始城市和终点城市。因为越早确定行程就能越早订到比较便宜的机票，同时可以有充足的时间进行行前准备，提前 1 个月左右订好第一家住宿的酒店。

自驾旅行有时会扶老携幼，路上安全最为重要，英国的伦敦、法国的巴黎、德国的法兰克福和意大利的罗马等城市都是常见的自驾终始点。这些城市设施完善，有许多知名的景点，历史、人文与自然景观非常多，而且这些城市也都有国际机场，交通十分方便。

自驾时间安排 〉〉〉〉〉〉〉〉〉〉〉〉〉〉〉〉〉〉〉

欧洲国家众多，多国串行旅游通常需要 15 ~ 20 天的时间，中短线通常 5 ~ 7 天比较适合。每天的自驾时间也要计划在内，宁可每天早些出发，也尽量不要安排赶夜路，以确保旅行安全，最好能在傍晚前到达投宿地点。排除吃饭、休息、欣赏风景和游玩的时间，一天的驾车时间最好控制在 3 ~ 4 个小时。而且，很多人自驾旅行通常会与爱人和孩子一起，考虑到他们的身体承受能力也要避免长时间驾车。

自驾整体的时间安排不宜过于紧凑，因为在路上很可能因为天气或故障等原因耽搁行程，如果安排得太过紧凑很可能发生时间已经用完、但还没有到达预订目的地的情况，影响第二天的行程。同时，自驾旅行要保持轻松愉快的心情，尤其对于驾车者来说，要保持充足的休息。建议留出 1 天的灵活时间，可以在到达最终目的地的中间安排出来好好放松休息一下，然后以饱满的情绪重新开始下半段旅程。

旅行线路规划 ▶▶▶▶▶▶▶▶▶▶▶▶▶▶▶▶▶▶▶▶▶

规划旅行线路，首先我们需要一份详细的欧洲地图，地图可以在正规的新华书店购买，也可以利用 Google 地图。自驾游不外乎是体验驾车乐趣、观赏美景和领略异国人文风情，一条好的自驾路线基本可以将这几点很好地结合起来。

第一次去欧洲旅行的人，往往都想在有限的时间里走更远的路，观赏更多的风景。这是极不合理的，如果景点安排过多，到旅行的最后几天会体力不支，加上还要连续驾车，使旅程必然相当疲惫。在制定线路时要与自驾时间相结合，欧洲各国高速公路限速不尽相同，但通常为 100 ~ 110 千米 / 小时，普通公路和市区、乡镇的限速差异较大，所以每天的自驾里程最好控制在 300 ~ 400 千米，如果需要用一天时间从一个城市前往另一个较远的目的城市，中途也要注意休息，不可长时间连续驾驶。

景点的安排上，可以选出"必去景点"和"有时间就去的景点"，这样可以根据实际情况灵活安排，不会到时难以抉择。前往景点的路线最好是自然区域和城镇（城市）相结合，这样在自驾途中可以欣赏沿途风景，减轻疲惫。行驶到城镇（城市）区域时也可以适当做好补给。

如何办理签证

去欧洲自驾旅行，签证是必须的证件。因为欧洲国家众多，自驾路线常常贯穿多个国家，因此去欧洲旅行前需要办理欧洲多国通行的"申根签证"。任何一个申根成员国签发的签证，在其他所有成员国都被视为合法有效的签证。在签证有效期和停留期内，签证申请者可以在所有申根成员国内自由旅行。

目前的申根国共有26个，分别是：法国、德国、奥地利、荷兰、意大利、西班牙、葡萄牙、希腊、卢森堡、比利时、丹麦、芬兰、冰岛、挪威、瑞典、匈牙利、捷克、斯洛伐克、斯洛文尼亚、波兰、爱沙尼亚、拉脱维亚、立陶宛、瑞士、列支敦士登和马耳他。

需要注意的是，欧盟中的爱尔兰、塞浦路斯、罗马尼亚、保加利亚和克罗地亚目前尚未加入申根协议，如果计划在这些国家旅行的话，仍需单独办理该国签证。申根签证持有者无需办理任何手续，可直接入境摩纳哥、安道尔公国、圣马力诺和梵蒂冈。国内旅行者办理最多的是法国、德国和意大利签证，由于办理人数较多，通过率也较高。

办理申根签证（以法国为例）>>>>>>

法国政府在中国委托中智签证（TLScontact）受理赴法签证的申请，签证签发或拒签的决定权完全属于使馆领。同时，中智签证（TLScontact）也代理德国、丹麦、意大利、瑞士与荷兰等国的签证受理业务。在各个领区内又分别设置了不同的签证代理机构（具

中智签证官网

体信息可参考 P016 法国驻中国签证中心信息表），中智签证的官网为：corp.tlscontact.com。

预约申请

1. 进入官网后，在右上角的语言下拉列表中选择中文，即可进行签证申请的操作。

2. 选择目的地和所在国家，点击下一步按钮。

3. 选择相应领区的签证受理中心，此处以北京为例。

4. 进入签证受理中心的登录页面，如果没有账号，只需点击申请、填写邮箱、设置密码、然后激活，即可返回此页面。这里直接点击继续按钮，进入信息采集页面，按照要求将资料补充完整后，即完成申请。

预约和受理周期

网上注册和申请时需要确定预约日期，申请者最早可提前90天（以计划到达申根地区的日期为准）递交签证申请。网上注册完成后，将预约通知单打印出来，按照约定的时间到签证中心递交材料。

签证类型有短期签证、长期签证、过境签证等不同种类，签证受理周期（从申请材料由签证受理中心转至使领馆起计算）会因签证类型不同而有所不同。自驾旅行通常选择短期签证，短期签证在申请材料完整、符合清单要求且不需要额外审查的情况下，通常1~2个工作日即可完成。相关表格可在中智签证的官网下载。

材料准备

为了用最短的时间获得签证，申请者最好将以下资料准备齐全。

申根签证所需的材料	
材料	**说明**
申请表	申请表需按要求填写完整，以 A4 纸打印，页面不得有破损、污损和修改痕迹
护照	办理短期签证，应保证护照有效期超过离开申根国之后 3 个月以上，且至少有两页签证空白页，保证护照内没有刮痕、损坏或修改痕迹，且照片页的塑封膜完好，塑封膜脱落或破损的只能通过签发部门重新封塑
照片	近 6 个月内拍摄的正面、免冠白底彩色照片，照片尺寸为：3.5 厘米 x 4.5 厘米
银行对账单	银行出具的近 3 个月的对账单，无需翻译，但需在账户名旁用拼音标注，用 A4 纸打印。对账单内应包括机打的申请者姓名、账户的交易明细，体现日常收支记录。定期存折、存款证明、存单或信用卡不能代替银行对账单。申请者也可使用股票或基金账户情况加以补充，但不能替代，以能够体现月工资、养老金等收入的账单为佳
身份证及户口簿	若申请人为未成年人、学生或无业，需提交关系人（父母或配偶）的银行活期存折或活期银行卡（信用卡除外）最近 3 个月的进出账单，并提供户口、结婚证或出生证明等，以证明亲属关系
行程计划	如完善的旅行计划、宾馆预订信息、返回机票的订单等

特别照顾

虽然几率较小，但这种情况也曾发生，领事馆会要求签征持有人本人携带前往盖有法国出境章和中国入境章的护照和返回中国的登机牌（上面有姓名）到签证处以证明申请人已经如期回国，如果本人不去报到或不出示上述证明材料，领事馆在今后审核申请或者其他同一担保人 / 担保公司的申请时就会审核得更加严格。因此，在申根国出入境时最好请边警盖章，入境中国时请边防盖入境章，并保存返程登机牌 1 个月左右。

第一次办理申根签证的申请者，无论通过何种方式递交申请，都必须亲自前往签证中心采集生物信息（即指纹信息和数码照片）。申根签证的生物识别数据有效期为 59 个月，并且会在获得的签证页上标有"VIS"字样，如果上次采集后被拒签，再次申请时仍需重新采集。12 岁以下儿童无需采集，12~18 岁需在家长或监护人陪同下，在材料递交当天进行采集。目前，法国在中国大陆地区共设有 11 个签证中心，分别位于北京、上海、广州、武汉、成都和沈阳等地。

法国驻中国签证中心信息表

签证中心名称	地址	电话	服务时间
外企德科签证（上海）法国受理中心	上海市闸北区恒丰路 329 号隆宇国际商务广场 8 层	400-625-0000	周一至周五 8:30~16:30
中智签证（广州）法国受理中心	广州市越秀区东风东路 765-769 号东宝大厦 2 层（由扶手电梯直上）邮编：510623	400-625-0000	周一至周五 8:30~12:30；13:30~16:30
金茂法签武汉中心	武汉市江汉区建设大道 568 号新世界国贸大厦一座 901、902 室 邮编：430022	400-625-0000	周一至周五 8:30~12:00；13:15~16:30
中智签证（成都）法国受理中心	成都市锦江区总府路 2 号时代广场 B 座 2012 室 邮编：610020	400-625-0000	周一至周五 8:30~12:30；13:30~16:30
中智签证（沈阳）法国受理中心	沈阳市沈河区北站路 59 号财富中心 E 座 1401 室 邮编：110013	400-625-0000	周一至周五 8:30~12:30；13:30~16:30
中智签证（北京）法国受理中心	北京市朝阳区东大桥路 9 号侨福芳草地大厦 C 座 3 层 05 单元（可由南门进入）邮编：100020	400-625-0000	周一至周五 8:30~16:30
中智签证法国（济南）法国受理中心	济南市市中区二环南路 6636 号中海广场 20 层 邮编：250024	400-625-0000	周一至周五 8:30~12:00；13:00~16:30
中智签证（重庆）法国受理中心	重庆市渝中区大坪单巷子 88 号康德国际 2 号楼 903 邮编：400010	400-625-0000	周一至周五 8:30~12:30；13:30~16:30

签证中心名称	地址	电话	服务时间
中智签证（深圳）法国受理中心	深圳福田区深南中路1002号新闻大厦1号楼2层04、06室 邮编：518027	400-625-0000	周一至周五 8:30~12:30; 13:30~16:30
荣协签证（长沙）法国受理中心	长沙市岳麓区潇湘北路裕湘纱厂 邮编：410006	400-625-0000	周一至周五 8:30~12:30; 13:30~16:30
外企德科签证（杭州）法国受理中心	杭州市上城区望江东路332号中豪望江国际中心3幢601室 邮编：310008	400-625-0000	周一至周五 8:30~12:30; 13:30~16:30

签证费用

短期申根签证费用为60欧元，约408元；6～12岁儿童需交35欧元，约235元。签证费按当前的汇率以人民币支付，金额以使领馆出具的发票上的欧元数额为准。此外，需另交签证服务费约200元。以上费用可使用现金或银联卡在签证中心支付。

支付签证费用后并不能保证能获取签证，只要申请材料被递交至法国使馆后，无论是签证申请是否被拒绝，或者申请者自己停止申请，签证申请费用都不再退还。

领取签证

签证签发后会返回到签证受理中心，签证受理中心会以短信形式通知申请人领取。领取签证时需要携带申请人的身份证原件、复印件以及申请表校对单。如由他人代领，需要提供申请者的身份证复印件、申请表校对单和委托书，以及代领人的身份证原件和复印件。

特别照顾

通常来讲，颁发某申根签证的国家应该是该签证持有者的主要目的地国家，或者是该签证持有者进入欧洲的第一个申根国家。即如果需要前往多个申根国家，就应该在停留时间最长的国家的驻华使领馆办理申根签证；如果在多个申根国家停留的时间大致相同，就应到先入境国家的驻华使领馆办理申根签证。比如，办理的是法国申根签证却在荷兰入境，很可能会被遣返。

如何在欧洲与国内保持通讯

欧洲自驾旅行通常时间较长，途中穿行多个国家，可能今天还在德国，后天就到了意大利。旅行途中少不了要与亲人、朋友保持联系，沿途晒晒风景照片之类的，这就不得不考虑频繁在不同国家打电话和上网的问题。

保持通讯和上网，最直接的方式是开通手机的国际漫游，但这样价格比较贵。每到一国就购买当地 SIM 卡也可，一般可在书报摊、纪念品店买到，比较方便；在通讯费较贵的国家购买长途电话卡是非常实惠的选择。

这里主要推荐大家使用"欧洲通用手机卡"和"欧洲随身 Wi-Fi"。欧洲通用手机卡在国内各大网购平台都有销售，可以实现欧洲多国乃至全欧洲的自由通话，而且资费相比开通漫游便宜很多，相比频繁换卡方便许多。

Global Axis 官网

随着通信工具的丰富，微信、QQ、Skype 等都可以实现与亲友的沟通。如果使用网络比较频繁，可以购买欧洲随身 Wi-Fi，这种 Wi-Fi 不限流量，入境后连接到机器对应的网络，输入对应密码，就可以尽情地查路线、聊语音、拍视频、发微信。

使用随身 Wi-Fi 上网，与手机卡没有关系，只要手机有连接 Wi-Fi，功能即可，笔记本电脑也可同时使用。网上搜索"欧洲随身 Wi-Fi"，就能看到相关产品。全国各大机场都有这样的柜台，如首都机场、浦东机场、流亭机场等，可买可租。

这里再推荐一种 Global Axis 卡，可在欧洲 36 国实现漫游，有不同流量包选择，用完还可以充值，连接当地信号。Global Axis 官网为：www.myglobalaxis.cn。

租赁 Wi-Fi 实用英语短句 ⟩⟩⟩⟩⟩⟩

哪里可以租到随身 Wi-Fi？

Where can I rent portable Wi-Fi device?

在机场就可以租到。

You can rent it at airport.

随身 Wi-Fi 怎么收费？

How much do you charge for a portable Wi-Fi device?

3 欧元 1 天。

3 Euros a day.

一个设备可以供几个用户同时连接？

How many users will a portable Wi-Fi device serve at the same time?

一台设备最多可以同时连接 5 个用户，不过为了您有更好的体验，建议连接 3 个用户。

It can be accessed by at most 5 users at the same time. However, it is advised that 3 users access it at the same time for a better experience.

流量有限制吗？

Is there an upper limit on traffic using?

给它充满电需要多长时间？

How long does it take to have the device fully charged?

大约 6 个小时。

It takes six hours or so.

充满电可以用多长时间？

How long could it last after

fully charging?

将近 7 个小时。

It can last for approximately 7 hours.

现在需要付押金吗?

Should I pay a deposit now?

是的，如果设备有损坏，我们

会扣一部分押金。

Yes, if there is something wrong with the device, we would deduct part of the deposit.

请问无线网密码是多少?

What´s the password of the wireless network?

办理手机卡实用英语短句 ▷▷▷▷▷▷

我想办一张手机卡。

I want to buy a SIM card for myself.

我的手机是装着 Nano SIM 的三星 S7。

My mobile phone is Galaxy S7 with Nano SIM.

好的，请您选择一个号码，并填写一张表。

Ok. Please choose one number and fill out this form.

您还需要办理缴费手续。如果您没有本地的有效证件，就需要办理预交费项目。当

然，您也可以找本地担保人作担保或缴纳部分押金，办理后付费业务。

Then you need to make a payment. If you have no the home certificate, you need to select prepay module. Of course, you can also find a native warrantor or prepay partial deposit to select postpay module.

申请后多久可以使用?

If I apply for it, how soon can I use it?

立刻就能用。

You can use it at once.

我想订购一款带流量和无限通话的套餐。

I want to order a package with cell traffic and unlimited talk time.

特别照顾

如何在欧洲打电话

从欧洲往国内打电话：00+ 国际代码 + 区号 + 电话号码，以北京为例：008610-12345678

从欧洲往国内打手机：0086+ 手机号

自驾必带和限制携带的物品

到异国旅行，生活上不会像在国内那么方便，尤其欧洲跨纬度广泛，气候环境与国内差异较大，且部分地区基础设施并不完善，除了必要的证件外，还需要针对欧洲的天气状况准备一些旅行必需品。如北欧地区气候较为寒冷，尤其是山地地区，景色优美但气温很低，英国则因被海洋包围，气候温和但晴雨不定。

欧洲自驾必备物品清单		
类型	**物品**	**说明**
证件	护照、签证、驾照及驾照翻译件、公证件	这些是欧洲入境和驾车的必须证件，其重要性无需多言
衣物	各类防寒和防晒的衣物	欧洲南部与欧洲北部的气候可谓冰火两重天，如果行程安排中既有北欧国家、又有南欧国家，则需要准备防寒与防晒的衣物

类型	物品	说明
日常及防护用品	驱虫剂、太阳镜、雨具、太阳帽	欧洲沿海地区丛林茂密、灌木丛生，众多的自然公园也值得一游，但这些地方一般蚊虫较多，且天气难测，尤其在英国，有时晴雨不定，不少人都有出门带伞的习惯
	日常洗漱用品	这些东西有些大城市的酒店会提供，一些小的旅馆可能不会提供，有备无患
应急用品	用于感冒、腹泻、发炎、伤口止血等突发状况的必备药品	虽然欧洲各国医疗体系完善，但在路上遇到突发状况也是不可避免的，带些常规药品，旅途中如果有什么不适可以及时治疗或缓解，而且欧洲的药价可比国内贵多了
	自身有需要长期服用的药品	携带此类药品入境一般需要医生出具的处方
	地图、指南针、手电筒和望远镜	虽然车上通常都配有导航仪，但地图和指南针等基本工具却能在关键时候发挥作用，望远镜则能为提供更广阔的视野
记录工具	电子用品、通讯用品和变压器	一路旅途怎能不留下美好记录，但欧洲电压与国内不同，直接充电会对设备有所损伤，欧洲电源转换器各大网购平台均有销售
现金	欧洲某些地方取款不是很方便，出国前可以兑换少量欧元用于日常支出	欧元只能在欧元区使用，在非欧元区还是要换一些当地的零钱，以便支付小费等需要
露营用品	帐篷、睡袋、充气床、基本的厨具等	自驾旅行就是要体验自由，在河边、海边、山上等风景优美的地方露营，享受最自然的生活是酒店所做不到的，不少自然景区也都有设施完善的露营地

除了以上必备物品外，我们还需要了解一下哪些东西是欧洲各国海关禁止入境的，哪些是申报或经检查后可以入境的，这样能避免我们旅途开始时就遇到不顺心的事。下面分别以主要的入境国家英国、法国、德国和意大利为例，做个详细解说。

欧洲部分国家入境物品携带须知

国家	携带物品规定
英国	免申报物品：200 支香烟或 100 支小雪茄或 50 支雪茄或 250 克烟草；无汽餐酒 2 公升，另加酒精含量 22% 以上的酒精饮料 1 公升或酒精含量 22% 以下的酒精饮料 2 公升、香水 60 毫升或淡香水 250 毫升、在欧盟国家以外购买的总价不超过 145 英镑的物品
	需申报物品：电脑、高级相机、摄像机以及贵重的首饰等，超出免申报物品数量或重量的也需报关

国家	携带物品规定
英国	禁止携带物品：植物、蔬菜、鲜肉、动物、喷雾、管制药品、盗版物品（包括山寨名牌）、毒品、弹药、军火等
法国	免申报物品：香烟 200 支（10 包）、小雪茄 100 支、雪茄 50 支、烟叶 250 克、咖啡 500 克、浓缩咖啡（咖啡精）200 克、茶叶 100 克、浓缩茶（茶精）40 克、不带气泡的酒精饮料 2 公升、未满 17 岁的未成年人不能免税携带烟草和酒精饮料，香水 50 克或花露水 250 毫升、自用物品及自用药物，2 架普通照相机、10 卷胶卷、一台摄像机、打字机、计算器和 1 副望远镜
	需申报物品：超出免申报数量或重量的物品、超过 5 万法郎的现金和等价物品
	禁止携带物品：毒品、麻醉品、盗版物品（图书、衣服、鞋子）、药物、伪钞、放射性物料、枪械、植物、象牙、野生动物、法国政府禁止的书籍、武器和爆炸物等危险品
德国	烟草类（18 岁以上成年人允许携带）香烟 200 支、小雪茄 100 支、大雪茄 50 支、烟草 250 克、咖啡或含咖啡因物品 500 克、酒精含量高于 22° 烧酒 1 升或低于 22° 的 2 升、非起泡葡萄酒 4 升、现金和等值流通物 1 万欧元、在机车油箱里和后备箱的汽油加起来不得超过 10 升、药品数量应与个人消耗量相符，照相机 2 架、摄像机 1 架、底片 15 卷、CD 机 1 个
	需申报物品：超出免申报数置或重置的物品、专业摄影器材、乐器、1 万欧元以上的现金或等价物品
	禁止携带物品：麻醉剂、毒品、植物、动物、肉类食品、武器、违禁盗版图书或电脑软件、欧盟成员国以外的肉制品或奶制品禁止携带入境
意大利	免申报物品：香烟 200 支或卷烟（每支重量不超过 3 克的雪茄）100 支或雪茄 50 支或烟草 250 克、超过 22 度的蒸馏、酒精饮料或纯度超过 80% 的非变性酒精 1 升或 22 度的蒸馏或酒精饮料、开胃葡萄酒、香槟、烈性葡萄酒 2 升以及低度葡萄酒 2 升、香水 50 克、淡香水 250 毫升、固体咖啡 500 克或咖啡精或浓缩咖啡 200 克、茶叶 100 克或茶精 40 克、适量的自用药品，并需医生的处方证明
	需申报物品：超出免申报数量或重量的物品、所携现金超过 1 万欧元、商品价值超过 300 欧元（经海路或空运为 430 欧元，15 岁以下儿童为 150 欧元）需向海关申报；超出部分需依法缴纳关税，如未申报，可作罚款或没收处理
	禁止携带物品：禽鸟、动物、植物、伪造的名牌商品、肉类、腌制类等意方认为可能危害意民众安全的食品以及易燃易爆危险品，100 毫升以上的液体、剪刀、水果刀、尖锐金属、武器等

　　需要注意的是，每个人的烟酒要分开携带，不然将被视为是其中一个人携带的物品。通常情况下，申报的物品经过检查后都会归还，但如果海关认为某些物品或生物存在安全隐患则会扣留。

欧洲自驾旅行须知

租车与还车

欧洲自驾自然要涉及到租车、取车与还车等问题。在欧洲，租车是件稀松平常的事儿，极为方便，异地甚至异国还车都很容易实现。而且，欧洲是著名的名车产地，花上较低的价钱就能在德国租到宝马、奔驰和保时捷等。

通常的租车方式有两种，一是出发前在欧洲租车公司网站办理相关手续，到目的地后直接在租车点提车；二是抵达欧洲后在机场的租车点办理相关手续，现场提车。这里还是推荐网上提前预订，因为现场租车往往价格相对较贵，而且车辆的选择性较小。

租车 ≫≫≫≫≫≫≫≫≫≫≫≫≫≫≫

国内主流的租车平台有携程用车、穷游租车、租租车等，有些自身并没有车，但能代理各租车公司；欧洲的主要租车公司有 Avis、Hertz、Europcar 和 Enterprise 等，这些公司很多都有中文官网和中文客服，只要在网上搜索公司名就很容易找到。营业网点遍布世界各地，异国还车同样不是问题。

欧洲租车网站

这里为大家推荐几个非常棒的租车价格比较网站 Discovery (www.discovery–carhire.com)、Drivenow(www.drivenow.com)、Vroom (www.vroomvroomvroom.com) 和 Drivelater(www.drivelater.com)。

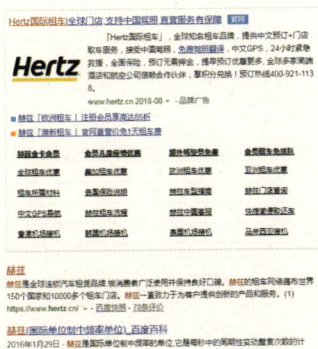

在这个网站上只要输入行程安排，系统就会自动对比多家公司的租车报价，非常方便。

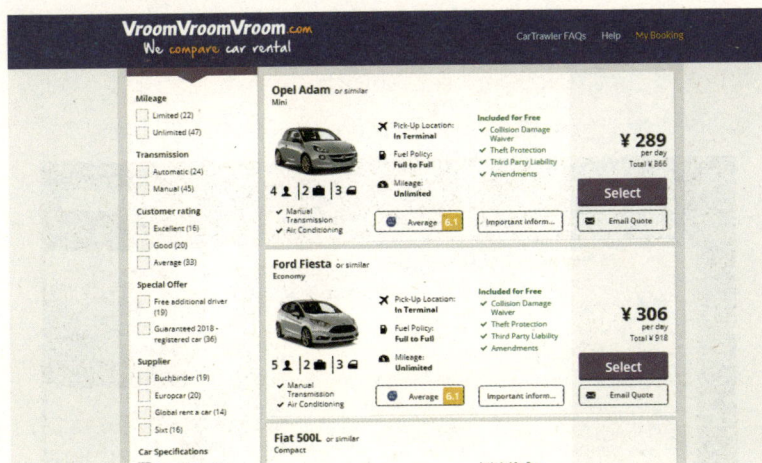

现在以 Hertz 租车公司为例，介绍租车流程。网上搜索"Hertz 租车"，首页第一个链接便是中文官网。

点击进入官网，首先选择取车地点，租车点可以使用计划租车地的门店名、城市名、机场代码、邮编等信息查询。

城市名搜索需要使用英文格式，如搜索法兰克福的租车点，直接输入"法兰克福"是不会有结果的，而要输入"Frankfurt"。然后点击门店查询，法兰克福的所有租车点都会显示出来。选中租车点，如法兰克福机场，就会显示该租车点的详尽信息。

预订还车点需要租车者对自己的自驾线路事先有一定的规划，比如，如果选择从法兰克福租车，最后返回法兰克福则可在同一租车点还车；如果行程安排是从法兰克福租车，驾车前往罗马，然后从巴黎戴高乐国际机场回国，那么可以选择异地还车。从价格上讲，异地还车通常比同地还车要贵。

接下来根据自己所订航班的抵达目的地的当地时间选择租车时间，如选择在十一假期出游，9月30日乘国航 CA931 航班 13:55 由首都国际机场出发，行程 10 小时 20 分钟，到达时间为北京时间的 10 月 1 日的 0 点 15 分。但法兰克福时间比北京时间晚 7 个小时，因此当地时间仍是 9 月 30 日的 17:30。除去下机、取行李、入境、寻找租车点位置的时间，我们将租车时间选在 9 月 30 日的 19:00 比较合适，还车日期也是如此。

需要注意的是，欧洲国家提倡的驾车年龄通常在 25 岁以上，如果低于这个年龄，所需的保险和费用也会相应提升。

如果你是自驾一族，可以考虑注册网站会员，普通自驾游客点击非会员预订即可。此时跳出确认页面，选择车型和保险，对于初次自驾旅行且对欧洲交规不熟悉的朋友建议选择全险，右侧是你的行程信息和取车、还车门店信息。

确认车型后，可以选择相应的服务，当然这些服务都是收费的。导航是必须的，除非准备自带导航仪。如果是带孩子自驾，就一定要根据儿童的身高、体重、年龄选择相应的儿童座椅，这点是欧洲法律要求的（如果没有带孩子就可以省略）。网页的右侧，则是此次交易的账单明细。

特别照顾

　　如果是在国外网站进行租车，就会遇到一些英文，这里介绍一些租车型号和配置的英文对照，以供参考。

　　Size– 车型号、M–Mini(小型)、E–Economy 经济型、C–Compact 紧凑型、I–Intemnediate 中型、S–Standard 标准型、F–FullSize 全尺寸轿车、P–Premium 高级型、L–Luxury 豪华型、X–Specia丨特制型、A–Auto–Automatic 自动挡、M–Manual 手动挡、Air Conditioning 空调、N–NoA/C 没有空调、R–HasA/C 有空调。

　　提交之后进入信息确认页面，按要求输入相关信息，下面会有航班号一项，建议租车者在预订好机票后进行选择，虽为选填项，但最好写上。如果途中要进行转机，就输入最后抵达取车地的航班号。这样，如果航班延误，租车点就会为你免费预留车辆；如果还没有最终确认航班信息，可在确认后联系客服。但如果没有提供航班信息，且没能按时提车，租车公司就有权不承担相应责任或赔偿，并会扣除相应租金。

　　确认信息填写完整后点击提交，网站会将你的订单号和订单信息发送到你预留的邮箱，记得保存并进行确认。

　　再将邮件从头到尾读完，如果订单内有不合适的地方可以直接点击邮件内的"修改 / 取消预订"按钮。邮件后面会有关于租车的一些注意事项，如果选择到店支付订单，所有费用只需在取车时支付就行了。

特别照顾

　　租车一般需要在网上提前 15 ~ 20 天预订，到现场租车价格比事先预订的要贵。因此，可以先行选择几个租车网站，订阅他们的租车优惠信息，进行价格比较。有一些租车公司要求提供信用卡号码，如果你预订却到时不提车的话，会直接从你的信用卡里扣除相关的费用，如果旅行计划有所改变的话，一定要提前 2 ~ 7 天取消预订。

租车高频词句

网上租车备用单词或短语

单词	中文	单词	中文
deals	交易合同	vehicle guide	租车指导
car Hirer	租用汽车	order	老的
long term hire	长期租用	optional	选填项
one way hire	单程租用	empty tank	空油箱
locations	当地	full tank	满油箱
top countries	热门的国家	extras insurance	额外保险
top cities	热门的城市	hourly rate	时租
top airports	热门的机场	license plate	牌照
vehicles	车辆类型	no show fee	违约金
fleet	车队	Personal accident insurance	乘客事故险
rental agreement	租赁协议	personal effectcoverage	个人财物险
pick up the car	取车	returned the car	还车

填写租车合同信息常用单词

单词	中文	单词	中文
customer detail	填写顾客信息	rental contract	租车合同
name	名称	car pick up date	取车日期
address	地址	car Return date	还车日期
phone	电话号	the vehicle will be returned to	车辆将被退还到……
email dress	邮箱地址	pleas	请勾选
island dress	岛上	total charge	总金额
iicense	驾照	total days	总天数
EXP.Date(expiration)	有效日期	price per day	每日价格
DOB(date of birth)	出生日期	deposit paid	保证金

单词	中文	单词	中文
driver	驾驶人	extra insurance	其他险别
authorised driver's	驾驶人授权	total due on collection ofvehicle	租车消费总额
I accept the conditions of hireage	我接受租赁条款	insurance excess	超额保险
signed	签字	insurance waver	保险豁免
rental details	租车详情	I have declined /accepted the offer of fullinsurance cover for $22.00extra per day	我已拒绝／接受每日额外 22 美元的全额保险
registration	注册号	I accepted the terms outlined in this con-tract	我接受合同所诉的条款
pick up	提车地点	signature of hirer	租借人签名

取车 》》》》》》》》》》》》》》》》》》》》》》

　　我们经常会将取车点选在机场附近，这样非常方便。租车公司柜台在航站楼内的，可以直接在机场内办理取车手续；租车点在机场外的，可以乘坐免费的穿梭巴士抵达租车公司门店办理取车手续。你也可以拨打提车单上的门店联系电话，服务人员会驾车到机场大厅等候，现场办理租车手续。这一项具体视各租车公司的服务范围而定。如果取车点位于市内，则需要上门取车，部分租车公司会提供送车上门的服务，即将车在预订的时间送到你所在的地址。

rental car 租车

budget 租车公司

terminal 航站楼

hertz 赫兹租车巴士

无论何种方式，见到租车点的工作人员后都要办理正常的取车手续，取车时你会需要出示以下资料。

取车时需要提供的材料

护照	护照需要主驾驶员的有效护照原件
驾照	驾照必须是主驾驶员的有效中国驾照原件，持有驾照时间最好已满一年
提车单	预订成功后，租车网站会将提车单的详尽信息发到你的邮箱，部分租车点可以用电子提车单代替打印件
信用卡	信用卡需要是主驾驶人名下的、具有国际支付能力的信用卡，如Visa、Master 和 Amex 等
驾照中英文翻译件	提车时需要出示中国驾照原件和中国驾照翻译件，租车公司特有的驾照翻译件由各家租车公司提供，版本不同，不能通用，通常租车公司就会提供相应翻译服务，可以向客服了解相关信息
驾照中英文公证件	中国驾照持有者在欧洲驾车需要提供有效的驾照中英文公证件。公证件可以在国内有资质的公证处办理，也可以抵达欧洲后请租车点服务人员帮忙联系当地拥有资质的翻译社翻译公证

1. 护照原件

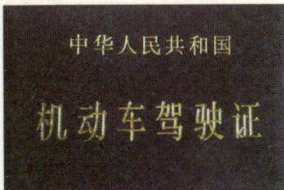

2. 中国驾照原件

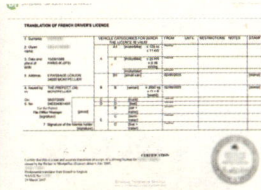

3. 驾照翻译件

4. 信用卡

5. 驾照公证书

材料确认无误后，双方就会签订租车合同。租车合同上的每一款协议最好都仔细看一遍，有不清楚的及时要求工作人员解释。

取车时，通常会根据车型收取 800 ~ 1500 欧元的车辆押金，还车 2 周之内，如没有违章等记录，就会退还到信用卡，车型和配置越高，押金越贵，所以租车前最好能先提升信用额度。

签字之后，工作人员就会将租车合同、费用单据、车钥匙等交付于你，这些都要好好保管。取车时，如果有多辆同类型的车在车库停放，你通常可以自由选车，然后支付第一箱燃油的费用。选好车后要对车辆进行一下检查：

1. 车型是否符合。

2. 车辆开关、定位导航系统、车灯、雨刷、转弯提示灯等设备是否正常。

3. 车身是否有剐蹭痕迹，如果有可以要求更换，或要求记录相应的位置，以免还车时造成会。

4. 是否有警示背心、三角警示标牌、停车盘、事故单等，这些在欧洲行车时是必备的，租车公司有义务提供。

5. 油箱是否加满油。

将车辆检查的结果填在车况描述单上，填好之后将其交给工作人员就完成取车程序了。离开前要问清楚车辆的燃油类型，是柴油还是汽油，欧洲的柴油车还是占很大比例的。

特别照顾

取车时如果看到有更好的车，可以当场办理车辆升级。还要事先问好，是否对每日驾车的里程有所限制，比如某些租车公司会规定每日 200 千米的免费里程，超出免费里程则每千米收取一定费用。异地还车时租车公司有时会加收租金，而同一家租车公司在不同的国家和租车点，是否需要加收费用也不尽相同，这点也要在提车时进行确认。离开租车门店前可以与新车有一定的磨合，确定上手后再开始上路。

还车

租车公司在机场范围内都会设立专用的"Rental Car Return"指示牌，按照指示方位就能到达还车点，也可以在导航仪上输入门店具体地址，到达还车点。

到店之后，工作人员会要求租车人将车辆停靠在指定位置，然后进行车辆检查，对还车时间和车辆状况进行记录。记得向工作人员索要还车的相关票据，检查是否有额外或不明的收费，如果对费用有疑问，可以当场询问。手上的票据最好保留一个月左右，如果选择自助还车可以将票据拍照保存。

还车时，记得将行李和车内的个人物品全部带上，然后前往穿梭巴士站台，向司机告知你的航班信息。在市内还车点还车也是如此，如果还车点在机场停车区，则无需巴士。

特别照顾

租车公司通常会有燃油计划的规定，即满油取车，满油还车，未满的按每升补差价，通常价格会比市价高。或是满油取车，空油还车，多出的油量按市价返还油费。前者居多，视各租车公司的情况而定。如果是满油还取，记得在还车前加满油，并保留最后一次的加油小票。

了解租车保险

欧洲各国的交通规则与中国存在一定差异，且违规处罚极为严重。到欧洲自驾的旅行者，购买一些车辆保险还是有一定必要的。各大租车公司往往会针对不同的国家和地区的租车人制定各种险种，但基本上大同小异，下面以安士飞（德国）为例，介绍一些常用的保险项目，在选车和提车时可以根据实际情况选择购买。

第三者责任险（Third Party Liability-TPL）：大型国际租车公司的大部分车辆基本都已经承保了第三者责任险，无需额外购买，包括第三者人身伤害、财产损失等意外事故，如因火灾、暴乱、天气等因素造成损失，租车公司会全额赔偿。

碰损责任免除（Collision Damage Waiver-CDW）：当应由租车者承担的车辆损害赔偿金额超过了最高计划金额时，预先购买此险可以减轻经济责任。

个人意外保险（Personal Accident Insurance- PAI）：租车期间发生的人身意外伤亡时将获得一定的补偿，其保险范围包括驾驶者和乘客。如果已经购买了旅行险，也可以不用购买此险。

车辆窃盗险（Theft Protection-TP）：当应由承租人承担的AVIS车辆被盗赔偿金的金额超过了最高计划金额时，预先购买此险可以减轻其经济责任。

超级个人意外险（SPAI）：SPAI的保险对象除了PAI的保险对象外，还包括车辆上可能被盗的个人财物。

超级险（Super Cover-SC）：此保险可将承租人的经济责任减轻至0欧元，即无论在路上发生任何情况，租车者都无需担责任。此险种只能在柜台购买，尊贵型车辆和未满25岁的司机不能参加此险。

最高免赔额：车辆受损或被盗时应由承租人承担的那部分赔偿金。实际金额根据车辆类型而定。通过购买超级险可将该赔偿金降至0欧元。

特别照顾

需要重复说明的是

签订租车合同的同时，保险公司也会带有一定免责和免赔的保险条款（通常在租车合同背面有说明），如果因"酒驾"等严重违反该国交规的行为造成了损失，那么保险公司是不负赔偿责任的。

导航仪有哪几种选择

到一个人生地不熟的地方，最怕的就是迷路，好在GPS导航仪非常方便，只要输入起始地点，就算绕几个弯儿也总能找到地方。

在GPS导航方面，有4种选择：一是在国内GPS上面安装欧洲的软件和地图；二是在租车时一并租一台导航仪；三是抵达欧洲后再在租车点租赁；四是到国内主要的网购平台租赁。

目前常用的欧洲手机导航软件有 Tomtom、IGO 和 Sygic，这三款软件都可以在关闭流量的情况下使用，将其下载到 iPad 或支持导航的手机里非常方便。其中 Tomtom 的路线图非常精确，没有延时，重要的是有中文语音提示。

直接在租车网上预订 GPS 导航仪是一种比较省时省力的方式，不过价格相对较高；在提车点租赁 GPS 导航仪价格会相对国内便宜，但缺点是基本没有中文；网购平台上可以有更多选择，且大都具有中文语言菜单和语音，基本还可以在无 Wi-Fi、手机无信号和关闭流量的状态下使用，是一种常用的方式。

除了导航以外，还可以带上行车记录仪，将一路上的美好永久地保存下来将是一份难得的回忆。现在不少导航仪上可自带行车记录仪，选择导航时可以留意一下。取车时大多数租车公司都会有免费地图送，地图信息非常详细。虽然有了导航，但额外有张地图也是有备无患，建议记得要上一张作为备用。

特别照顾

由于现在移动设备导航（如智能手机、平板电脑等）已经越来越普及，出租导航仪的价值已经不是很大。而租车公司又竞争加剧，所以不少大的租车公司将导航仪作为了一种附加价值吸引顾客，网站会经常推出预订租车可免费租赁中文导航仪的活动，可以时常关注。

主要城市机场租车信息

　　欧洲航空交通十分便利，主要的国际机场官网都设有中文页面，国内有许多航班可直达欧洲各国的主要城市，如伦敦、巴黎、法兰克福、罗马、苏黎世和阿姆斯特丹等。有些城市的国际机场还有中文的指示标牌和租车公司的引导标示，因此不必担心找不到租车点。其他城市如慕尼黑、雅典、马德里、里斯本和哥本哈根等则没有直达航班，需要从其他城市中转。下面介绍一些欧洲主要国际机场及机场汽车租赁处的信息，以供大家参考。

伦敦希思罗国际机场（英国）>>>>>>>>>>

　　IATA 码：LHR

　　ICAO 码：EGLL

　　机场介绍：伦敦希思罗国际机场位于英国英格兰大伦敦希灵登区，离伦敦市中心约 24 千米，是伦敦最主要的联外机场，也是全英国乃至全世界最繁忙的机场之一。所有从中国飞往英国伦敦的航班都会在希思罗机场降落，因此英国航空公司特别在这里设立华人接待部，工作人员全部为中国人。如果旅客的英语不是很流利，在入关时，工作人员可以协助旅客进行必要的翻译。

　　伦敦租车信息：主流租车公司有 Alamo、Avis、Budget、Easirent、Enterprise、Europcar、Interrent、Sixt、Thrifty、Season Cars、Green Motion，柜台位置都在航站楼内，需乘坐穿梭巴士至取车点。

巴黎夏尔·戴高乐国际机场（法国）>>>>>>>>>>

　　IATA 码：CDG

　　ICAO 码：LFPG

　　机场介绍：夏尔·戴高乐国际机场是欧洲主要的航空中心，也是法国主要的国际机场。它是以法国将军、前总统夏尔·戴高乐的名字命名。机场位于巴黎东北 25 千米处的鲁瓦西（Roissy），这里装饰宽敞华丽，机场内有许多免税商店、餐厅和酒吧，被称为巴黎最好的地方。

巴黎租车信息：主流租车公司有 Avis、Budget、Hertz、Europcar、Sixt 等，门店通常在 T1、T2A、T2C、T2D、T2E 和 T2F，柜台和车都在航站楼。

法兰克福国际机场（德国）

IATA 码：FRA

ICAO 码：EDDF

机场介绍：法兰克福国际机场位于德国黑森州法兰克福，是德国的国家航空公司——德国汉莎航空公司的一个基地，欧洲第三大机场。目前从国内前往德国只有在法兰克福有直达航班。法兰克福机场大量采用玻璃构造，无论是白天还是晚上都极为美丽，被誉为"欧洲最漂亮的机场建筑之一"。

德国租车信息：主流租车公司有 AIamo、Avis、Dollar、Buchbinder、Budget、Hertz、Europcar、Sixt 等，柜台和车都在航站楼（Alamo 取车需乘坐穿梭巴士）。

罗马菲乌米奇诺国际机场（意大利）

IATA 码：FCO

ICAO 码：LIRF

机场介绍：罗马菲乌米奇诺（列奥纳多·达芬奇）国际机场是罗马的首要机场，也是意大利最大的机场和意大利航空的枢纽。目前机场共有 T1、T2、T3、T5 这 4 座航站楼，其中 T1 和 T3 停靠非欧洲申根国家航线，也是国内游客乘坐的航班经常停靠的航站楼。航站楼之间全年免费提供摆渡车服务，平均每 15 分钟一趟，连接机场航站楼、停车场和货物中心。

罗马租车信息：主流租车公司有 Avis、Budget、Hertz、Sixt、Alamo、Dollar、Europcar 等，柜台和车都在航站楼（Dollar 柜台需人工接送）。

苏黎世国际机场（瑞士）

IATA 码：ZRH

ICAO 码：LSZH

机场介绍：苏黎世国际机场是欧洲规模最大的机场之一，位于瑞士苏黎世州，是瑞士最大的国际机场及瑞士国际航空的枢纽。机场分为 A 处和 B 处，瑞士航空以及与瑞士航空公司合作的澳大利亚航空公司、新加坡航空公司、三角洲航空公司的航班降落在 A 处；其他航空公司的航班降落在 B 处。汽车租赁中心位于机场购物区，Avis、Budget、Europcar、Hertz 等公司都在此设有柜台。

苏黎世租车信息：主流租车公司有 Alamo、Avis、Budget、Dollar、Europcar、Sixt 等，柜台和车都在航站楼。

阿姆斯特丹国际机场（荷兰）

IATA 码：AMS

ICAO 码：EHAM

机场介绍：阿姆斯特丹国际机场是欧洲第四大机场，位于荷兰首都阿姆斯特丹，距阿姆斯特丹市区仅 15 千米。机场有非常紧凑的航空集转站，同时有中文人员和普通话登机通知。机场内还有商务中心、按摩中心和儿童乐园等设施。

荷兰租车信息：主流租车公司有 Alamo、Avis、Budget、Dollar.、Europcar、Sixt、Thrifly，除 Dollar 与 Thrifty 需乘坐穿梭巴士至取车点，其他租车公司柜台和车都在航站楼。

欧洲自驾交规提示

欧洲各国的交通规则与中国有所不同，而且规定得极为细致严格，从限速规定到交通标志再到车内物品配备要求等都存在广泛差异。对于习惯国内驾车规则的人来说，可能会对欧洲各国交通规则不是很了解，或是容易忽略道路交通规则。欧洲各国除了交通规则细致，违章处罚的力度也很大，甚至有可能追究刑事责任，所以在欧洲各国驾车，必要的交通规则是必须要掌握的。

欧洲部分大陆国家的行车方向与国内相同，大部分都是靠右行驶，但英国、爱尔兰、马耳他和塞浦路斯则是靠左行驶。需要特别说明的是，虽然可以使用中国驾照的中英文翻译件和公证件在欧洲大部分国家行车，但德国、瑞士和奥地利的官方语言都是德语，因此需要把驾照翻译成德语并进行公证，同样要去法国、比利时、卢森堡等以法语为官方语言的国家，则要将驾照翻译成法语并公证。所以，如果要去的国家比较多的话，为了旅途的顺利，还是要多准备几份不同语言的驾照翻译件和公证件，有备无患。

下面为大家介绍一些通行的欧洲行车规范。

欧洲通用交通规则 》》》》》》》》》》》》》》》》》

1. 红灯不可右转：除非在交通指示灯上有允许红灯右转的标志，其他情况下，一概只能等绿灯亮后才能右转。此外，意大利当地人开车右转时通常会暂停1～2秒，然后再转，因此在意大利开车右转时要注意车距。

2. 安全带：欧洲各国对安全带都特别重视，尤其在德国，对安全带的要求更为严格，不管是主副驾驶座，还是其他随行人员，都必须系安全带。在意大利，后座乘客同样要系安全带。

3. 儿童座椅：在欧洲开车，如果车上有低龄儿童，必须要使用儿童安全座椅，通常租车公司发现租车者携带儿童时就会要求租用儿童安全座椅。

4. 上车就要开近光灯或日间行车灯：除英国、法国、奥地利、比利时、爱尔兰、西班牙和葡萄牙等国外，其他欧洲国家基本都要求使用日间行车灯。尤其在高速上行驶时隧道较多，始终亮起车灯也非常方便。

5. 不能从右侧超车，且不能长时间占用超车道：在欧洲，右侧超车是违法行为，完成超车后要回到原来的车道。超车时要留意超车标志，很多路段是禁止超车的。

6. 专用车道：有些车道上写有 BUS 或 TAXI 字样，这些就是专用道路，普通车辆禁行，一旦进入就会面临大额罚款。

7. 严禁随意停车占道：禁止将车停在紧急行车线上，否则会被罚款或吊销驾照。在高速上开车时，禁止占用最右侧的临时停车道，更不要在临时停车道上随便停车。

8. 不可随意鸣笛：在欧洲各国行车，最好不要随意按喇叭，欧洲各国当地驾驶者也很少使用

喇叭，因为他们认为这是不礼貌的行为。有些欧洲国家有些不成文的规定，就是在医院附近鸣笛视为一种违法行为。

9. 接打电话：欧洲对驾车者打电话的处罚是非常严厉的，如果需要接打电话而又没有免提功能或佩戴耳机，则必须将车停在一个合适的地方，停稳后再接打电话。

10. 从车窗往外扔垃圾：欧洲各国行车时，严禁从车窗往外扔垃圾，尤其是在高速行驶过程中。如果造成严重后果，要承担相应刑事责任。

11. 测速摄像头：使用可识别固定测速摄像头位置的卫星导航系统也是非法的，如果驾车时使用了自备系统，应确认已关闭该功能。

12. 紧急设施：欧洲各国基本都会要求车辆上必须携带警示三角牌或急救箱、紧急救援工具，有些国家则要求同时携带多种工具，多国自驾的旅行者最好携带齐全。

国外自驾备用单词或短语

单词	中文	单词	中文
backup light	倒车灯	break pedal	刹车踏板
bodywork	车身	speedometer	速度表
bonnet	发动机盖	economy	经济型
bumper	保险杠	compact	紧凑型
tailpipe	排气管	intermediate	中型的
windscreen wiper	雨刷	standard size	标准型
windscreen	挡风玻璃	full size	大型
rear window	后车窗户	premium	高级车型
chassis window	底盘	standard convertible	敞篷车型
front wheel	前轮	SUV intermediate	中型越野车
rear wheel	后轮	SUV Standard	标准越野车
wing mirror	后视镜	SUV Premium	高级越野车
license plate	车牌照	minivan	商务车
steering wheel	方向盘	dent	凹痕
dash board	仪表板	scrape	刮痕
horn	喇叭	rate	费用
milometer	里程表	parking meter	停车计时器
seat belt	安全带	insurance In'	保险
gear stick	变速杆	Flat tire	爆胎
starter	启动扭	under construction	此路施工

部分国家特别交规 〉〉〉〉〉〉〉〉〉〉〉〉〉〉〉〉

1. 如果车辆行驶在德国高速公路上时燃油耗尽，同样是一种违反规定的行为，因此要留意油表读数，最好随时在车上留一桶油备用。

2. 德国左侧车道为超车道，如果行驶在三车道高速公路，最右侧车道通常是集装箱货车，中间车道是轿车和客车，最左边是超车道。超车完毕后要尽快回归右车道。

3. 英国右侧车道为超车道，超车完毕后请勿长期占用超车道，尽快回归左车道。

4. 在英国，车辆上贴有绿色"P"标记，表示这辆车获得牌照不满一年，所以最好与此类车辆保持距离。在西班牙，实习车辆的标记则为"L"。

5. 俄罗斯交规规定，驾驶员驾驶外表脏的车辆上路同样是违法的，如果违反此规定，就会被处以高额罚款。所以在遇到加油站时最好随手清洗一下车辆。

6. 意大利当地的交通法规规定，除非获得特殊许可，任何机动车都禁止在历史文化景区行驶，如果误闯这些地区会被重罚。

7. 在意大利，高速路上内侧车道为超车道，如果是三车道的道路，则中间的车道为超车道。

8. 意大利的驾车者白天在高速公路、双车道和城外公路上行驶时必须使用近光灯。

9. 在比利时行车时，车辆不允许在道路交叉口处调头。

10. 匈牙利交通法规规定，任何时候使用远光灯都属于违法行为。

11. 西班牙对古城建筑保护极为看重，市区内行驶的机动车在靠边停车时，如果停车超过 60 秒后仍不熄火，将被罚款 100 欧元。如果在高速公路上遇到严重拥堵，同样需要熄火。

12. 西班牙的法律规定，戴眼镜或隐形眼镜的驾驶者必须在车内准备一副备用眼镜。

13. 葡萄牙交通法规定，如果驾驶员在路边下车，必须穿上反光背心，否则会被处以高额罚款，如果是在葡萄牙租车，租车公司会有所准备。

14. 各个国家的限速标志有所不同。在一些国家，显示的可能是建议最高限速，而另外一些国家实际上显示的是最低限速。因此旅行前应下载交通指南以熟悉该地区的各种交通标志。

关于安全带和儿童安全座椅 ▶▶▶▶▶

　　欧洲各个国家对儿童安全座椅都有明确的要求，其中尤以德国最为严格细致，其他交规也是如此。建议在欧洲驾车时首先了解德国的相应交通法规，这样在其他国家行车时就会比较顺畅。

欧洲部分国家对儿童安全座椅的规定	
国家	**儿童安全座椅规定**
德国	13 岁以下不满 1.5 米的儿童乘坐机动车辆时，必须配备儿童安全座椅，13 岁以上或者超过 1.5 米的儿童必须系安全带。满 4 岁儿童只有在因安装了其他的儿童安全座椅，无法再安装儿童座椅的情况下，允许坐在后座并必须系安全带。如后排两边外座上加装了两个儿童安全座椅，中间无法再装一个儿童座椅时，允许中间的儿童系安全带
英国	12 岁或 1.35 米以下的儿童在车内，必须使用儿童安全座椅或加高座椅。除非车辆后座没有安装安全带或儿童需要在紧急情况下乘车
法国	10 岁以内必须坐在后座，如果后座全被 10 岁以下儿童占用或无后座，并且有合适的安全椅的情况下使用副驾座，违规者将被处以高额罚款
意大利	身高不满 1.5 米儿童必须使用允许的儿童安全座椅，幼儿承载规定和德国一样
瑞士	12 岁以下身高不满 1.5 米儿童必须使用儿童安全椅
荷兰	18 岁以内身高不满 1.35 米儿童强制使用儿童安全座椅
奥地利	所有不满 14 岁且身高不满 1.5 米儿童必须乘坐儿童安全座椅或儿童增高座。不满 14 岁但身高超过 1.5 米儿童允许只系安全带，满 14 岁但身高不满 1.5 米儿童可以不使用儿童安全座椅，但建议垫高座椅，直到其满 1.5 米
比利时	不满 12 岁儿童在后座有空位时，不允许坐在前座。只有当儿童坐在特别适合前座的儿童安全座椅时可以例外，否则罚款 50 欧元
丹麦	身高不满 1.35 米儿童必须使用儿童座椅或者使用座椅垫

　　如果车辆装置副驾安全气囊时，副驾上不允许安装与行驶方向相反的儿童安全座椅。此外，所有装备副驾安全气囊车辆必须在明显可视位子贴上警示标签，缺少该标签也会处以一定罚款。

关于限速 ▶▶▶▶▶▶▶▶▶▶▶▶▶▶▶▶▶

　　欧洲各国高速公路发展状况不一，因此公路限速也存在一定差异。在欧洲多国自驾旅行时要特别注意这一点，随时留意公路上的限速标志，因为欧洲各

国对车辆超速规定十分严格。如法国法律规定，超速最低罚款 100 欧元，超速 50 千米以上被视为犯罪行为，严重超速者将被判处 3 个月监禁外加高额罚金。下面列举欧洲部分主要国家的道路限速标准，供大家参考。

欧洲部分国家的道路限速标准	
国家	**限速标准**
德国	德国的公路分为联邦级、州级、县市级和乡镇级，高速公路限速为 100 ~ 130 千米 / 小时，国道限速 70 ~ 80 千米 / 小时，市区内限速 50 千米 / 小时，住宅区内通常限速 30 千米 / 小时（具体看周边限速标示），部分高速公路没有最高限速
英国	注意，英国路段采取英制单位，四车道快速路和高速路 70 英里（约 110 千米）/ 小时，一般公路 60 英里（约 100 千米）/ 小时，闹市区 30 英里（约 50 千米）/ 小时
法国	高速公路限速 130 千米 / 小时，主要道路限速 90 千米 / 小时，居民区道路 60 千米 / 小时。在雨、雪、雾等恶劣的天气条件下，高速限速 110 千米 / 小时，主要道路限速 80 千米 / 小时
意大利	高速公路最高限速为 130 千米 / 小时，一级公路限速 110 千米 / 小时，二级公路限速 90 千米 / 小时，市区限速 50 千米 / 小时，进入市区后注意街道上的限速标志
希腊	高速限速 100 千米 / 小时，普通公路限速 70 千米 / 小时，市区限速 50 千米 / 小时。需要注意的是，希腊摩托车较多，高速路上常有摩托车穿行，大车应注意避让
荷兰	高速公路限速 120 千米 / 小时，且不得低于 70 千米 / 小时，普通公路限速 80 千米 / 小时，市区限速 50 千米 / 小时
奥地利	高速限速 130 千米 / 小时，普通公路 100 千米 / 小时，市区限速 50 千米 / 小时，居民区限速通常为 30 千米 / 小时
瑞士和列支敦士登	高速公路限速 120 千米 / 小时，普通公路限速 80 千米 / 小时，市区限速 50 千米 / 小时
比利时	高速公路限速 120 千米 / 小时，且不得低于 70 千米 / 小时，普通公路 90 千米 / 小时，市区 60 千米 / 小时
西班牙	高速公路限速 120 千米 / 小时，一级公路限速 100 千米 / 小时，非市区公路 90 千米 / 小时，市区限速 60 千米 / 小时
葡萄牙	高速限速 120 千米 / 小时，普通公路限速 90 千米 / 小时，市区限速 60 千米 / 小时。需要注意的是，获得驾照不满 1 年的旅行者最高时速不得超过 90 千米，并要在车辆后面贴黄色"90"的标志，此类标志可在租车时向租车公司索要，也可在葡萄牙商店购买
丹麦	高速公路限速 100 千米 / 小时，普通公路限速 80 千米 / 小时，市区限速 50 千米 / 小时
芬兰	高速公路限速 120 千米 / 小时，普通公路根据路况的不同限速，为 80 ~ 100 千米 / 小时，市区公路限速 50 千米 / 小时。需要注意的是，在没有限速标志的路段最高时速不得超过 80 千米 / 小时，在碎石路上车速则要降低为 30 ~ 50 千米 / 小时

国家	限速标准
挪威	挪威的高速公路和普通公路没有明确限速，根据路况不同和限速标志不同都在 80 ~ 90 千米 / 小时，市区限速 50 千米 / 小时
瑞典	高速限速 90 ~ 110 千米 / 小时，普通公路限速 70 千米 / 小时，市区限速 50 千米 / 小时

特别照顾

在欧洲，有较大转弯的路段或经常有野生动物出没的地方，时速限制的要求会更加严格。比如在某一地区野生动物迁徙或者繁殖的季节，一些路段还会设路障封闭，这时宁肯临时改道也不要擅自闯入。

关于酒驾 ▸▸▸▸▸▸▸▸▸▸▸▸▸▸▸▸▸▸▸▸▸▸▸▸▸▸

酒后驾车是一种非常危险的行为，不仅对自己和车上的亲人朋友是一种生命威胁，还会危及到其他车辆和行人的人身安全。欧洲各国对酒后驾车一直严令禁止，且限定标准和处罚力度也比国内严厉许多，因此，无论是出于对自身和亲友的考虑还是对旅途顺畅的考虑，都必须严禁在酒后行车。

欧洲各国通常将血液酒精含量超过 0.08% 认定为酒驾，但有些国家则更为严格，如英国的苏格兰地区，挪威、希腊和葡萄牙等国，血液中酒精含量超过 0.05%，就会被认定为酒驾。捷克、匈牙利和斯洛伐克对酒精为零容忍度，根据违章程度不同，违章者将被处以大额罚金、吊销驾照或监禁等处罚，造成严重后果的还要承担刑事责任。

特别照顾

需要注意的是，除各种酒类外，酒心巧克力、酒酿丸子、啤酒鸭、蛋黄派、漱口水等含有酒精的食品或用品都会短时间内提升血液中的酒精浓度，在选取时需要看明成分。如果在旅途中身感不适而服用了一些药物后，也要尽量避免驾车。

道路优先权 ≫≫≫≫≫≫≫≫≫≫≫≫≫≫≫≫≫≫≫

有过欧洲自驾或欧洲旅行经历的朋友都会观察到欧洲各国，尤其是德国的道路行车井井有条、先后有序，非常通畅。这与当地人的路权意识有很大关系，即低路权者必须主动为高路权者让行，高路权者有先行权。

先行标志　　　　让行标志

分辨车辆是否有先行权，最直接的方式就是通过交通标志。每到一个路口，如果有黄色矩形标志，那么此标志道路上的车辆就具有先行权；与之相对的，如果路口有红色三角标志，则此标志对应道路上的车辆在此路段上没有先行权，必须礼让其他车辆。

除了以上两个主要标志外，此类标志 ⊹ 也经常作为辅助标志出现在先行标志和让行标志下面。如果出现在先行标志下，表示这个路口只有左转时才有先行权，如果放在让行标志下面，则表示只需让行左转的车辆。

上面这个标志表示，车辆在这个路口有优先权，无论是转弯还是直行的车辆，都必须给这条路上的车辆让行。

路口先行标志

如果在道路上看到"STOP"标志，则所有车辆都必须停车3秒，即便路上无人、无车也必须如此。没有路权标志的情况下，除英国等左侧行车国家外，右侧车辆有优先权。遇紧急车辆如警车、救护车、消防车等鸣笛行驶时，所有车辆和行人都必须让行，否则会被处以重罚，因未让行而造成的重大损失，驾驶者要承担相应责任。

STOP

停车让行标志

在通常情况下，无论欧洲任何国家，行人都拥有最高路权，即无论何时，车辆都必须礼让行人。下面对常见的欧洲路权问题做简单的介绍。

1. 快车道车辆路权高于慢车道车辆，主路车辆路权高于辅路车辆。但当辅路车辆进入主路却没有减速、等待时，如果此车在你前方，为避免意外发生，你还是要相对减速，不过在欧洲自驾，这种情况发生几率较小。

2. 从路基外、步行道、楼群汇入公路的车辆必须让行道路上正在行驶的车辆。如果试图进入道路的车辆没有避让，参考上一条。

3. 环岛处，无论进出环岛，都是环岛内侧车辆路权高于环岛外侧车辆。在欧洲人的潜意识中，环岛的内侧为道路主路，外侧为辅路。因此，外侧车辆应在不影响内侧车辆行驶的情况下才能进入内侧车道。而车辆离开环岛时必须打转向灯。

4. 校车、有轨电车等所有公共汽车都享有道路优先权，遇到此类车到站、停车、上下乘客时，要在安全距离内（约车尾2米处）停车，待乘客上下完毕后再行超车。

5. 准备做出停车、起步、泊车、掉头等动作的车辆路权较低，只有在确定不影响其他行人和车辆行车安全的情况下才能完成上述动作。

6. 除了驾车外，泊车同样有限权之分，当两车进入同一停车位时，除了先来后到之分，倒车泊入的车辆有优先权。

此外，车辆行驶在路上，除了约定俗成的先行权外，彼此的协作礼让也是顺畅通行、避免意外发生的因素之一。比如你后面的车辆准备超车，而正前方正有一辆车驶来，此时你就应当主动减速。

特别照顾

在欧洲自驾过程中，如果因未遵守交通法规被开罚单，一定要足够重视，及时缴纳。不要认为一回到国内就可以将这些罚单置之不理。所有欧盟成员国，对于任何国家政府部门开具的罚单，各国有采取强制执行的权力。如果被强制执行，罚金就会是罚单金额的好几倍，相反，如果及时缴纳还会有一定减免，有时优惠幅度会达到50%。

欧洲自驾旅途提示

　　来到交规与驾驶习惯多种多样的欧洲，总会有些不适应，下面介绍一些在欧洲驾车途中会遇到的一些小状况，并提供相应的解决办法，以供大家参考。

关于加油 »»»»»»»»»»»»»»»»»»»»»»»

　　自驾行车，加油是必然会遇到的问题，但在相对陌生的欧洲，加油并不像在国内那么轻车熟路。首先，在行程规划中要对第二天的行车时间和耗油有一定预估，提前加油。如果对路况和环境不怎么熟悉，最好的办法是遇到合适的加油站就加油，并随时在车上存一桶油备用。

　　欧洲绝大部分的加油站都是自助加油，有些则是无人的全自助加油站。因此，在欧洲自驾一定要知道辨识不同的油枪。欧洲的柴油车是比较多的，取车时与租车公司确认车辆是汽油车还是柴油车，并确定油号。一般加油站的油枪上都有明显的燃料类型标识，普通的柴油都是黑色标识。车钥匙或是油箱盖里面一层的活动盖上可以找到相关提示，汽油标识为"Petrol"，柴油标识为"Diesel"。此外，法国加油站的柴油大部分写的是法语 Gazole，很少写英语 Diesel。

　　自助加油的收费方式有两种，一种是全自助，以信用卡付费，先插卡，设定金额或油量，然后取下油枪、按动扳机加油。另一种是先设定金额或油量，自己提枪加油，然后记下加油机的编号，到柜台交费。法国全自助式加油站占多数，而且通常只识别带芯片的信用卡，德国则是后者比较多，其他国家大都是两者兼有。一般加油站的工作时间为工作日的 7:00 ~ 20:00，22:00 之后加油比较困难。周末时间更短，24小时营业的加油站不多，如果夜里加油，很多时候可能只有完全自助加油站，对全自助加油使用不熟练的话，尽量避免夜里加油。

加油高频单词		
单词	**英标**	**中文**
tank	[tæŋk]	油箱
petrol	['petrəl]	汽油
empty	['emptɪ]	空的
full	[fʊl]	满的
car keys	[kɑ:][ki:]	车钥匙
diesel	['di:z(ə)l]	柴油
gas	[gæs]	天然气

欧洲停车

自驾旅行，停车同样是一个必须考虑的问题。欧洲对违章停车和超时停车的罚款很重，超时停车的时间过长或误停在严禁停车的位置则车会被拖走。有些酒店可以提供免费停车位，预订酒店时可以优先选取。某些国家，如德国，城市的公共停车场和咪表停车位可以免费停车，不少路段也会分时段免费停车，这个主要看停车场和停车位旁边的标示牌，上面会有免费停车的时间。

欧洲各国对停车的规定有所差异，大致有路边停车位、地面停车场和地库停车场三种方式，这三种停车方式的价格依次升高，其中路边停车位和地面停车场是最常用到的。

路边停车

路边停车通常都是自助式的咪表收费，缴费机上通常会有使用说明，图例和文字都有，可以认真看过之后再操作。

1. 先找车位将车停好。

2. 到咪表缴费机上付款，不同的地方机器操作方法可能不同，部分有语言选择功能。然后根据预计的停车时间缴费，停车位旁都会有价格提示，通常为0.5欧元/半小时，有些则限定最低1欧元，最多停车2小时，这种咪表基本上只收零钱。

3. 投币后按确定按钮，机器会吐出一张停车票据，将票据放在挡风玻璃前，并将停车盘（Parking Disc）拨到停车时的时间就可以了。租车时，租车公司一般都会给租车者提供停车盘，记得索要。如果租车公司没有提供，可在商店购买。

地面停车场

地面停车场分为三种形式：免费停车场、公共收费停车场和P+R。P+R 型的停车场一般建在城郊的火车站位置，虽然免费但自驾旅行通常是用不到的。免费停车场大多在交通聚集区或风景区，免费停车时间 2 小时，因为免费停车，所以车位不太容易找。这类停车场规模较大，最好记住自己大致的停车区域或车位号，不然找起来比较麻烦。在这类停车场停车同样需要一个停车转盘，将时间拨到停车起始时间。

收费停车场是最为常见的，停车类型也分两种：第一种与国内停车相似，进门拿卡，通常按机器上绿色的或最大的按钮就能得到一张停车票，出门时，要先找自动收费机，交完停车费，将票塞入出口的机器即可。另一种方式与路边咪表停车相似，是进门无需拿卡，找到车位先将车停好，然后去售票机上按预计的停车时间投币，得到一张停车票，上面会有可停放的时间。然后将

停车票放到前挡风玻璃下的仪表台上，就可以离开了。

车库停车

停车库一般都在市区，越是繁华的地带停车费越贵，不过有些地方，如摩纳哥地下停车 1 小时以内是免费的。需要提醒的是，大城市的地下车库有些会有 4 ~ 6 层，1 ~ 2 层很少有空余停车位。离开车辆时最好记下停车区域和车位号，不然回来找车也不太容易。地下停车通常也是自助式的，进门拿卡，离开的时候找到自助缴费机。将进门领的停车票塞到里面就会显示须交金额，交钱之后停车票和收据会吐出来。在缴费之后你可以在半小时之内离开，如果超过规定时间还需再缴费。

快速识别停车位类型

为了帮助驾驶者快速识别免费停车位、收费停车位和限制停车位，欧洲很多国家用不同颜色的线来区分。不过对于颜色所代表的意义还是要加以了解。在英国，单黄线表示在某些时段内禁止泊车，但允许短暂停留、上下车，且司机不得离开驾驶位。双黄线表示任何时段均禁止泊车，单红线表示在某些时段内禁止泊车或短暂停留，其他时段则可正常泊

车。双红线表示任何时段内均禁止泊车或短暂停留。居民专用车位在规定时间外向外来车辆开放，以现场指示牌为准。

在法国，一般汽车只可在白色标记的泊车位泊车，标有"Payant"字样的车位为收费车位，无任何标记的则为免费车位。黄色标记的车位只供特种车辆停泊，而注有"GIC-GIG"等其他标记的车位则只供持有许可证的人专用。行人路旁的黄色点线表示可在该处短暂停泊车辆，但仅供司机和乘客短暂上下车。

在德国的道路上，部分路段地上有蓝色线表示收费停车位，白色线为免费或部分时段免费，大部分路段没有线性标示。

在西班牙，蓝色线允许访客临时停车，但有规定时间，停车位在收费时段最多可停2小时，午休和晚间是免费时段。周围和车位上没有任何标志的白色车位一般都免费，绿色车位往往只允许周边居民或者特定人群使用，黄色车位是装卸区，只供货车临时停靠。

在意大利，白线车位仅供当地居民使用，蓝线车位为付费车位，黄线车位仅供残疾人使用，绿线车位在工作日（通常为周一至周五的8:00 ～ 9:30和14:30 ～ 16:00)禁停。

在瑞士，白线车位免费，蓝线车位可在限定时间内免费停车，其余均收费。除了免费停车、收费停车外，有些地方是严禁停车的，如果没有留意将车停在这些位置，会被处以大额罚单，或直接把车拖走处理。所以，在欧洲泊车时，请一定注意在下面这些地方是不允许停放的：

1. 行人穿越道或人行道上；

2. 路口周边5米范围内；

3. 内弯道和坡顶附近；

4. 交通信号灯及周边10米的范围内；

5. "STOP"标志牌周边的15米范围内；

6. 公共汽车、有轨电车前10米处，救护车出口处；

7. 与行驶方向相反的路边；

8. 专用车位、出租车车位、消防车车位或者救护车车位（一般有标志，注意留心）；

9. 残障人士专用的停车位；

10. 会遮挡标示牌的位置；

11. 会妨碍其他公共车辆工作的位置，如垃圾桶旁、邮箱旁等。

每座城市都可能有特殊停车

规定，在停车时要先留意周围有没有停车指示牌，或停车位上有没有特殊的字母或标记，再停车。

车辆故障处理 ▶▶▶▶▶▶▶▶▶▶▶▶▶▶▶▶▶▶▶

在租车时尽量选择有保障的大公司，并向工作人员了解清楚租车公司可以提供的相关服务。大的国际型租车公司基本都会对客户提供系统的道路救援保障，如故障维修、拖车等。当车辆在道路上发生故障时，除非得到租车公司的允许，切忌不要图省事在当地的汽车修理厂进行维修，而应当先与租车公司联系，再去处理问题。因为大部分租车公司对第三方修理时造成的车辆损坏是可以拒绝服务的。

车辆救援人员通常可以当场排除故障，如果是严重故障，租车公司也会为你安排替换车辆。

如果抛锚，则需呼叫拖车，由租车公司来决定拖往何处，如何换车。为了排除可能的隐患，上路前仔细检查车辆也很重要，最好能在租车时仔细检查车辆，并给车辆的关键位置拍照。在需要联系租车公司进行道路服务时可能要提供以下信息。

1. 你的确切位置；
2. 车辆租赁的地点；
3. 车辆的品牌、型号及颜色；
4. 车辆的登记号码；
5. 租赁协议号码；
6. 对遇到的问题由驾驶者进行具体说明；
7. 提供联系电话。

交通事故处理 ▶▶▶▶▶▶▶▶▶▶▶▶▶▶▶▶▶▶▶

大部分的租车公司，在柜台填写租车信息时都会根据车型从你的信用卡中预扣一定的保障金。如果在驾车途中出现了超速、闯红灯等违规行为被罚款的时候，租车公司可从你预留的款项中代缴罚金。剩下的金额会在还车时退还到你的信用卡里。如果你不

希望预扣款项，遇到罚单时自己缴纳，也可以向租车公司提出相应的要求。

在路上发生事故后，首先要做的是打开双闪，穿上黄色警示背心，并将警示三角放在距离事故地点约100米处的位置（在欧洲租车时，租车公司基本都会提

供警示背心和警示三角），以防发生二次事故。如果事故比较轻微，双方对责任认定一致，就可以将车开到路边做后续的商定。欧洲的车辆一般都有完善的保险，轻微事故通常不会产生什么争执。倘若是严重事故，就留在原地，保护好现场，并作以下处理，留取足够多的证据和证明。

1. 及时停车，提供协助，确认是否有人受伤；

2. 及时将对方的姓名、地址、电话、驾驶执照号码、车牌号码、汽车登记及保险资料记录下来；

3. 记录意外发生的时间、地点以及天气情况；

4. 如果有目击者，尽量也请其提供姓名、地址和联系电话；

5. 尽快致电汽车租赁公司。

如果有人受伤或丧生、一方酒驾、严重违规、车辆损失严重或对方肇事后逃离，要立即联系警方和急救车到场。

需要提醒的是，如果发生交通意外，千万不要与对方司机达成私下解决协议。因为事故一方可能在后来重新考虑后反悔，而直接向保险公司申报，将责任全部归咎于对方。因此，出现交通意外应立即向租车公司或保险公司联系。

特别照顾

使用租车公司的车辆，无论事故大小，都必须通知警察报备，即使事故比较小，警察也会给予一个报案号，用来填事故单（Unfallpmtocol）。没有报案，就无法获得保险理赔，即使租车时购买了全额保险，损失也可能由自己承担，这一点要在租车时询问清楚。报警的同时也可通知租车公司，他们会给出处理意见。

事故单上的内容需要事故双方和警察一起如实填写，仔细检查无异议后双方一同签名认可。对方的保险公司也会有类似的事故单。除此以外，不要签署任何关于责任认定、赔偿等内容的文件。

违章事故常用语句 >>>>>>

叫救护车
Please call an ambulance.
音标：[pli:z][kɔ:l][æn]['æmbjʊl(ə)ns]
中文：请帮我叫下救护车。

找警局
Where is the police office?
音标：[weə][ɪz][ði:][pə'li:s]['ɒfɪs]
中文：警局在哪?

I want to report a case
音标：[aɪ][wɒnt][tu:][rɪ'pɔ:t][ə][keɪs]
中文：我要报案。

去看医生
Could you take me to the hospital?
音标：[kʊd][ju:][teɪk][mi:][tu:][ði:]['hɒspɪt(ə)l]
中文：能带我去医院吗?

Please harry up.
音标：[pli:z]['hʌrɪ]
中文：请快点。

血型
My blood is type B.
音标：[maɪ][blʌd][ɪz][bi:]
中文：我是 B 型血。

My friend is seriously injured.
音标：[maɪ][frend][ɪz]['sɪərɪəslɪ]['ɪndʒəd]
中文：我朋友受了重伤。

欧洲自驾安全提示

　　欧洲虽然是世界上整体经济水平、治安情况和环境保护等方面普遍偏高的国家，但并不是说到欧洲旅游就可以完全不考虑安全的问题，尤其是个人财产和证件的安全，即便在欧洲主要的旅行城市也需格外留意。加之东西方在文化习惯、行为方式、法律法规上的诸多不同，旅行途中要尽量减少冲突。尤其是与家人、孩子同行的朋友，更要在保证安全的前提下驾车旅行。

谨防失窃和被骗 ▶▶▶▶▶▶▶▶▶▶▶▶▶▶▶▶▶▶

南欧地区如西班牙、意大利、希腊等地，自然风光优美，有着众多的历史文化遗迹，都是非常适合自驾旅行的目的地。但与此同时，这些地方也是盗窃案件的多发地带，不少旅行者都有在这些地区失窃或险些失窃的经历。除了以上这些地方，英国、法国以及德国、瑞士等地，也不是绝对安全无忧的。下面介绍一些在旅行中曾有游客遭遇过的场景，以供朋友们借鉴。

场景分析

1.在人群密集的广场和景区，人们摩肩接踵，轻微的碰触经常被游客忽略，这也是盗窃者最喜欢的场所。

2.在自助售票机和热门地区的停车咪表旁边，有时会站着一些人，在你看不懂如何操作机器的情况下主动过来，很热情地要帮助你操作买票。这些人经常是要事后收取费用的，这倒算是合理，但有时旁边的同伙会在你专注地看别人操作的时候，趁机实施盗窃。

3.在一些著名的标志性建筑附近，一些盗窃者会装成非常专业的游客，一直在附近拍照不停，等待你找他们帮忙拍照，然后似乎很专业地与你拉开距离并让你摆出某种姿势，然后迅速转身逃走。有时还有人主动要求为你拍照，先是对你夸赞一番（多用于异性），自己拍完后再要求用你的手机/相机为你拍照，手法如前。

4.此类盗窃多发生在著名的广场上，有人手里拿着装着白色浆糊状的小瓶在人群中寻找目标，然后将一些浆糊洒在你肩膀上，并好心提醒你，肩上有鸽子粪便，让你到旁边的长椅、水池或台阶清理，一般人会习惯性地将手里的东西放到旁边，双手清理，这时就会有人拿走你的东西。

5.路上，如果有陌生人突然从后面招呼你，手里拿着看似很贵重的物品，如金戒指等，询问是否是你掉的时，不要贪小便宜。如果你说不的时候他要求将东西便宜卖给你，也不要因为觉得是花钱买的就没事，这些东西全都是仿造的廉价产品。

6.这是一种非常常见的骗局，在一些特色的景点，有一些人会高喊着"Free（免费）"，然后出其不意、非常利落地往你手上栓个彩色绳结，或塞给你一些喂鸽子的食物，事后就伸手向你收费，通常要价 5 ～ 10 欧元。做这些的，一般出现在景点门口和广场上，看到要尽量避开。如果被碰上，给个 2 欧元或 5 欧元了事，这些人一般都是团伙，除非同行的人较多，否则不要有直接冲突。

7.旅行者印象中，欧洲是一个自由的地方，经常有游行、集会或请愿的事情。有些陌生人会主动上前搭话，请你为某个事件或弱势群体的"请愿"签名表示支持，签名之后就会要求你"捐款"。

欧洲旅行安全提示 ▶▶▶▶▶▶▶▶▶▶▶▶▶▶▶

1.在人多的地方，尽量将包背在身前，如果觉得影响美观，就将一些重要的东西放在一个包层里，在这层的拉链上加一把精致的小锁。最好使用斜挎包和腰包。

2.停车或自主买票时，如果看不懂如何操作流程，尽量问从此经过的路人，以老人、学生和衣着整洁的人为主。还可以等待一会儿，看下一个人是如何操作的，同时将手放在包上或装有手机、现金的口袋里。

3.希望有人帮忙拍照时尽量请同伴、情侣帮忙。

4.如果一个陌生人告诉你，你的衣服脏了，拒绝他的帮助，直接走开。记得将包始终放在你的身前，保持在视线内。

5.在外面没有什么是免费的，不要有占便宜的心理，有人很热情说提供免费服务时，如果没有特别需要，就不要同意。有感觉不怀好意的人主动搭讪也不要理睬。

6.不要介入国外的任何民意性活动，即便是真实的也与旅行者无关。

7.在与陌生人交谈时，不要因为"意气相投"就泄露过多的个人信息。

8.证件和现金最好分开放，并保存一些备用的照片和复印件，证件丢失比现金丢失严重得多。

9.不要携带大量或大额的现金，多使用信用卡支付；女性旅行者尽量衣着得体、朴素，少戴贵重的首饰。

10.白天基本不会有什么危险发生，但即便驾车，也要尽量避免走荒僻小路。在小城市夜晚要避免外出，大城市在人流逐渐稀少前也要回到住宿地，深夜的欧洲并没有你想象中的安全。

11. 不要将车钥匙交给任何人，如果有自称是酒店工作人员的人告诉你的车停错位置，帮你泊车，最好亲自去。在偏僻路段或车辆极少的路段，如果有人要求搭顺风车或车辆抛锚向你招手，不要立刻停车，更不要从车上走下，可以减缓车速留心观察，或者直接开走。

特别照顾

假警察在英国、法国、意大利乃至德国和瑞士都时常出现。如果有警察以缉毒、违法兑换货币、例行检查等理由要求你出示证件、钱包和银行卡时要有所警惕，因为有可能是假警察。警察要求出示证件可以，但要求检查钱包是没有这个权力的。如果你恰好有看似违规的行为，如踩到草坪，随手扔了垃圾或停错车，有警察过来要求罚款，也不要轻信，因为警察一般只有开罚单的权力，不会收现金。如果真假难辨时就直接拨打报警电话，直接到警察局解决。

避免自身疏忽造成的损失 ▶▶▶▶▶▶▶▶▶▶▶▶▶

除了上面提到的一些外在因素可能构成的损失外，自驾旅行过程中也要避免自身的一些疏忽造成损失。而且个人疏忽造成的损失往往大于外在因素所导致的。外在因素所造成的损失通常是经济损失，但个人的疏忽和大意可能造成生命的威胁。

1. 保持车距，高速公路上行车，保证安全的办法之一就是保持一定车距，通常来讲，车与前车的车距应为当前速度的1/2，如果当前车速是120千米/小时，两车之间的距离应在60米以上。

2. 严禁酒驾，这是本书中一再强调的问题，为自身和家人安全考虑也应遵守这一规则，同时，在身体不适和服药之后也要避免驾车。

3. 旅行途中一定要注意休息，如果前一天玩的地方比较多，有些累，第二天就安排得相对宽松一些，或直接在当地停留休整1天。这么做可能会耽误些行程，但安全是最重要的。

4. 疲劳驾驶是很危险的。长时间驾驶突然产生的微微倦意最容易被人忽视，而这正是最易造成交通事故的因素之一。欧洲的高速公路上通常十多千米就会有一个休息站。每30～40千米会有一个加油站和餐厅。德国法律规定开车每2小时需要休息10～15分钟，每4小时需要休息半小时以上，遇到合适的休息站时一定要下来放松一下。同时，避免夜间行车。

5. 如果是长途驾驶的话，每走几百千米就要检查下油量、轮胎气压及踏板情况。若出现爆胎则要立即更换轮胎，以免车辆受损。到了冬天，车辆必须更换冬季轮胎，否则将受到处罚。

6. 尽量保持车窗是关闭的状态。

7. 任何情况下，尤其在天气较热的情况下，不要让孩子单独呆在车里。

8. 车上要随时储备必要的饮水和食物。

9. 途中不要经常开玩笑分散驾驶者的注意力，不要怂恿驾车者做出超车、超速和违反交规的行为。

10. 车辆在高速行驶时，不要因为车外景色美丽或清风舒爽就将身体或手臂探出车窗外，尤其不要让孩子做出这样的行为。

除了以上提示之外，还建议到欧洲自驾旅行之前购买一份合适的出国旅游保险，以获得专业的欧洲出游保障。

PART 1

精品自驾游线路

HIGH QUALITY
SELF DRIVING
TOUR LINE

① 普罗旺斯与地中海自驾 ——浪漫法兰西与蓝色海岸

▶▶巴黎（Paris）—里昂（Lyon）—阿维尼翁（Avignon）— 普罗旺斯（Provence）—马赛（Marseille）—戛纳（Cannes）—尼斯（Nice）—摩纳哥（Monaco）

| 线路全长：约 1060 千米 | 所需时间：13～15 天 | 最佳季节：9 月至次年 3 月 |

线路亮点 »»»»»»»»»»»»»»

普罗旺斯的地形，属于丘陵地貌，微微起伏的山峦，不断变化着远方的地平线，一条条细长的乡村小路分布其间，虽算不上曲折蜿蜒，但也偶尔会随着山峦的节奏而曲折起伏。开车行驶在路上，不时便会有一片片薰衣草花田浮现在眼前。如果你喜欢紫色，这里就是紫色的天堂。薰衣草、向日葵再加上最迷人的葡萄园、漫山鲜花构造了普罗旺斯最美、最富有诗意的一幅幅版画。版画的底色满溢着欧洲乡村的气息，这也许正是鲜花多彩的普罗旺斯最迷人的地方。

巴黎旅游局官网

线路规划 »»»»»»»»»»»»»»

Day1 ~ Day3：巴黎

Day4：约 485 千米，巴黎—维孔宫城堡—枫丹白露宫—里昂

Day5：里昂

Day6 ~ Day7：约 230 千米，里昂—阿维尼翁

Day8：约 85 千米，阿维尼翁—普罗旺斯－艾克斯

Day9 ~ Day10：约 30 千米，普罗旺斯－艾克斯—马赛

Day11 ~ Day12：约 210 千米，马赛—戛纳—尼斯

Day13：约 20 千米，尼斯—埃兹—摩纳哥

普罗旺斯与地中海自驾线路示意图

地图上的标注文字：

巴黎 Paris P061

维孔宫城堡 P066
Chateau de Vaux-le-Vicomte

枫丹白露宫 P067
Chateau de Fontainebleau

南锡 Nancy

斯特拉斯堡 Strasbourg

奥尔良 Orleans

弗赖堡 Freiburg im Breisgau

博格斯 Bourges

第戎 Dijon

Parc Naturel Régional du Morvan

约485KM

贝桑松 Besancon

巴塞尔 Basel

里摩日 Limoges

维希 Vichy

克莱蒙费朗 Clermont-Ferrand

日内瓦 Geneve

伯恩 Bern

里昂 Lyon P067

圣艾蒂安 Saint-Etienne

尚贝里 Chambery

布里夫拉盖亚尔德 Brive-la-Gaillarde

约230KM

加普 Gap

都灵 Torino

萨沃纳 Savona

泉水镇 P072 Fontaine de Vaucluse

石头城 P072 Gordes

约385KM

阿维尼翁 P070 Avignon

红土城 P073 Roussillon

尼斯 Nice P080

摩纳哥 Monaco P082

阿勒 Arles

普罗旺斯-艾克斯 Aix-en-Provence

P074

夏纳 Cannes P078

塞特港 Sete

约30KM

马赛 P076 Marseille

约210KM

约20KM

A6 ——— 高速公路

——— 路段距离分隔标

亮点速览 〉〉〉〉〉

① Day1 ~ Day3：巴黎

　　巴黎（Paris）1400多年以来，就一直是法国的首都，为法国的政治、经济、文化、商业中心。它横跨优雅的塞纳河，与纽约、伦敦、东京一同被列为世界四大国际化都市，是举世闻名的浪漫之城和时尚之都。除了是一座历史与时尚名城，巴黎还是一座美食之都和创作重镇，它是大文豪雨果和印象派创始人、代表者莫奈的故乡，著名的芭蕾舞胜地，欧洲启蒙思想运动中心，电影的故乡以及现代奥林匹克运动会发源地。走在巴黎街头，

每时每刻都能受到文化的魅力和艺术的气息。

在巴黎游览时可以考虑办一张"巴黎旅行通票（TheParisPass）"，购买通票后可免费进入巴黎60多个世界闻名的博物馆、艺术馆和纪念馆，享有便捷通道，且节省不少门票费用。通票有2天、4天或6天的固定期限，非常适合短期旅行的朋友，办理官网：www.parispass.com.cn。

埃菲尔铁塔

埃菲尔铁塔（法语：La Tour Eiffel；英语：Eiffel Tower）得名于著名建筑师、结构工程师古斯塔夫·埃菲尔，于1889年矗立在塞纳河南岸巴黎战神广场上（Champ-de-Mars）。埃菲尔铁塔总高324米，是世界著名建筑、法国文化象征和地标之一。

埃菲尔铁塔分为三层，分别位于57.6米、115.7米和276.1米处，其中一、二层设有餐厅，第三层建有观景台。白天的埃菲尔铁塔结构有观景台。白天的埃菲尔铁塔结构

分明、傲然独立，令人肃然起敬。夜间的埃菲尔铁塔在探照灯的照射下散发出金色的光芒，无数的灯光将其围绕，遇到特殊节日时还会变幻不同的色彩，分外迷人。

GPS 地址：Champ de Mars, 5 Avenue Anatole France, 75007 Paris

网址：www.toureiffel.paris/cn

TIPS:

三层瞭望台各自提供了不同的视野，票价分为电梯票和楼梯票，电梯开放时间9:30～23:45，最后上塔时间为23:00，最后上顶楼时间为22:30，上二楼票价11欧元，至顶楼17欧元；楼梯开放时间9:30～18:30，最后上塔时间为18:00，票价7欧元。

巴黎凯旋门

巴黎凯旋门（Arc de Triomphe）坐落于香榭丽舍大道西端，是拿破仑为纪念1806年战争胜利，迎接凯旋的法军将士而修建

的。凯旋门高49.54米，宽44.82米，厚度达22.21米，是目前香榭丽舍大道上最大的圆拱门。拱门四周刻着曾跟随拿破仑远征的将军名字，四根柱子上分别雕刻着名为马赛曲、胜利、抵抗与和平的4座精美浮雕。凯旋门下有一座无名烈士墓，是安葬"一战"中无名烈士遗体的地方，墓旁放置着一座长明灯，彻夜不息。

GPS地址：Place Charles de Gaulle, 75008 Paris

网址：arc-de-triomphe. monuments-nationaux.fr

TIPS:

凯旋门内部设有电梯和楼梯，在近50米高的拱门上方，有一座小型的历史博物馆，进去参观需9欧元，在此可以欣赏到靓丽的香榭丽舍大道和巴黎全景。博物馆开放时间为10:00～23:00。

卢浮宫

卢浮宫（Musée du Louvre）位于法国巴黎市中心的塞纳河北岸，位居世界四大博物馆之首。卢浮宫始建于1204年，作为欧洲最古老的宫殿之一，曾有50余位国王和王后在此居住。这里珍藏了大量具有古典美学的精美绘画和雕塑作品，包括东方艺术、古埃及艺术和古希腊、古罗马艺术等多个展馆。闻名世界的断臂维纳斯雕像、胜利女神雕像和达·芬奇的"蒙娜丽莎"更是卢浮宫的镇宫之宝。

GPS地址：Musee du Louvre，75001 Paris

网址：www.louvre.fr

TIPS:

参观卢浮宫时，禁止使用闪光灯，不准吸烟和吃东西，不可用手触摸展品。曾有游客在游览时发生随身物品被窃的事件，参观拍照时需要留意。由于卢浮宫面积很大，展品众多，最好能提前准备，找重点欣赏。

巴黎圣母院

巴黎圣母院（Cathédrale Notre Damede Paris）是一座位于法国巴黎市中心、西堤岛上的著名哥特式建筑。教堂始建于1163年，历时180余年才最终建成。雨果称巴黎圣母院为"石头的交响乐"，无论是门窗、回廊、祭坛还是内部的雕刻和绘画都闪烁着古典艺术与法国人民智慧的光辉。

耸立于南北两侧的钟楼是教堂的标志之一。南侧钟楼也就是雨果笔下的钟楼，上面有一个重达13吨的大钟，钟声浑厚洪亮，敲响时整个巴黎城都能听到。北侧钟楼内有387节台阶，登上钟楼可俯瞰巴黎美景和波光粼粼的塞纳河。

GPS地址：6 Parvis Notre–Dame–Pl.Jean–Paul II, 75004 Paris

凡尔赛宫

凡尔赛宫（Palace of Versailles）坐落于巴黎市西南约18千米的凡尔赛镇，由太阳王路易十四建造。宫殿建筑气势磅礴，布局严密，由500多间金碧辉煌的大殿和大厅组成。殿外是一座修葺整齐的巨大法式花园，拥有众多喷泉、雕塑、花径、神庙等，被称为"欧洲最美的宫廷花园"。

宫殿的每个房间都装饰着巨幅油画和挂毯、五彩的大理石墙壁和如瀑布般倾泻的水晶灯，彰显着艺术魅力。其中镜厅知名度最高。

GPS地址：Place d'Armes, 78000 Versailles

网址：www.chateauversailles.fr

TIPS:

夏季的时候，凡尔赛宫会开启音乐喷泉，周末或节日的晚上还有大型烟花表演，宫殿内有支持中文的语音导览，通票15欧元。

蓬皮杜中心

蓬皮杜中心（Le centre Georges Pompidou）被当地人称之为"博堡"（Beaubourg）。这是一座现代艺术的殿堂，全球游客最多的十大博物馆之一。外面盘根错节的钢架结构和各色管道使它看起来像一座大型工厂。红、黄、蓝、绿的管道各有功用，绿色是水管，黄色是电力系统，蓝

色是空调排气系统，红色则是电梯。整座建筑共分为工业创造中心、大众知识图书馆、现代艺术馆以及音乐音响谐调与研究中心四大部分，共收藏了当代艺术作品 75000 多件。

GPS 地址：lace Georges-Pompidou，75004 Paris

网址：www.centrepompidou.fr

TIPS：

蓬皮杜中心还有一间别致的"儿童工作室"，4～12 岁的孩子都可以到这里学习绘画、舞蹈、演戏和手工等。工作室有专门的工作人员，帮助孩子培养兴趣和创造力。

巴黎经典景点延伸

协和广场（Place de la Concorde）位于巴黎市中心，广场上竖立着一座埃及卢克索方尖碑（Luxor Obelisk），方尖碑曾经竖立在卢克索神庙入口。1829

年，奥斯曼帝国的埃及总督将方尖碑送给法国。广场上有很多鸽子，累了可以在此休息。GPS 地址：PlacedelaConcorde，75008 Paris。

圣心大教堂（Basilique du Sacré Coeur）位于巴黎北部的高地蒙马特上，为巴黎著名的地标之一，供奉着耶稣的圣心，前面有圣女贞德（Jeanne la Pucelle）和路易九世的骑马青铜像。GPS 地址：35 Rue du Chevalier de la Barre，75018 Paris。

巴黎歌剧院（Opéra Gamier）是巴黎的标志性建筑之一，新巴洛克建筑位于巴黎市中心非常热闹的广场上，歌剧院顶上的金色雕塑彰显出贵族气派。内部装饰极尽精美，有中文讲解，晚上景致极佳。GPS 地址：8 Rue Scribe，75009 Paris。

巴黎市政厅（Hotel de Ville de Paris）坐落于塞纳河畔，自 1357 年以来就一直是巴黎市政府的所在地，现在的大楼是在 1871 年的大火后重新修建的。大楼的外墙上有许多生动的雕塑，雕刻的都是法国历史上具有影响力的人。GPS 地址：Place de l'Hotel de Ville，75004 Paris。

② Day4: 巴黎一维孔宫城堡一枫丹白露宫一里昂

离开巴黎后，将进行一天的城堡之旅，沿宽阔的A6公路南下，用时约1个小时即可抵达法国的小镇默伦（Melun）。以这个小镇为中心，抵达维孔宫城堡和枫丹白露宫都只有不到30分钟车程，中午可以在镇上用餐，天黑之前赶往里昂。从枫丹白露宫抵达里昂约需3.5小时车程。

维孔宫城堡

维孔宫城堡（Chateau de Vaux- le-Vicomte）也叫子爵城堡，位于巴黎东南部约50千米处，有"小凡尔赛宫"之称。这座城堡原是路易十四财政大臣尼古拉斯·富凯（Nicolas Fouquet）的府邸。路易十四正是看到了这座城堡的雄伟与华丽之后，才激生了建造凡尔赛宫的想法，而凡尔赛宫和维孔宫城堡的设计者正是同一群人。

维孔宫城堡堪称17世纪巴洛克式建筑的经典之作和法国古典园林艺术的代表。整座城堡占地约40万平方米，被绿色所覆盖，庄严的古典主义与奔放奢华的巴洛克风格完美地结合在一起，在光影的结合下显露出柔和的神韵，极受各国游客喜爱。加拿大摇滚天后艾薇儿·拉维尼（Avril Lavigne）与五分钱乐队（Nickel back）的主唱查德·克罗格（Chad Kroeger）的婚礼便在这里举行。

GPS 地址：Chateau Vaux le Vicomte, 77950 Maincy

网址：www.vaux-le-vicomte.com

枫丹白露宫

枫丹白露宫（Château de Fontainebleau）是法国最大的王宫之一，位于塞纳河左岸的枫丹白露镇（Fontainebleau），距巴黎约60千米。枫丹白露宫占地约170平方千米，是12世纪路易十四在泉水边修筑的城堡，枫丹白露就是"美丽清泉"的意思。枫丹白露宫是法国古典建筑的杰作，由古堡、宫殿、院落和园林组成，其中的文艺复兴大厅、皇帝寝宫和拿破仑博物馆常年开放。枫丹白露宫被誉为"法国历史的缩影"，其内收藏了大量文艺复兴时期的绘画、雕塑作品，还包括众多来自中国圆明园的文物，内部装饰极尽华丽。拿破仑的最后一段回忆也承载在这里，喜欢历史的朋友不要错过。

GPS地址：77300 Fontainebleau

网址：www.musee-chateau-fontainebleau.fr

TIPS:

参观枫丹白露宫时，拍照禁止使用闪光灯、不准吸烟和吃东西，不可用手触摸展品。参观门票11欧元，每周周二、1月1日、5月1日和12月25日闭馆。

③ Day5：里昂

里昂（Lyon）是法国东南部的大城市，法国第二大都市，罗纳-阿尔卑斯大区的首府和罗纳省的省会，有"外省首都"之称。里昂是法国文化和艺术的集结地，其历史可以追溯到古老而繁荣的罗马时代。作为欧洲文艺复兴的历史名城，这里还是法国的"文化之城""美食之城"和"壁画之城"，1895年，世界上第一段电影便在这里诞生。1998年，里昂被联合国教科文组织列为世界文化遗产城市。

里昂旅游官网

里昂旧城

里昂旧城（Vieux Lyon）位于索恩河畔（Saone），17 世纪时是法国的政治、经济和文化中心。如今，这里仍然保存着许多中世纪的古旧建筑，文艺复兴式的古典房屋彼此相连，橙红色调，极具特色，因此人们称它是有着"一颗粉红心脏"的美丽城市。老城区的步行街是最具魅力的地方，街旁有许多精品店、手工艺店、餐馆和咖啡厅。街边的房子五颜六色，窗棂上雕刻着精致的石雕，走在鹅卵石铺成的街道上，仿佛是一场时空穿越之旅。

GPS 地址：60 Rue Saint-Jean, 69005 Lyon

圣让首席大教堂

圣让首席大教堂（Cathédrale Saint-Jean Baptiste）位于索恩河畔，始建于 1180 年，历时 300 年才最终建成，是法国首席总主教的座堂。教堂正立面是极为壮观的哥特尖顶，入口处装饰着 200 多块华丽的浮雕。教堂内最著名的是祭坛左右两边的十字架，它们从 1274 年一直保存至今，被视为教堂的标志。位于教堂北翼的天文钟每逢 12:00、14:00、16:00 都会鸣钟报时，届时，这座拥有近千年历史的钟楼大钟里就会出现可爱的机械娃娃。

GPS 地址：Place Saint-Jean, 69005 Lyon

网址：cathedrale-lyon.cef.fr

TIPS:

教堂每日 8:00 ~ 19:00 开放，复活节后的第 1 个周一、5 月 1 日、法国国庆日和其他法定节假日期间开放时间为 8:00 ~ 13:00，教堂礼拜期间禁止游人参观。

白莱果广场

白莱果广场（Place Belle-cour）位于里昂市中心，曾被称作皇家广场。它是欧洲最大的净地广场，最具特色的是广场上没有任何绿地和树木，所有地面都是由鲜艳的红土铺成，在夕阳或晨光下非常美丽。广场的红色色调与老城的橘红色屋顶极为相衬，中央有一座高大的路易十四骑马雕像。如果你细心观察就会发现雕像没有马镫，据说这是为了规避路易十四身高的缺陷。广场周边环绕花店、餐馆和咖啡厅，是当地人最喜欢的休闲场所。

GPS 地址: Place Bellecour, 69002 Lyon

富尔维耶圣母教堂

富尔维耶圣母教堂（Basilique Notre-Dame de Fourviere）也叫"富尔维圣母院"，位于海拔 281 米的富尔维耶尔山丘上。这座教堂建于 19 世纪，被视为里昂的标志。整座教堂由白色大理石筑成，上覆金顶，建筑形式融合了拜占庭式和中世纪风格。教堂内的装饰呈现庄严而华丽的金色，以圣经故事为主题的彩色玻璃花窗在阳光下五彩斑斓。教堂左侧有一座观景台，可以俯瞰里昂景色，到了晚上，灯火辉煌，非常美丽。

里昂的 12 月 8 日是向圣母玛利亚敬礼的日子——光明节，前后持续 4 天。在光明节期间，大教堂里会特别准备很多的灯饰，并有庆祝活动。

GPS 地址：8 Place de Fourvière, 69005 Lyon

网址：www.fourviere.org

壁画墙

里昂"壁画之城"的美誉绝非浪得虚名，漫步城中，偶然的一个街角就会给你莫大的惊喜。这里的壁画大都以整栋建筑的墙面为背景，非常壮观。其中不少作品都是惟妙惟肖的 3D 画作。索恩河畔就有一幅七层楼高、面积达 800 平方米的 3D 立体壁画，壁画中描绘了里昂历史上著名的

24 位名人，他们神态自然、相互攀谈，真实与虚幻、二维与三维的错觉让人惊奇不已。在这些壁画中你就能感受到里昂人独特的"法式浪漫"。

GPS 地址：2 Rue de la Matinière, 69001 Lyon

里昂景点延伸

里昂美术馆（Musée des Beaux-Arts de Lyon）是法国城市里昂的市立美术馆，位于沃土广场南侧建于 17、18 世纪的原本笃会修道院建筑内，常年对游客开放。馆中收藏了从古埃及到现代的艺术品，是欧洲最重要的美术馆之一。GPS 地址：20 Place des Terreaux, 69001 Lyon。

里昂古罗马大剧院（Théatre Romain）修建于公元前 1 世纪的古罗马时代，剧场呈一大一小两个半圆形，可容纳上万名观众，至今保存完好。这里不仅可

以参观到出土的文物，还经常举办大型音乐会、演奏会、歌剧等演出。GPS 地址：17 Rue Cleberg, 69005 Lyon。

④ Day6~Day7: 里昂—阿维尼翁

离开里昂，沿 A7 公路南下行车约 230 千米即可进入普罗旺斯地区，普罗旺斯是一片很大的区域，全称为普罗旺斯－阿尔卑斯－蓝色海岸（Provence-Alpes-Côte d'Azur），区域内包括阿维尼翁、艾萨克和马赛等著名城市。普罗旺斯地区物产丰饶、阳光明镉，以壮观而浪漫的薰衣草花田闻名于世，是众多摄影爱好者与浪漫情侣们无限神往的地方。

阿维尼翁城

阿维尼翁城（Avignon）也叫"亚维农"，位于罗纳河（Le Rhone）河畔，是一座拥有悠久历史的城市，同时也是法国南部的

阿维尼翁旅游局

旅游胜地之一。城墙保存完好，充满了风雨沧桑之感。城中和周边地区拥有众多历史性的教堂和宫殿，以及水果、葡萄酒庄园、美丽的薰衣草花田和向日葵花田。毕加索曾以这里为主题，创作了世界名画《阿维尼翁的少女》。1995年，阿维尼翁城被列入世界文化遗产。

GPS 地址：1 Rue Racine, 84000 Avignon

教皇宫

阿维尼翁教皇宫（Palais des Papes）始建于 1334 年，占地达 1.5 万平方米，是欧洲中世纪最宏伟的建筑之一。阿维尼翁教皇宫是除罗马教廷外的另一座天主教宫殿，先后有 7 位教皇在此居住，代表了法国王权的强盛时期。在拿破仑时代，教皇宫曾被法国军队征用，成为一座兵营和牢房，几经历史与炮火的洗礼，最终幸存下来。目前，内部有 20 多个房间可供参观，包括当年教皇的房间。

教皇宫分为旧殿和新殿两部分，旧殿朴实无华，属罗马建筑风格，内部如同一座迷宫，大殿小厅相连，廊道迂迦曲折；新殿富丽堂皇，为典型的哥特式建筑，精美的雕塑和绘画都是出自中世纪意大利名家之手。在教皇宫后面能清楚地看到阿维尼翁断桥（Pont St-Benezet）

GPS 地址：Place du Palais, 84000 Avignon

网址：www.palais-des-papes.com/fr

阿维尼翁圣母大教堂

阿维尼翁圣母大教堂（Avignon Cathedral）位于教皇宫旁边，顶部有一尊镀金的圣母玛利亚雕像，十分引人注目。大教堂建于 12 世纪中期，是阿维尼翁最古老和最重要的宗教性建筑。教堂上建有钟楼，里面有大小不同的 35 个钟，声音洪亮且每个钟都有自己的名字。据说法国大革命时期，这里的钟曾被融化打造成武器，现在的钟是战后铸造的。教堂内部雕梁画柱、精雕细琢的拱廊构建出宽广的空间，庄重而宏大。

GPS 地址：Place du Palais, 84000 Avignon

网址：www.cathedrale-avignon.fr

泉水镇

泉水镇（Fontaine de Vaucluse）坐落在阿维尼翁东部约 35 千米处，名字来源于镇上的沃克吕兹泉。沃克吕兹泉是本省内泉水流量最为丰富的地方，同时它也是法国最大和世界第五大泉。小镇沿河而建，古朴小巧，岸边汇集了众多的咖啡馆、餐厅和商店。泉水从镇前淌过，清澈凛冽，意大利"文艺复兴之父"弗朗西斯科·彼特拉克（Francesco Petrarca）曾在此为爱人写诗。水潭宛若一块清凉碧透的翡翠，溪

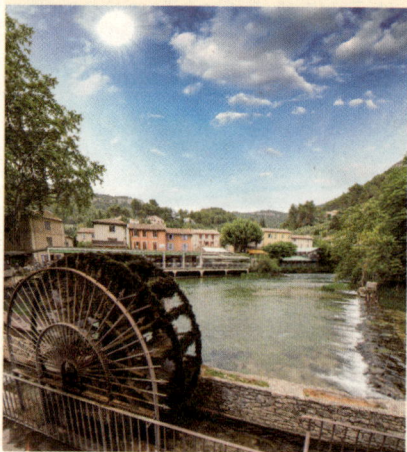

水的尽头弥漫着朦胧的白色水雾，如同人间仙境。

GPS 地址：Avenue Robert Garcin, 84800

网址：Fontaine-de-Vauclus6

石头城

石头城（Gordes）距离阿维尼翁约 39 千米，向东驱车 50 分钟左右即到，是普罗旺斯旅行不可错过的地方之一。这里的村庄全都建在高高的山上，房屋用石头砌成，据说这是为了躲避中世纪的战乱纷争。远远望去，成片的石头建筑层层叠叠直到山顶，卓尔不群，因此这里被誉为"天空之城"。

走进石头城，就能看到它古朴的山城风貌，即便是对审美极为挑剔的法国人也称其为"法国最美的小镇"。普罗旺斯的紫色无处不在，即便在这样的山中小镇上，商店里或者市集中也随处可见薰衣草香包、薰衣草精油、薰衣草香皂等。

GPS 地址：Rue du Ch teau, 84220 Gordes

塞南克修道院

塞南克修道院（Abbaye de

Senanque)位于石头城以北约2千米处,这里是普罗旺斯地区最佳的薰衣草观赏地之一。塞南克修道院建于1148年,历时100年左右建成,现已历经800多年的岁月。有趣的是当年为了防止修道院的墙砖被村民偷走,每块砖上都被刻上了特定的符号,非常特别。修道院前有一大片的薰衣草花田,它们都是由修道院里的修道士们亲手种植的,据说是法国最美的薰衣草花田之一。《又见一帘幽梦》中那大片美丽的薰衣草和中世纪城墙就是在塞南克修道院取景的。

GPS 地址: Sénanque Abbey, 84220 Gordes

网址: www.abbayedesenanque.com

红土城

红土城(Roussillon)位于阿维尼翁以东约45千米处,也称为"鲁西永"。早在古罗马时代就以顶级的赭石颜料采掘场而著名,

荷兰印象派画家梵·高也曾为这里的色彩所痴迷。红土城内的建筑外墙都是就地取材,因此镇子上充满了暖色调的房子,远远望去如同一座热情四射的城堡。但当你走进去才会发现,红土城内不只有红色,小路两旁的房子有醒目的橙色、闪亮的黄色,还有柔和的粉色等。墙壁和窗棂上攀爬着绿色的藤萝,在蓝天白云和路边紫色薰衣草的映衬下,便是一幅梦幻的水彩画。

GPS 地址: Le Castrum, Haut Village, 84220 Rousillon

TIPS:

红土城深受摄影爱好者和情侣们的喜爱,小镇上的纪念品店里可以买到最天然、纯正的色彩颜料,喜欢绘画的朋友千万不要错过。

阿尔勒

阿尔勒(Arles)位于阿维尼翁西南约40千米处,虽然面积不大,但却是一座有着悠久历史的小镇。早在西罗马帝国时代,小镇就已经存在,公元46年,阿尔勒被古罗马帝国的凯撒大帝统治,成为退休军人定居的城市,因此被称为"高卢人的小罗马"。城中有一座规模宏大、保存良好的

古罗马斗兽场，至今仍是斗牛比赛的举办地。梵·高曾在这里居住了一段时间，被视为梵·高《向日葵》的故乡，这里拥有大片热情亮丽的向日葵花田。据说他也是在这里割掉了自己的耳朵，同时留下了大量作品。

GPS 地址：Rue du Cloître, 13200 Arles

TIPS:

城中有许多与梵·高有关的地方，如梵·高医院、《夜间咖啡馆》中的金色咖啡馆等，如果想欣赏壮观、美丽的向日葵花田，最好在 6 月底到达。

⑤ Day8: 阿维尼翁—普罗旺斯－艾克斯

从阿维尼翁沿 A7 公路继续南下，行车约 90 千米便可进入普罗旺斯－艾克斯地区 (Aix-en-Provence)。"艾克斯"在拉丁文中是"水"的意思，这座小城历史悠久，早在古罗马时期就有记录，城中有近百座喷泉，被誉为"普罗旺斯最好的地方"，同时它也是法国印象派大师保罗·塞尚（PaulCezanne)的故乡。

米拉波大道

米拉波大道（Cours Mira-beau）位于艾克斯市中心，是艾克斯主要的景点之一，被誉为"世界上最优美的大道"。大道以戴高乐广场（Pl.du Céneralde Gaulle) 为中心向东伸展，两侧是高大的法国梧桐，这些梧桐的平均树龄在 80 年以上，众多精致典雅的中世纪建筑和别具一格的雕像掩映其中。大道附近点缀着小小的广场，雅致的露天咖啡厅和糕点店也值得去坐坐。在大道的北侧有一家"两兄弟"咖啡馆，这家咖啡馆已有 200 多年历史，不少著名的艺术家都喜欢在这里相聚。

GPS 地 址：3 Cours Mira-beau，13100 Aix-en-Provence

圆亭喷泉

圆亭喷泉（Fontaine de la Rotonde) 位于艾克斯市中心的米拉波大道上，是这里最有名的古迹之一。圆亭喷泉建于 1860 年，高 12 米、圆形底座直径达 32 米，周围有四对狮子。顶部的三尊大理石雕像，分别由三位雕塑家雕刻而成，每尊雕像都有特殊的意义，并面对着一个方向。代表正义的雕像正对着米拉波大道，代表艺术的面对着阿维尼翁的方向，代表农业的面对着马赛的方向。艾克斯有"千泉之城"的美誉，除了圆亭喷泉外，城中还分布着许多精美的喷泉。

GPS 地址：13100 Aix-en-Provence

圣苏维尔大教堂

圣苏维尔大教堂（Cathedrale St-Sauveur）也称为"救世主大教堂"，因有 15 世纪画家尼古拉·夫拉曼的名作《燃烧的蔷薇》而闻名。圣苏维尔大教堂是天主教艾克斯总教区的主教座堂，修建于公元 1 世纪的古罗马市集遗址上，从 12 世纪到 19 世纪经过多次重建，因此同时拥有罗曼式、哥特式和巴洛克式等不同的建筑风格，显得古朴而典雅。教堂内随处可见中世纪时期的古典建筑和雕像，优美的中庭回廊是教堂最大的看点。不过回廊不能随意进去，每隔半小时会有专职工作人员带领参观。

GPS 地 址：34 Place des Martyrs-de-la-Résistance，13100 Aix-en-Provence

网址：www.cathedrale-aix.net

塞尚画室

塞尚画室（Musee Atelier de Cezanne）位于艾克斯市中心北部约 2 千米处，是著名的印象派代表画家保罗·塞尚（Paul Cezanne）曾经工作过的地方。塞尚被誉为是"近代绘画之父"，艾克斯是他的故乡，从 1901 年到 1906 年，直到他去世前每天都在这里作画，留下了数十幅作品，包括他一生都在探索的《圣维克托瓦尔山》（*Mountain Saint Victoire*）。画室内不仅保留了塞尚绘画时用到的材料，还保留了他日常的生活用品，有些物品也曾在塞尚的作品中出现过。

GPS 地 址：9 Avenue Paul Cézanne，13100 Aix-ne-Provence

网址：wvvw.atelier-cezanne.com

TIPS:

塞尚画室内不允许拍照，也没有讲解人员，但会提供说明书。

瓦伦索勒

瓦伦索勒（Valensole）位于艾克斯东北约 70 千米的吕贝隆山脉和阿尔卑斯山脉交汇处，是法国最美丽的山谷之一，被誉为"最经典的普罗旺斯小镇"。这里是《又见一帘幽梦》的拍摄地，拥有普罗旺斯地区面积最大的薰衣草花田。漫山遍野的薰衣草犹如浩瀚无际的紫色海洋，在温暖阳光的轻抚下，焕发着迷人光彩，宛若仙境。同时，一望无际的大片金色向日葵与薰衣草相邻，交织着金色与蓝色的梦境。在普罗旺斯明媚的阳光下，与爱人牵手漫步在令人沉醉的无尽花海中，当然是最为浪漫的回忆。

GPS 地址：Chemin de l，Amiral de Villeneuve，04210 Valensole

TIPS:

小镇周围有众多薰衣草加工厂，这里有最天然、最纯粹的薰衣草精油、薰衣草蜂蜜和薰衣草枕头等。游玩瓦伦索勒的最佳时节是 6 月底至 7 月中旬，此时可以看到薰衣草与向日葵同时绽放的绝美场景。

⑥ Day9 ~ Day10: 普罗旺斯 – 艾克斯—马赛

离开浪漫的艾克斯，南下行车约 30 分钟可抵达法国南部重镇马赛（Marseille），马赛是一座拥有 2000 多年历史的古城，法国的第二大城市，蓝色海岸的起始点，也是普罗旺斯 – 阿尔卑斯 – 蓝色海岸大区和罗讷河口省的首府。城中拥有大量历史人文景观，你可以在这里野餐、散步、看日落、品尝鲜美的马赛鱼汤（La Bouillabaisse），是很好的一日游城市。

马赛旧港

马赛旧港（VieuxPort）位于马赛的心脏地带，也是这座城市的精华所在。港口周围随处可见典雅的历史古迹、各式酒吧、餐厅、精品店和购物中心。每天这里都是桅杆林立、游人如织，构成了马赛独

特的风情。你可以在港口漫步，欣赏壮美的海天景色，参观两侧的文化古迹。或在酒吧餐厅的阳伞下小坐一会儿，品尝一下地道的马赛茴香酒 (Pastis) 和马赛鱼汤（LaBouillabaisse）。每年 6 月份的夏季音乐节期间，许多餐厅都会有乐队助兴，是领略法国南部风情的好时机。

GPS 地址：3 Quai du Port，13001 Marseille

伊夫堡

伊夫堡（Chateau d'lf）距离地中海约 1.5 千米，是法国南部地中海沿岸大港，作为马赛的门户曾是中世纪的必争之地，后来成为一座极为森严的国家监狱。伊夫堡除了险要的地理位置外，还因大仲马的著作《基督山伯爵》而闻名，在这部作品中，主人公就是从这里逃出，并成为富有而

神秘的基督山伯爵的。游客可以登岛，眺望美丽的地中海，也可进入监狱参观，曾有不少王子、贵族以及政治犯、革命家在这里度过了艰苦的岁月。

GPS 地 址：Embarcadère Frioul If，1 Quai de la Fraternité，13001 Marseille

网址：if.monuments nationaux.fr

TIPS:

从马赛旧港乘游轮 20 分钟即可到达伊夫堡，门票 5 欧元，开放时间春夏季 9:30 ~ 18:10，秋冬季 9:30 ~ 16:45，1 月 1 日和圣诞节不开放。

圣母加德大教堂

圣母加德大教堂（Basilique de Notre Dame de la Garde）是一座雄伟的新拜占庭式教堂，修建于 1864 年，坐落在马赛的制高点——一座高约 155 米的加德山丘上。这座教堂由一位从未学过建筑设计的修道院院长主持修建，历时近半个世纪才最终修建完成，从它诞生起，就一直被视为马赛的标志性建筑。登山远望可以尽揽马赛全城，眺望地中海美景，视野极为开阔。圣母加德大教堂

顶端有一座高度近 10 米的金色圣母雕像，阳光明媚的日子，在马赛城的任何一个地方都能看到闪亮的圣母像。

GPS 地址：Rue Fort du Sanctuaire, 13281 Marseille

网址：www.notredamedelagarde.com

隆尚宫

隆尚宫（ParcLongchamp）修建于 1862 年拿破仑三世统治时期，是拿破仑三世的行宫。整座宫殿融巴洛克、罗马与东方建筑风格于一体，中间是群雕和喷泉，两侧是精雕细琢的回廊。群雕以河神为中心，左右是象征酿酒和农业的女神，外围是斗志昂扬的牛群。两侧回廊的尽头各有一座博物馆，分别是美术博物馆和马赛历史博物馆。隆尚宫前是一座壮观的奔流喷泉，内部不时会有艺术品展出。

GPS 地址：4th arrondissement of Marseille, 13004 Marseille

TIPS:

隆尚宫可免费参观，开放时间 10:00 ~ 17:00，周一不对外开放。

卡朗格峡湾国家公园

卡朗格峡湾国家公园（Parcnational des Calanques）是风景迷人的蔚蓝海岸的一部分，位于马赛西南角，有近 20 千米的壮观岩石山丘伸向地中海，风景亮丽壮美，是个徒步感受自然的绝佳地方。这是一处由天然岩石峡湾群、森林和海洋组成的生态系统，每年都会吸引来自世界各地的大量户外爱好者前来徒步、攀岩、潜水和游泳。徒步的过程中经常可以看到一群群身背旅行包、手持登山杖、神采飞扬的游客，登上海崖就能看到海天一色、大气磅礴的地中海风情。

GPS 地址：Bat A4, Parc Valad, ImpasseParadou, 13009 Marseille

网址：www.calanques-parcnational.fr

⑦ Day11 ~ Day12: 马赛—戛纳—尼斯

从马赛沿 A8 公路向东行驶约 180 千米即可抵达法国南部名城戛纳（Cannes），这是一座精巧、典雅而迷人的城市，以其优美的沙滩及每年 5 月举办的戛纳电影节闻名于世。在这里欣赏过美

丽的沙滩、海岸和了解电影文化后，驱车前往著名旅游城市尼斯（Nice）。在尼斯游览时，可购买"蓝色海岸一卡通"，持卡可进入尼斯及摩纳哥的大部分景点，购买官网：zh.nicetourisme.com。

滨海大道

滨海大道（Boulevar ded la Croisette)是戛纳最引人入胜的地方，这里整洁宽阔，一边是美丽的沙滩海湾，一边是精致典雅、风格古朴的酒店。街道中间皆是全年盛开的鲜花，阳光透过高大的棕榈树，洒下斑驳倒影。无论是海边赏景还是餐饮休闲，这里都是不容错过的地方。

GPS 地址：Boulevard de la Croisette, 06414 Cannes

影节宫

戛纳电影节（Cannes International Film Festival)是当今世界最具影响力、最顶尖的国际电影节之一，而其最受瞩目的"金棕榈奖"就是在影节宫（Palaisdes Festivals)颁发。影节宫建在海滩与游艇区之间，是电影节的主会场，内部有 25 个电影院和放映室，有一个可容纳 1000 人的大影厅。影节宫前的步行道上有世界各地著名导演和演员在此留下的手印。1959 年和 1961 年的欧洲歌唱大赛和 2011 年的 G20 峰会也在这里举行。

GPS 地址：Boulevard de la Croisette, 06400 Cannes

网址：www.palaisdes festivals.com

城堡美术馆

城堡美术馆（Musée de la Castre)由一座修道院改建而成，与一般美术馆不同的是，这里的藏品都来自捐赠。进入美术馆就能看到来自世界各地的各种乐器，之后是展示了戛纳近百年面貌的美术作品和来自世界各大洲的丰富捐赠品。同时，这里也是俯瞰戛纳全城的好地方。

GPS 地址：Le Suquet, Rue de la Castre, 06400 Gannes

网址：www.cannes.com

尼斯老城

从戛纳向东沿 A8 公路行车约 40 分钟就可抵达尼斯老城区（Vieille Nice），这里有巴洛克式的教堂、意大利风情的民居等众多 18 世纪以来的各种建筑。漫步是游览老城的最佳方式，行走在高低蜿蜒、纵横曲折的小巷中，欣赏着颜色鲜明、精雕细琢的各色建筑，还可到萨雷雅的广场集市（Cours Saleya）品尝各种新鲜漂亮的水果，或者找一家餐馆、咖啡厅点上一盘特色的尼斯沙拉和尼斯索卡，再来一杯葡萄酒，纵情享受悠闲时光。

GPS 地址：5 Rue de l'Hôtel de ville, 06000 Nice

英国人步行道

英国人步行道（Promenade Des Anglais）也叫盎格鲁大道，是一条沿地中海岸修建的著名的滨海步行道，也是尼斯的标志之一。大道长约 5 千米，一侧是豪华的酒店、酒吧和艺术画廊，一侧是来此散步、轮滑、赏景的行人。大道的海滩上有许多供游人停歇的靠椅，不时还会有街头艺术家的即兴表演。

GPS 地址：15 Prom, des Anglais, 06000 Nice

天使湾

天使湾（La baie des Anges）是位于地中海沿岸的一个海湾，可谓是蔚蓝海岸上最为绚烂的一段。海湾呈现的巨大弧形圆润而完美，东西两端遥遥相对，像是天使两扇美丽的羽翼，"天使湾"便因此得名。海湾内海水平静清澈，海滩上遍布闪亮光滑的鹅卵石，海水颜色分明而丰富，有浪花的白色，大海的碧蓝、蔚蓝、紫蓝，直到中心的深蓝。午后可以在长椅上享受阳光，傍晚则能欣赏到壮美的落日夕阳。即便是静静地坐上一整天也不会觉得虚度光阴。

GPS 地址：Prom, des Anglais, 06000 Nice

城堡山

"先有城堡山（Parc du Château），后有尼斯城"，数千年前，希腊人来到这里修建商行，并因此建造了尼斯城。城堡山在中世纪时曾是这座城市的重要要塞，几经风雨和战火后仅剩下几面墙壁。如今这里成为一座公园和植物园，里面有一道美丽的人工瀑布、一处建于11世纪的大教堂以及马赛克地面。从城堡山可以看到多彩的尼斯城，傍晚时则是一个看日落的好地方。

GPS地址：Montee du Chateau par ascenceur, 06300 Nice

夏加尔国立博物馆

夏加尔国立博物馆（Musée National Marc Chagall）是法国三大国立博物馆之一，马克·夏加尔（Marc Chagall）本人也参与了建造。这里完整地收藏了他在各时期的作品，包括17幅精美绝伦的圣经故事画作。夏加尔是现代艺术大师，绘画以梦幻和象征手法为主，并成为"超现实派"的开创者。博物馆还收藏了大量的雕塑、镶嵌画、彩绘玻璃窗和挂毯，是艺术爱好者不容错过的地方。

GPS地址：36 Avenue Dr Menard，06000 Nice

网址：musees-nationaux-alpesmaritimes.fr

圣黑帕拉特大教堂

圣黑帕拉特大教堂（Cathe-drale Sainte-Reparate）是一座罗马天主教教堂，是尼斯教区的中心。整座教堂采用巴洛克式建筑风格，外部虽然看起来朴实无华，但内部则是别有洞天。精美的油画、精细的石刻、廊柱与穹顶构建出奇妙的空间感，金色与蓝色光晕的交织显得既神圣又浪漫。1906年，圣黑帕拉特大教堂被法国文化部列为法国历史古迹。

GPS地址：3 Pl. Rossetti, 06300 Nice

网址：cathedrale-nice.fr

尼斯景点延伸

尼斯圣母大教堂（La Basilique Notre Dame)外观华丽，镶有金边的外墙和雕塑以及高65米的方形双塔是其最醒目的标志，采用了19世纪的彩色玻璃窗户，使教堂白天显得圣洁而宏伟，晚上则华丽而动人。GPS地址：2 Rue d'ltalie，06000 Nice。

马塞纳广场（Place Masséna)是尼斯市中心的一个大型广场，广场地下的停车场有300多个车位。广场上人流不息，经常会有街头艺人在此进行精彩的表演。GPS地址：6 Rue Dr Jacques Guidoni，06000 Nice。

8 Day 13: 尼斯—埃兹—摩纳哥

从尼斯出发，进行蓝色海岸的最后一段旅程，沿 M6007 公路东行 12 千米左右即可抵达美丽的市镇埃兹（Eze），这是一座美丽的山城，值得好好逛一下。之后前往欧洲著名的微型国家摩纳哥（Monaco），从埃兹进入摩纳哥约需 20 分钟车程。

埃兹

埃兹（Eze）是一个建于中世纪时期的小镇，修建于海拔 400 多米的陡峭山地上，可以俯瞰美丽的地中海，遥望壮阔的阿尔卑斯山。小镇极富中世纪欧洲风情，房屋全部由石头砌成，墙壁和窗棂上被主人精心装饰，爬满了鲜花。德国著名的哲学家尼采（Nietzsche）曾多次到这座小城居住，并经常沿着林中的小路寻找灵感。

埃兹还是一座著名的香水之城，山脚下环绕着众多香水加工厂，深山幽谷中繁盛的野花是天然的香水原料。这里的香水价格要比巴黎便宜很多，如若喜欢可带些回去。这里还有一座"国际香水博物馆"，在这里你可以了解香水的制造过程。

GPS 地址：20 Rue du Cha-teau, 06360 Eze

摩纳哥海洋博物馆

摩纳哥海洋博物馆（Musée Océanographique de Monaco）建立于 20 世纪初，是世界上最早的海洋博物馆之一。这是一座白色石头建筑，整个博物馆高 87 米，长 100 米，矗立在濒临地中海的悬崖上，背山面海，宏伟壮丽。博物馆拥有极为丰富的海洋收藏品，以及一流的科学实验室。90 个大型水池里放养着超过 4000 条的各种海洋动物。从古至今的众多渔船模型和各种海鱼、海兽的标本在此展出，彩灯被设计成水母的形象。整座博物馆集科学与艺术为一身，享有极高的国际声誉。

GPS 地址：Avenue Saint-Martin, 98000 Monaco

网址：www.oceano.mc

摩纳哥王宫

摩纳哥王宫（Le Palais Prin-cier）也叫摩纳哥亲王宫，修建于 13 世纪，位于崖壁之上。王宫外部朴素，内部珍藏有大量精美的中世纪油画，雕梁画柱、金碧辉煌，不失王室风范。王宫广场周围有数座路易十四时期修筑的炮台，从广场东北侧可以眺望蒙特卡洛港口风光。每天上午 11:55 这里还会有卫队换岗仪式，仪式只有 5 分钟，不要错过。

GPS 地 址：B.P.518 MC 98015 Monaco

网址：palais.mc

摩纳哥大教堂

摩纳哥大教堂（Cathédralede Monaco）又叫做圣尼古拉斯大教堂，修建于 1875 年，原址修建于 1252 年。这是摩纳哥的第一座天主教堂，采用古典的罗马－拜占庭式风格，格里马尔迪家族（摩纳哥王室家族）的很多人都在这里安息。每逢国家的重大节日，这里都会举行隆重的宗教礼仪，1976 年建成的四键风琴也将演奏出华美的乐章。这里也是当地最受欢迎的婚礼场所，届时鲜花遍地，一派欢喜而神圣的场景。

GPS 地 址：4 Rue Colonel Bellando de Castro，98000 Monaco

网址：cathedrale.mc

蒙特卡罗大赌场

蒙特卡罗大赌场（Place du Casino）建于 1878 年，由巴黎歌剧院的设计师加尼叶设计，是造访摩纳哥必到的标志性建筑。作为世界三大赌场之一，这里风景优美，有歌剧院、海滨浴场、温泉和许多娱乐设施。外部设计如同宫殿一般，内部也是极端华丽。游客花 10 欧元可以进场感受内部的装饰，进入时需衣着得体，否则会被保安拦住，18 岁以下游客禁止入内。

GPS 地 址：Place du Casino，98000 Monaco

食宿提示

巴黎食宿

住宿： Campanile Paris 19–La Villette 距离塞纳河近 10 分钟路程，价位适中，环境优雅。有私人停车场，每日约 20 欧元。GPS 地址：147–151 Avenue de Flandre，75019。预订官网：www.campanile.com/fr。

Relais Christine 酒店距离巴黎圣母院近 10 分钟路程，设有花园、SPA 中心和健身中心。部分客房带有私人露台。GPS 地址：3 Rue Christine，75006 Paris。预订官网：www.relais-christine.com。

美食： Epicure 是一家高级法国风味餐厅，获得米其林三星，经营最正宗的法式美食。进入餐厅需要衣着整齐，最好不要穿旅游鞋。

GPS 地址：112 Rue du Faubourg Saint-Honoré，75008 Paris。

Sacrée Fleur 位于巴黎十八区，是一家价位适中的美食餐厅。GPS 地址：50 Ruede Clignancourt，75018 Paris。

里昂食宿

住宿： Mercure Lyon Est Chaponnay 距离里昂市中心约 20 分钟车程，客房都配有空调、高清电视和免费的无线网络连接。为客人提供免费停车场。GPS 地址：565 Rue Tony Gamier，ZAC DU Chapotin，69970 Chaponnay。预订官网：www.accorhotels.com。

美食： L'argot 是里昂一家受欢迎的法式牛排馆，招牌的牛排、红酒是必点的菜肴，饭后甜品口味极佳。GPS 地址：132 Rue Bugeaud，69006，Lyon

阿维尼食宿

住宿： Avignon Hotel Monclar 位于阿维尼翁市中心，是一座 18 世纪的美丽建筑，房间设施完善，并提供免费无线网络连接和免费的私人停车场。GPS 地址：13–15 Avenue Monclar，84000 Avignon。预订官网：www.

hotel-monclar.com。

美食：Fou de Fafa 是阿维尼翁市中心的一家法式餐厅，主营地中海风味美食，服务一流，三文鱼和鸭肉料理很受欢。GPS 地址：17 Rue Des Trois Faucons, 84000 Avignon。

普罗旺斯－艾克斯食宿

住宿：Escale Oceania Aix En Provence 距离马赛和地中海沿岸都只有 30 分钟车程，客房设施完善，价格低廉，并提供免费无线网络连接，客人入住期间可使用免费停车场。GPS 地址：12 Avenuede la Cible, 13100 Aix-en-Provence。预订官网：www.oceaniahotels.com。

美食：Le Contrepoint 是当地一家颇受欢迎的休闲小酒馆，提供各种饮料和法式料理，价格适中，食物美味，鸭肉、牛排和汉堡都是这里的招牌。GPS 地址：15 Rue Constantin, 13100 Aix-en-Provence。

马赛食宿

住宿：Hotel 96 是马赛郊区一家受旅行者欢迎的酒店，客房提供平面电视和浴室，每天提供丰富的早餐，并提供免费停车场。GPS 地址：96 Avenue de la

Soude, 13009 Marseille。预订官网：hotel96.com。

Ibis Marseille La Valentine 酒店价格适中，客房拥有暖气、私人浴室和免费的无线网络连接，提供法式早餐。入住酒店的客人可使用免费停车场。GPS 地址：Avenue de Saint-Menet, Quartier des Ecoles, 13011 Marseille。

美食：La Table De Casimir 是一家地中海风味的意式餐厅，红烩牛肉、菌菇汤和意大利面是这里的招牌美食。GPS 地址：21 Rue d'Italie, 13006 Marseille。

Le Cafe Thai 是一家亚洲餐厅，主营东南亚美食，价格适中，咖喱鸡、咖喱蟹都非常不错。GPS 地址：136 Rue du Rouet, 13008 Marseille。

尼斯食宿

住宿：Logis Le Panoramic 房间装饰优雅，干净舒适，可供应晚餐，价格优惠。提供免费停车设施。GPS 地址：107 Boulevard Bischoffsheim, 06300 Nice。预订官网：www.hotellepanoramic.com。

Hotel Villa Les Cygnes 位于尼斯市区，距离海滩仅 500 米，

客房隔音良好，配套设施完善，提供早餐和免费停车场。GPS地址：6 Avenue Château de la Tour, 06000 Nice。预订官网：www.villalescygnes.com

美食：El Merkado价格低廉，有很多奶酪、肉丸、芝士等西班牙小吃，鸡尾酒和桑格利亚汽酒是这里最受欢迎的。GPS地址：12 Rue Saint-Frangois de Paule, 06300 Nice。

摩纳哥食宿

住宿：Columbus Monte-Carlo酒店位置优越，可俯瞰地中海，每天供应早餐，提供代客泊车的私人停车场。GPS地址：23 Avenue des Papalins, 98000 Monaco。预订官网：www.columbushotels.com。

美食：Buddha Bar主营日式寿司和泰国料理，天妇罗和各类寿司、刺身精致。GPS地址：Placedu Casino, 98000 Monaco

Avenue 31菜品美味精致，价格适中，金枪鱼、牛排、海鲜等颇受欢迎。GPS地址：31 Av. Princesse Grace, 98000 Monaco。

重要信息：免费资料别错过

自驾沿途游客中心咨询

名称	地址	电话	网址
巴黎游客中心	25 Rue des Pyramides, 75001 Paris	01-49524263	www.parisinfo.com
阿维尼翁旅游局	41 Cours Jean Jaurès, 84000 Avignon	04-32743274	www.avignon-tourisme.com
普罗旺斯旅游局	300 Av. Giuseppe Verdi, 13100 Aix-en-Provence	04-42161161	www.aixenprovencetourism.com
马赛游客中心	4, la Canebière - 13001 Marseille	08-26500500	www.marseille-tourisme.com
戛纳游客中心	1 Boulevard de la Croisette, 06400 Cannes	04-92998422	www.cannes-destination.fr
尼斯游客中心	5 Prom, des Anglais, 06302 Nice	08-92707407	www.nicetourisme.com

2

希腊与意大利半自驾旅行——穿梭时空，探寻欧洲文明足迹

▶▶ 雅典（Athens）—伯罗奔尼撒半岛（Peloponissos）—那不勒斯（Napoli）—庞贝（Pompeii）—罗马（Roma)—佛罗伦萨（Firenze）—比萨（Pisa）

| 线路全长：约 1040 千米 | 所需时间：约 12 天 | 最佳季节：初夏或初秋 |

线路亮点 ▶▶▶▶▶▶▶▶▶▶▶▶▶▶▶▶▶▶

　　希腊，天空蓝而透彻，阳光热情奔放，随车而行，眼前是挥之不去的希腊蓝，最后心中是千叮万念的不舍离去。而置身罗马的古城，却又是另一番情结。希腊文明、罗马文明、文艺复兴是欧洲文化的主线，沿着这条线路你将从欧洲文明的源头开始，探寻欧洲文化的发展历程，在一座座历史古迹中领略西方文明的璀璨。

希腊旅游局

　　目前从雅典去往那不勒斯，最便捷的方式是乘坐

希腊与意大利半自驾线路示意图

佛罗伦萨 Firenze P103
比萨 约85KM
Pisa P106
安科纳 Ancona
斯普利特
莫斯塔尔
新帕扎尔
尼什
约275KM A1
基耶蒂 Chieti
索菲亚
罗马 P097
Roma
约225KM A1
福查 Foggia
地拉那
比托拉
那不勒斯 P093
Naples
庞贝 P096
Pompeii
塔兰托 Taranto
发罗拉
萨罗尼加 Thessaloniki
卡普里岛 P097
Capri
拉察 Lecce
约1h
伊欧亚尼纳
拉里萨
科森扎 Cosenza
沃洛斯
克罗托内 Crotone
墨西拿 Messina
帕特雷
卡塔尼亚 Catania
伯罗奔尼撒半岛 Peloponnese P092
约320KM 往返 E94
雅典 Athens P088

✈ 乘坐飞机
A1 高速公路
▲ 路段距离分隔标

英国易捷航空公司（Easy Jet Airline）的直飞航班，飞行时间仅需 1 个多小时，票价约 550 元人民币。希腊国际机场的代码为 ATH，那不勒斯机场的代码为 NAP，进入易捷中文官网 www.easyjet.com/cn/，输入机场代码即可查询机票。

线路规划 ＞＞＞＞＞＞＞＞＞＞＞＞＞＞

Day1 ~ Day2：雅典

Day3：往返约 320 千米，雅典—伯罗奔尼撒半岛—雅典

Day4 ~ Day5：雅典—那不勒斯（飞机）

Day6：约 50 千米，那不勒斯—赫库兰尼姆—庞贝—卡普里岛—那不勒斯

Day7 ~ Day9：约 225 千米，那不勒斯—罗马

Day10 ~ Day11：约 275 千米，罗马—佛罗伦萨

Day12：约 170 千米，佛罗伦萨—比萨—佛罗伦萨

亮点速览 ＞＞＞＞＞＞

① Day1 ~ Day2：雅典

雅典是希腊的首都，欧洲文明史上最璀璨的宝石，它的名字来自于希腊神话中的智慧女神和城市守护神雅典娜（A0nvain）。雅典位于巴尔干半岛南端，三面环山，一面傍海，是世界上最古老的城市之一，这里曾是欧洲民主、哲学与艺术的发源地，拥有众多历史建筑，流传着无数美丽的神话。

雅典卫城

雅典卫城（Acropolis）位于雅典市中心的山丘上，始建于公元前 580 年，占地面积达 4000 平方千米，是古希腊鼎盛时期最杰出的建筑。"卫城"是一种处于高地势城邦国家的都城，雅典卫城三面濒临峭壁，曾是一座坚固的要塞，几经战火，仅剩残垣。这里由一系列的神庙和宫殿组成，包括山门、雅典娜神庙、帕特农

神庙、伊瑞克提翁神庙等，无一不体现着希腊建筑中独有的流畅、细腻与典雅。因风靡一时的经典动漫《圣斗士星矢》，这里也成为无数"圣迷"们心中的"圣域"。日落时分，在金色的夕阳下，这座古老的城邦则显得神圣而沧桑。

山门（Propylaea）是雅典卫城的入口，由多利安式和爱奥尼亚式的立柱巧妙穿插并列，气势宏伟。

帕特农神庙（The Parthenon）建于公元前5世纪，是雅典卫城的主体建筑，位于卫城的最高点，被列为"古代七大奇观之一"。神庙面积并不是很大，长约70米，宽约31米，约是巴黎圣母院的1/3，但高达10米的巨大立柱将其构建得雄伟挺拔。柱廊檐壁的平板上饰有浮雕，描绘希腊神话中的战斗场面，殿内装修精美，供奉着雅典娜女神，被誉为"希腊的国宝"。

雅典娜神庙（Temple of Athena Nike）也叫雅典娜胜利神庙，是一座精致的建筑，长约8米，宽约5.4米，采用优雅的爱奥尼亚式石柱，东侧浮雕雕刻着手持盾牌的雅典娜神像，其他墙壁上雕刻着希腊人与敌人作战的场景。这座神庙被用作祈求给城邦带来胜利，是雅典建筑艺术的结晶。

伊瑞克提翁神庙（The Erechtheion）是雅典卫城建筑中爱奥尼亚样式的代表，在卫城中算是真正的神殿，里面供奉着希腊神话中最主要的神祇宙斯、波塞冬和雅典娜。庙中的雅典娜雕像直立、身着戎装，是所有雅典娜雕像所依据的形象。这里最为著名的是6根爱奥尼亚样式的石柱，它们被雕刻成优雅的长裙少女形象，称为女像柱（Caryatides）。为了保护文物，目前看到的都是仿制品，真品中有5根在卫城博物馆，1根在大英博物馆。

GPS地址：Acropolis, Dionysiou Areopagitou, Athina 105 58

网址：odysseus.culture.gr

TIPS:
雅典卫城的最佳拍摄时间是清晨和傍晚，可以避开旅行团参观的时间。参观卫城请穿轻便的鞋子，便于爬山。夏天太阳很大，注意防晒。

雅典卫城博物馆

雅典卫城博物馆（Acropolis Museum）位于雅典卫城山下，是一座现代与古典相结合的建筑。博物馆独特的设计使其充满光感、动感和层次，利用现代建筑艺术还原了一座精湛典雅的古希腊建筑。整座博物馆的内部结构与帕特农神庙完全相同，被誉为"现代版的帕特农神庙"。

博物馆中珍藏了大量从卫城保留下来的珍贵雕塑和艺术作品，包括 5 根体态优美的女像柱。独特的玻璃走廊使阳光直接透入馆内，给这些历经沧桑的艺术品带来靓丽的颜色。让人仿佛穿梭于时空长廊，徘徊于神话与现实之间。

GPS 地址：Dionysiou Areopagitou 15，Athina 117 42

网址：www.theacropolis museum.gr

TIPS：

雅典卫城博物馆开放时间为周一 8:00 ～ 16:00，周二至周日 8:00 ～ 20:00，门票 5 欧元，1 月 1 日和圣诞节期间闭馆。

宪法广场

宪法广场（Syntagma Square）位于雅典的中心地带，为了纪念 1834 年在此颁布宪法而建立，是希腊举行重大庆典和仪式的地方。广场周围是希腊的议会大厦和为纪念"一战"中阵亡的 3000 名卢森堡士兵而建的无名战士纪念碑，顶部是象征自由的镀金少女像。每周日中午 11 点，这里会有独特的士兵换岗仪式，士兵身穿传统的希腊服饰，红帽子、白色或灰色裙子、带绒球的红鞋子，跨着很大的步伐行进，很有看点。广场也是雅典市民重要的休闲区域，有许多的长椅，鸽子不时会飞到行人的头上或肩膀上。

GPS 地址：Leoforos Vasilisis Amalias，Athina 10563

雅典国立考古博物馆

雅典国立考古博物馆（National Archadeolo-gical Museum）是希腊最大和最重要的博物馆。馆中分为50多间展室，珍藏了2万多件希腊各个时期的珍贵文物，其中很多涉及希腊神话中的内容，可谓是希腊文明史的缩影。博物馆中最著名的展品是阿伽门农面具、波塞冬铜像和少年与马的雕塑，每一件展品似乎都能穿越时空，传达出直达人心的艺术魅力。

GPS 地址：28is Oktovriou 44, Athina 106 82

网址：www.namuseum.gr

TIPS:

雅典国立考古博物馆面积较大，藏品丰富，全部游览需要半天的时间，如果时间比较紧可以重点参观，门票 7 欧元。阿伽门农面具位于入口处的迈锡尼展室，波塞冬铜像、少年与马分别位于第 15 和第 21 展室。

雅典景点延伸

奥林匹亚宙斯神殿（Temple of Olympian Zeus）位于奥林匹亚村，是为祭祀希腊神话中的神王宙斯而修建的，曾是古希腊最宏伟庞大的神殿之一。但由于战争的损毁，目前仅剩几根高大的立柱。GPS 地址：Athens105 57。

奥林匹克体育中心（Main Olympic Stadium）位于雅典市中心东北约 10 千米处，是 2004 年雅典奥运会的举办地，2008 年北京奥运会的圣火交接仪式也在这里举行。这是世界上唯一一座全部以大理石建成的大型体育场。GPS 地址：Leof. Olimpionikou Spirou Loui, Marousi151 23。

阿迪库斯剧场（Odeon of Herodes Atticus）是一座可以容纳 6000 人的半圆形剧场，是世界上最早的剧场之一，也是至今仍在使用的一处古迹。GPS 地址：Areopagitou Dionisiou, Athina105 55。

② Day3: 雅典—伯罗奔尼撒半岛—雅典

伯罗奔尼撒半岛位于希腊半岛南部，距离雅典约1个小时车程。这里孕育了悠久的迈锡尼文明，有着强大的斯巴达城邦，同时也是奥林匹克运动的发源地。细细玩赏一天，去感受古希腊人的强大与智慧，傍晚观赏沧桑而壮美的落日，随后返回雅典。

奥林匹亚

奥林匹亚（Olympia）位于希腊伯罗奔尼撒半岛西部的皮尔戈斯（Ilupyos）以东，距雅典约370千米。这里是古代奥林匹克运动会的发源地，气候宜人，景色优美，到处都是橄榄树和桂树。古代奥林匹克运动会是希腊诸城邦之间四年一度的体育盛事，现代奥运会只有百年历史，而古代奥运会却延续了近千年。时至今日，每届奥运会的圣火仍在这里

的赫拉（Hera）神庙前由最高女祭司亲自点燃。

GPS 地址：argive heraion, Mykines 212 00

迈锡尼古城

迈锡尼古城（Myceriaeans）是一座爱琴文明的遗址，位于伯罗奔尼撒半岛东北的阿尔戈斯平原。它是《荷马史诗》传说中亚该亚人（Achaean）的都城，由希腊神话中的珀耳修斯（Perseus）所建，在特洛伊战争时期被阿伽门农所统治。这里曾作为阿伽门农的都城，在《荷马史诗》中，这里是一座不生产黄金的黄金之城，因出土大量珍贵的历史文物而震惊世界。虽然现在只剩下断壁残垣，但古城入口雄伟的狮子门仍在继续守候着它。

GPS 地址：Argos-Mykines 212 00

埃匹达鲁斯古剧场

埃匹达鲁斯古剧场（Epidaurus Theater）约建于公元前45年，是祭祀医神阿斯克列皮亚斯（Asclepios）的圣地，可容纳18000名观众。这个古剧场是希腊建筑风格，雄伟、庄严、古典而充满美感。同时这个剧场也因独特的建筑艺术被誉为"古希腊建筑运用声学原理的典范"。站在舞台中心，无需任何音响设备，即便是撕裂一张纸，声音都能传遍整个剧场。这个结构至今仍能使用，配合现代乐器的演奏，可以达到令人难以想象的演出效果，让人不得不惊叹古希腊人的智慧。

在距离埃匹达鲁斯古剧场不远的地方还有一座博物馆，这里收藏并展示了从古剧场发掘出来的一批珍贵文物，包括雕塑和建筑部件等。尤为难得的是这里还发现了2000多年前的医疗设备，如手术刀、镊子和手术用针等，让人们对古希腊人在医学上的成就充满猜想。

GPS地址：Epidavrou Tripolis, Epidavros 210 52

③ Day4 ～ Day5: 雅典一那不勒斯

从雅典国际机场搭乘飞机，经过1个多小时的飞行即可抵达意大利那不勒斯。那不勒斯是一座建于公元前600多年的古城，在欧洲历史中占有重要地位，城中拥有众多历史遗迹，被称为"欧洲最可爱的地方"。

那不勒斯官网

新堡

新堡（Museo Civico Castel Nuovo）又名安茹城堡，是那不勒斯的标志性建筑，修建于13世纪。新堡是中世纪到文艺复兴建筑风格的经典过渡，四座代表性的圆筒形高塔以及四周的护城河都具有典型的法式城堡样式，入口处的凯旋门则是文艺复兴风格。新堡内有一座公民博物馆（Museo

Civico），收藏有许多绘画作品，登上高塔可以欣赏周边的海岸风景。

GPS 地址：Piazza Castello, Napoli

网址：www.comune.napoli.it

蛋堡

蛋堡（Ovo Castle）拥有 2000 多年历史，是那不勒斯最古老的一座城堡。之所以称其为蛋堡，并不是因为它的形状像鸡蛋，而是一个关于鸡蛋的故事。传说一个巫师曾在城堡的地下放了一枚鸡蛋作为城堡的支撑点，一旦鸡蛋破碎这座城堡就会立即消失，并给那不勒斯带去灾难，城堡由此得此名。蛋堡屹立在海边，拥有绝美的海景，可登上城堡，透过窗户欣赏海上落日景观。

GPS 地址：Via Eldorado, 3, 80132 Napoli

那不勒斯皇宫

那不勒斯皇宫（Palazzo Reale Napoli）外表看起来朴实无华，但内部确是别有洞天。这座皇宫历经了 4 个朝代，18 世纪后成为波旁王朝的宫殿。皇宫正面的 8 座雕塑是那不勒斯历史上最重要的 8 位国王像，带有明显的巴洛克式建筑神韵。皇宫内部极尽奢华，以高贵的金色和紫色为主色调，展示了众多皇室用品和贵族们创作的油画。这里有许多房间都可对外开放，包括王后的寝宫、议政厅、书房等。其中最有观赏价值的就是王宫内那把纯金打造的宝座。

GPS 地址：Piazza del Pebiscito, 1, 80132 Napoli

网址：www.sbeap.na.it

国家考古博物馆

国家考古博物馆（National Archaeological Museum）由波旁皇族（Bourbon）的查尔斯（Charles）于 18 世纪后期建造，最初用来收藏伊丽莎白留下来的古董。这是欧洲最大、最古老的博物馆之一，以珍藏众多罗马时代的古文物而著称，保留有希腊、埃及黄金时代的画像、雕刻、青铜器等古物，其中包括很多来自庞贝古城的珍贵文物。

展馆一层展示了大量雕像和石棺，二层为珍贵的玻璃器皿、珠宝和湿壁画，三层有一幅精美的名为《亚历山大大帝大战波斯皇帝大流士》的镶嵌画。除了战争场面外还有包括一些细致的生活场面，如正在演奏的音乐家和正在与学生谈话的柏拉图等。来自埃及的大量文物和工艺品则被专门陈列在地下展区。

GPS 地址：Piazza Museo, 19, 80135 Napoli

保罗圣方济教堂

保罗圣方济教堂（Basilicadi San Francescodi Paola）修建于19世纪初，原本是那不勒斯国王送给拿破仑的礼物。这座建筑模仿罗马万神殿而建，但比万神殿更加雄伟壮观，中部穹顶高达53米，两侧建筑呈弧形，即便开广角也很难纳入。拿破仑失势后归属教会，称为保罗圣方济教堂。

GPS 地址：Piazza del Plebiscito, 80132 Napoli

圣多美尼克教堂

圣多美尼克教堂（Chiesa San Domenico Maggiore）位于市中心的老城区，修建于1324年，自建成起就成为阿拉贡贵族们推崇的对象，被称为世界最美的巴洛克式教堂建筑之一。教堂内以金色和紫色为基调，雕梁画柱，极具艺术气息，阿拉贡王室和贵族的灵枢大部分会被安放在这里的圣器收藏室内。教堂内部有一座融合了巴洛克式与新哥特式风格的十字架，堪称文艺复兴时期雕刻的典范。

GPS 地址：Piazza S. Domenico Maggiore, 80134 Napoli

④ Day6: 那不勒斯—赫库兰尼姆—庞贝—卡普里岛—那不勒斯

从那不勒斯往东南方向行驶，探访曾经的赫库兰尼姆和著名的庞贝古城，远望壮观的威苏维火山（Vesuvius）。这些城市都曾辉

煌一时，都曾被深埋于火山灰下而又重见天日。随后造访美丽的卡普里岛，欣赏壮美的蓝洞。

赫库兰尼姆古城

赫库兰尼姆古城（Herculaneum）位于维苏威火山西麓，临那不勒斯湾，修建于高地之上，西北距那不勒斯10千米。这里濒临海湾，阳光明媚，气候宜人，曾经是古罗马权贵们最喜欢的娱乐场所。在公元79年，维苏威火山喷发的岩浆和火山灰将其深埋地下，1709年被发现后重现天日，1997年被联合国教科文组织列入世界遗产名录。

赫库兰尼姆古城是一座非常具有观赏价值的遗迹，虽然被埋在地下千余年，但大部分建筑甚至房间内的家具都得到了很好的保存。墙壁上的马赛克壁画清晰而生动。而且这里旅行团较少，可以避开熙熙攘攘的人群，静静地探寻古罗马的艺术、文化与生活。

GPS 地 址：Herculaneum, Metropolitan City of Napoli

庞贝古城

庞贝古城（Pompeii）距离维苏威火10千米，始建于公元前6世纪，这里背山面海、风光绮丽。庞贝曾是意大利仅次于罗马的第二大城市，古罗马的富人和权贵们在这里修建了大量娱乐场所，过着极为奢华的生活。公元79年，维苏威火山爆发，将这座辉煌的城市埋在厚厚的火山灰下，1748年被发现后一直发掘至今。

这里的街道、房屋和大型设施保存比较完整，墙上的壁画清晰可见，如同这里的人是昨天才刚搬走一般，人们甚至在烤箱中发现了烤熟的面包。庞贝博物馆中有一批极为特殊的藏品——古罗马人"化石"，他们是在灾难发生时没来得及逃脱的人，火山灰的夹裹定格了他们最后的姿态。走进这些民宅、店铺、广场和斗兽场，每个到此参观的人都会不禁为之动容。

GPS 地 址：Metropolitan City of Napoli

网址：www.pompeiisites.org

卡普里岛

卡普里岛（Capri）是位于那不勒斯湾南部的一个小岛，在古罗马时代，这里就是风景秀丽的旅游胜地。卡普里岛被誉为"地中海风情的完美缩影"，这里海水湛蓝、草木丰茂，岛上有着古老的罗马遗迹、精致建筑与美丽的花园，至今仍是意大利最受欢迎的旅游目的地。卡普里分为东西两部分，被誉为"世界七大奇景"之一的蓝洞（Grotta Azzurra）位于小岛西部。蓝洞的洞口很小，宽度仅2米左右，且位于悬崖下的海面上，但洞的内部非常宽敞。乘船进入洞内就会看到一个闪亮幽蓝的世界，即便四周的石壁也泛着晶莹的蓝光。

GPS 地址：Via Grotta Azzurra, Anacapri N

⑤ Day7 ~ Day9: 那不勒斯—罗马

罗马是意大利的首都，也是曾经罗马帝国的首都，传颂着凯撒与奥古斯都的故事。有人说，罗马是受神灵眷顾的地方，每一寸土地上都有着无数的奇迹与浪漫。此外，造访罗马时先观看一些有关罗马的影片，如《角斗士》《罗马假日》等，游览起来会更加应景。

罗马通票官网

在游览罗马时建议购买罗马通票（Romapass）。罗马通票是当地旅游局认证的城市旅游通票。持票可以在45个著名景点中任选2个无需排队免费参观，无限次乘坐市内交通工具，在其他景点参观时也可享受优惠，购票官网：www.romapass.it。

古罗马斗兽场

古罗马斗兽场（Roman Colosseum）建于公元前80年，是罗马最具地标性的建筑，它见证并伴随了古罗马的兴盛与衰落。大斗兽场可同时容纳50000人，分为竞技场、观众席和指挥台三部分。当时的贵族、富人和平民分别坐在一至三层，观看奴隶与奴隶或奴隶与野兽之间的血腥搏杀。

如今的大斗兽场虽然已经荒芜残败，但依然保持着它固有的雄伟。它是罗马与希腊建筑艺术完美的结合，底层采用多立克式石柱、第二层采用爱奥尼式石柱、第三层石柱则是科林斯柱式，体现了强盛的罗马帝国兼容并蓄、无所不有的自信与气势。

GPS 地址：Piazza del Colosseo, 1, 00184 Roma

网址：archeoroma.beniculturali.it

TIPS：

古罗马斗兽场是罗马最热门的景点之一，如果持有罗马通票，建议将其设为第一个免排队景点。入口处可花 5.5 欧元租一台讲解器，有助于了解斗兽场以及古罗马的历史。需要注意的是，租用讲解器需要将护照压在工作人员那里，返回时凭号码取回，拿到护照时一定要仔细检查，以免拿错。

万神殿

万神殿（Pantheon）建造于屋大维执政时期，是迄今为止保存最完整的罗马帝国时期建筑。这座神殿已有 2000 多年历史，被用作供奉奥林匹亚山上诸神，其内部建设精细而巧妙，表现出古罗马建筑师们高超的建筑技艺和深奥的计算方法，被米开朗基罗（Michelangelo）赞叹为"天使的设计"。

万神殿中最著名的当属巨大的穹顶，这是罗马最大的砖石拱顶，直径与内部高度皆为 43.3 米，阳光可通过直径 9 米的天窗形成一道光柱照进大殿，如同是通往天国的通道。其设计结合艺术与物理之美，雨水无法灌注到室内，即使外面下大雨，室内也只有些许雨水，很快会消失在下面的 22 个小排水孔内。著名的文艺复兴大师拉斐尔（Raffaello Sanzio）、罗马皇帝维克多·埃曼纽尔二世（Vittorio EmanueleII）和翁贝托一世（UmbertoI）等都长眠于万神殿内。

GPS 地址：Piazza della Rotonda，00186 Roma

网址：www.turismoroma.it

古罗马广场

古罗马广场（Roman Forum）是古罗马城市的中心，建立于公元前 7 世纪，集庙宇、圣殿与市民中心于一身，是古罗马人进行集会、演讲、审判和欢庆节日的地方。从建成伊始直到西罗马帝国灭亡的数百年间，广场不断扩建，增加新的建筑，又在后来的战乱与岁月中被损毁。如今主要的景点有元老院（Curia）、黑色大理石（Lapis Niger）、塞

维鲁凯旋门（Arco di Septimus Severus）、金色里程碑（Millarium Aureum）、古罗马演讲坛（Rostrum）、维斯塔圣贞女修道院（Casa delle Vestali）等。

GPS 地址：Via della Salara Vecchia，5/6，00186 Roma

网址：www.turismoroma.it

TIPS:

古罗马广场没有遮阴的地方，如果夏季前往要做好防晒的准备，自带饮水，那里的水卖得很贵。参观古罗马广场时建议抽时间到附近的帕拉提诺山丘，山高不到 50 米，在山顶可以看到整个古罗马广场，夕阳西下时蔚为壮观。

特莱维喷泉

特莱维喷泉（Trevi Fountain）也叫"少女喷泉"，而更为人所熟悉的名字是"许愿池"。喷泉完成于 1762 年，修建时间历时 30 年之久，绘有海神驾驭着海马战车战胜归来的情形，场面大气恢宏，人物塑像栩栩如生，清澈的泉水与亮白的大理石交相辉映，为洛可可风格的典型代表。据说背对着特莱维喷泉将硬币投入池水中就能再次回到罗马，这也是"许愿池"的由来，当然你

也可以在此许下各种美丽的愿望。

GPS 地址：Piazza di Trevi, 00187 Roma

TIPS:

向特莱维喷泉许愿时也要遵守正确的程序：背对喷泉，用右手从左肩将硬币抛入泉水中。许愿池旁人流较多，闭眼许愿时确保你的证件、贵重物品在安全的位置。

西班牙广场

西班牙广场（Piazza di Spagna）因《罗马假日》中奥黛丽·赫本（Audrey Hepburn）在广场台阶上吃冰淇淋的纯美画面而成为家喻户晓的景点。广场本身也是个休闲的好地方，周边有很多奢饰品店、餐饮和咖啡厅，广场上有街头艺术家们的音乐表演。游览西班牙广场，冰淇淋几乎是"标配"，在附近买一个冰淇淋，跟着《罗马假日》的脚步，

在台阶上小憩一会儿，拍张照，或者看看台阶上其他拍照的游客也是一种乐趣。

GPS 地址：Piazza di Spagna, 00187 Roma

TIPS:

在西班牙广场附近经常可以看到身着古罗马士兵服饰的人，他们有时会主动拉游人合影，合影后是要收费的，如果你没有这个打算，就不要理睬他们。

威尼斯广场

威尼斯广场（Piazza Venezia）位于罗马市中心，是 5 条大街的汇合点，为罗马最大的广场，周边有许多著名的建筑。威尼斯广场对面是为庆祝意大利统一而修建的维克多·埃曼纽尔二世纪念堂（Monument of Victor Emanuel II）。纪念堂的 16 根圆柱是其最精彩的部分，台阶下是分别代表第勒尼安海与亚得里亚海的两组喷泉，中央则是维克多·埃曼纽尔二世的骑马雕像。

广场左侧是威尼斯宫（Palazzo Venezia），这是一座修建于文艺复兴时期的哥特式建筑，代表了威尼斯共和国的繁荣时期，因为曾是威尼斯大使馆所在地，

故称威尼斯宫。墨索里尼在这里2楼的阳台向人们发表了著名的"阳台演说"。如今已成为汇集意大利文艺复兴时期艺术品的博物馆。

GPS 地址：Piazza Venezia, 00186 Roma

圣天使城堡

圣天使城堡（Castel Sant'Angelo）位于台伯河畔，古罗马地区的最西端，是公元139年罗马皇帝哈德良为自己和其后代皇帝所建的陵墓。6世纪，教皇在城堡顶端树立起持剑的大天使雕像，用以抵御"黑死病"，圣天使城堡便由此而来。城堡主堡为圆形、外侧为多边形，极为坚固，易守难攻，多次成为防御性堡垒。这里距离梵蒂冈不足1千米，据说城堡与教皇宫之间有条密道，发生战乱时教皇曾在这里避难。

圣天使城堡前跨越台伯河的

圣天使桥是罗马城中最美的桥梁，桥上竖立着12尊天使雕像，每位天使手上都持有一种与耶稣相关的物品，在电影《天使与魔鬼》《罗马假日》和游戏《刺客信条》中，城堡和桥梁都曾多次出现。如今，圣天使城堡已经成为一座博物馆并向游客开放。

GPS 地址：Lungotevere Castello, 50, 00193 Roma

罗马景点延伸

科斯美汀圣母教堂（Santa Maria in Cosmedian）很小很安静，里面有一块雕刻着海神头像的"真理之口"圆盘，据说把手放在他的嘴里，如果说谎就拔不出来。在《罗马假日》里，高利·派克伴装把手伸进真理之口被咬，吓坏了奥黛丽·赫本扮演的公主。GPS 地址：Piazza della Bocca della Verita, 18, 00186 Roma。

纳沃纳广场（Piazza Navona）有着狭长的椭圆形状，是罗马最主要的广场之一。广场上游人如织，海神喷泉、四河喷泉和摩尔喷泉尤为著名。四河喷泉的四座精美雕像分别代表尼罗河、恒河、多瑙河和拉普拉塔河。GPS

地址：Piazza Navona, 00186 Roma。

图拉真广场（Forodi Trai-ano)位于威尼斯广场东侧，最著名的是图拉真柱。这是由18块希腊大理石砌成高30米的圆柱，刻画着图拉真的功绩，场面宏大，雕刻精美。GPS地址：Viadei Fori Imperiali, 00186 Roma。

君士坦丁凯旋门（Arcodi Costantino)位于斗兽场和帕拉蒂尼山之间，是为了纪念君士坦丁战争获胜而建。这座凯旋门是罗马现存凯旋门中最新的一座，巴黎凯旋门就是以此为蓝本建造的。GPS地址：Via di San Gregorio, Roma。

圣彼得大教堂

圣彼得大教堂（Basilica di San Pietro in Vaticano）由文艺复兴时的艺术大师米开朗基罗设计，是梵蒂冈罗马教宗的教廷，为世界五大教堂之首。圣彼得大教堂的规模之大令人惊叹，教堂呈十字形，长约210米，宽约135米，高46米，总占地面积达1.51万平方米，可容纳5万多人同时做祷告。

教堂内部装饰的华丽程度令人惊讶，珍藏有大量艺术珍品，尤以米开朗基罗的雕塑作品《圣荡》、贝尼尼（Giovanni Lorenzo Bernini)设计的华盖、阿诺尔夫·迪坎比奥（Arnolfo di Cambio)创作的圣彼得铜像尤为著名。祭坛上方则是米开朗基罗设计的中央穹顶，穹顶内壁镶有精美的马赛克浮雕，乘坐电梯或攀爬楼梯可以登顶，俯瞰梵蒂冈全景。

GPS地址：Piazza San Pietro, 00120 Città del Vaticano

网址：www.vatican.va

梵蒂网博物馆

梵蒂冈博物馆（The Vatican Museum)是一个6千米的展示空间，是世界上最著名的博物馆之一，馆藏丰富，拥有12个陈列馆和5条艺术长廊，著名的西斯廷教堂（SistineChapel)就在其中。

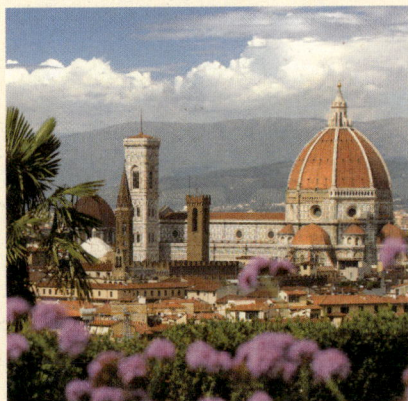

这里汇集了古希腊、古罗马的物品以及文艺复兴时期的艺术精品，每一件都堪称无价之宝。其中最著名的有米开朗基罗的《创世纪》《最后的审判》，拉斐尔的《雅典学院》，著名的雕塑作品《拉奥孔》《帕修斯》《底格里斯河河神》等。参观完毕时，可以走一下出口处独特的螺旋形阶梯，看一下精美的马赛克地面。

GPS 地址：Viale Vaticano，00165 Roma

网址：mv.vatican.va

TIPS:

梵蒂冈博物馆是最受游客欢迎的景点之一，为了避免长时间排队等待，最好提前网上订票。入口处有中文讲解器，价格约 7 欧元，可以用来了解展品的背景和历史。

⑥ Dayl0 ~ Dayll: 罗马—佛罗伦萨

离开罗马，沿 A1 公路北上，行车约 3 个小时可抵达欧洲名城佛罗伦萨（Firenze）。 这里是欧洲文艺复兴的发源地，大批人类历史上的文学、科学、艺术巨匠等如达·芬奇、但丁、伽利略、拉斐尔、米开朗基罗、多纳泰罗、乔托、莫迪利阿尼、提香、薄伽丘等都在这里绽放异彩，是无数人心中的文化艺术圣地。

佛罗伦萨旅游网

圣母百花大教堂

圣母百花大教堂（Cattedrale di Santa Maria del Fiore）始建于 1295 年，由显赫的美第奇家族（Medici Family）出资建造，历时 200 年才最终完成，是世界五大教堂之一，也是佛罗伦萨的地标和最高的建筑。圣母百花大教堂规模宏大，但一改传统大教堂的庄严、雄伟，采用鲜艳的红色、墨绿色和白色装点，巨大的八角形穹顶独树一帜，是文艺复兴时期的古典、自由与优雅的完美体现。1982年大教堂作为佛罗伦萨历史中心的一部分被列入世界文化遗产。

GPS 地址：Piazza del Duomo, Firenze

网址：www.ilgrandemuseo delduomo.it

乌菲兹美术馆

乌菲兹美术馆（Uffizi Gallery）是意大利乃至欧洲顶级的艺术展馆之一，主要展示美第奇家族的私家收藏。这里原本是美第奇家族的私人府邸，美第奇家族曾是欧洲拥有强大势力的名门望族，这个家族对艺术极为看重，资助了如达·芬奇、米开朗基罗、多纳泰罗等众多艺术名家，为欧洲的文艺复兴做出了重要贡献。

后来，家族后裔将藏品捐献给了政府，成为美术馆，对公众开放。整个美术馆的展品超过10万件，珍藏了众多大师们的艺术作品，如波提切利《维纳斯的诞生》和《春天》、达·芬奇《天使报喜》等。从古希腊的雕塑到文艺复兴的艺术品，无一不有，几乎涵盖了整个欧洲美术史。

GPS 地址：Piazzale degli Uffizi, 6,50122 Firenze FI

网址：www.polomuseale. firenze.it

TIPS：

美术馆的藏品数量巨大，细看1天时间也不够用。美术馆有中文的语音讲解器，租用讲解器的柜台有简单的地图，还标有重点参观。此外，美术馆内禁止拍照。

佛罗伦萨圣十字大教堂

佛罗伦萨圣十字大教堂（Basilica di Santa Croce）建于1249年，是一座漂亮的哥特式建筑，后经不断修缮，形成现代的规模。它是圣方济各教派最大的教堂，之后大部分欧洲天主教堂的内部结构都以这座教堂为蓝本发展而来。圣十字大教堂还有"意大利先贤祠"之称，这里安葬了众多意大利的名人，如但丁、伽利略、米开朗基罗、马基雅维利（Machiavelli）和马可尼等。这些名人墓碑和碑文各具特色，是值得一看的地方。

GPS 地址：Piazza Santa Croce, 16, 50122 Firenze

网址：www.santacroceo pera.it

皮蒂宫

皮蒂宫（Palazzo Pitti）是佛罗伦萨最大的美术馆，也是意大利除梵蒂冈外最大的建筑群。这是一座规模宏大的文艺复兴时期宫殿，位于阿诺河的南岸。1549年，美第奇家族将这座宫殿买下，现由皇家公寓、帕拉蒂娜美术馆、现代艺术馆、波波里花园、服装博物馆、瓷器博物馆和银器博物馆组成。

这里曾作为拿破仑统治意大利的政治权利中心，也曾是意大利统一后皇室的短暂居所，经过数百年的积累，皮蒂宫得以积攒大量艺术珍品和珠宝财富。这里

的每一个房间都有不同的色调，装饰极尽华丽，展出了众多意大利文艺复兴时期与巴洛克时期最著名的艺术家的作品，如拉斐尔、卡拉瓦乔、鲁本斯、提香等。对于喜爱文艺复兴艺术的朋友来说是一处不容错过地方。

GPS 地址：Piazza de' Pitti, 1, 50125 Frenze

网址：www.polomuseale. firenze.it

佛罗伦萨景点延伸

老桥（Ponte Vecchio）是一座中世纪时期建造的石造拱桥，是意大利现存最古老的石造封闭拱肩圆弧拱桥。在这里可以买到很多精美的金银饰品，许多情侣会在桥上挂同心锁，将钥匙丢入河中，预示相爱一生。GPS 地址：Ponte Vecchio, 50125 Firenze

米开朗基罗广场（Piazzale Michelangelo）上有《大卫》的

复制品，四周名为"日""夜""黎明"和"黄昏"雕塑的青铜复制品。这里是观赏日出和日落的好地方，广场上还有很多出售明信片和纪念品的摊位。GPS 地址：Piazzale Michelangelo，50125 Firenze

市政广场（Piazza della Sgnoria）被称为"露天雕塑博物馆"，这里有着众多精美的雕塑作品，如《大卫》雕像和海神喷泉等，周围有很多咖啡厅和酒吧，距离圣母百花大教堂和乌菲兹美术馆也很近。GPS 地址：Piazza della Signoria，Firenze

但丁故居（Casa di Dante）坐落在佛罗伦萨一条不起眼的小巷中，分上中下三层。这里展示了但丁的一生，陈列着但丁的一些作品和家族画册，呈现了但丁当时的家庭环境。GPS 地址：Via S. Margherita，1，50122 Firenze

⑦ Day12：佛罗伦萨—比萨城—佛罗伦萨

从佛罗伦萨向西沿 SS67 公路行车约 1.5 小时即可抵达比萨城（Pisa）。由于其历史建筑很有特色，使比萨成为旅游名城，尤其以奇迹广场的比萨斜塔最为著名。

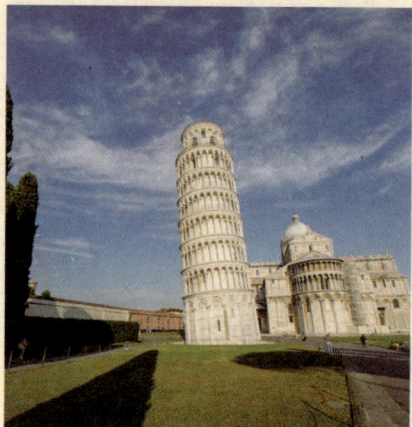

奇迹广场

奇迹广场（Piazza dei Miracoli）又名主教座堂广场，是意大利托斯卡纳比萨市中心的一块核心区域。这里由大教堂、洗礼堂、墓园和比萨斜塔（钟楼）组成，每座建筑都相对独立，且各自拥有不同的宗教作用，从空间设计和艺术角度来讲非常罕见。周围的建筑风格融合了哥特式和伊斯兰式等中世纪风格，堪称中世纪宗教建筑的典范。

比萨斜塔（The Leaning

Tower of Pisa)是比萨乃至意大利的标志性建筑，世界最著名的建筑奇观之一。比萨斜塔始建于1173年，最初设计为垂直，但施工不久后便因地基不均匀和土层松软而倾斜，工程曾一度因此中断，直到1372年才完工，建成后塔身向东南倾斜。

比萨大教堂（Pisa Cathedral）是意大利罗马式教堂建筑的典型代表，始建于1063年。教堂的平面设计为拉丁十字形，对14世纪前意大利的建筑形式产生深远影响，乃中世纪建筑艺术的杰作，比萨斜塔建造的初衷只是这座教堂的一个钟楼。此外，伽利略19岁时在比萨大教堂内观察铜制吊灯的摆动，发现了小摆动的等时性定律，拉开他对动力学研究的序幕。至今，这个铜制吊灯仍挂在教坛旁边的天花板上。

GPS 地址：Piazza del Duomo，56010 Pisa PI

网址：www.opapisa.it

TIPS:

奇迹广场免费开放，但进入建筑均需门票，其中登比萨斜塔的门票需要单独购买，其他景点可以购买联票。

比萨景点延伸

骑士广场（Squareof Knights）是比萨的第二大广场，由拿破仑创建的比萨局等师范学校（The Advanced Normal School of Pisa）坐落于此，是比萨的教育和学术中心，也是当地人最喜欢的广场之一。GPS 地址：Piazzadei Cavalieri，56126 Pisa PI。

沃尔特拉镇（Volterra）位于比萨东南约70千米，历史可上溯至公元前5世纪，这里风景秀丽，古城面貌保存完好，《暮光之城：新月》曾在此拍摄取景，故吸引很多人到此游玩。GPS 地址：Piazza dei Priori，1，56048 Volterra PI。

雅典食宿

住宿：Centrotel Hotel 位于雅典市中心，酒店每天在用餐区提供自助早餐，提供带水力按摩设施和免费无线互联网连接，设有免费私人地下停车场。GPS 地址：Peoniou11, Athens, Attica 104 40。预订官网：www.centrotel.gr。

Coco-Mat Hotel Nafsik 酒店客房提供免费无线网络连接，每天早晨供应希腊自助早餐，并为客人提供免费停车场。GPS 地址：Pellis 6，Athina 145 61。预订官网：nafsika.coco-mat-hotels.com

美食：Oineas Restaurant 餐厅内部装饰很有特色，老板非常热情，特色的烤鱼、海鲜饭、海鲜面味美价优。GPS 地址：Esopou 9，Athina。

Dio Dekares I Oka 是雅典一家很受欢迎的餐厅，价格适中，食物分量很大，牛排、猪排、羊肉和鸡肉料理都非常美味。GPS 地址：Dimitrakopoulou, Athina 117 41。

那不勒食宿

住宿：Hotel Cristina 是旅行者非常推崇的一家酒店，提供免费的私人停车场和配有现代家具陈设及免费无线网络连接的客房，每天提供甜味和咸味的欧陆式自助早餐。客人可以在花园里惬意放松，或到酒吧品尝小吃。GPS 地址：Via Diocleziano, 109, 80124 Naples。预订官网：www.hotelcristinanapoli.com

Hotel Nuvo 酒店提供带有露台、空调客房和免费无线网络连接的客房，酒店每天早晨提供各色餐点和热饮，入住酒店的客人可享有免费停车场。GPS 地址：Via Nuova Agnano, 5 l(angolo Via Diocleziano), 80125 Naples。预订官网：www.hotelnuvo.it。

美食：Gio Gioe Carmen Paninotecae Crostoneria 是那不勒斯一家非常地道的意式餐厅，食物美

味，价格低廉，无论是当地人还是外地游客都非常喜欢，特色的大三明治、奶酪牛排口味极佳。GPS地址：Largo Antignano, 7 l Nei Pressi Di Piazza degl'Artisti, 80128 Naples。

Pescheria di Napoli 是一家口碑极佳的地中海风味餐厅，三文鱼、沙丁鱼、大虾、蛤蝲等海鲜新鲜美味，价格实惠，各色啤酒和红酒也是很好的搭配。GPS地址：Via San Donato80/82, 80126 Naples。

罗马食宿

住宿：Appia Antica Resort 是一家高档酒店，提供干净舒适、设施完备的客房。酒店可为顾客提供多种便捷服务，入住酒店的客人可用免费停车场。GPS地址：Via Appia Pignatelli 368, 00178 Rome。预订官网：www.appiaanticaresort.com。

Hotel Selva Candida 酒店的客房通风干净，有免费的无线网络连接，提供美味的餐饮服务，附近也有许多餐厅。酒店有免费停车场可供客人使用。GPS地址：Viadi Selva Candida, 200, 00166 Rome。预订官网：hotelselvacandida.it。

美食：Pizza Zizza Caffetteria Birreria Desserteria 是位于梵蒂冈附近的一家意式餐厅，主营各式比萨和意大利面，量大质优，广受好评。GPS地址：Via Delle Fornaci 11, 00165 Rome。

Likeat 是当地很有名的一家小吃店，位于圣天使城堡附近，主打各式三明治和饮料，分量很足，价格低廉。GPS地址：Corso Vittorio Emanuele II 310, 00186 Rome。

佛罗伦萨食宿

住宿：Hotel David 酒店位于佛罗伦萨市区，客房干净整洁，设备完善，价格适中，提供早、晚餐，入住酒店的客人可使用免费停车场。GPS地址：Viale Michelangiolo, 1, 50125, Florence。预订官网：www.hoteldavid.com。

Rapallo Hotel 位于佛罗伦萨市

中心，地理位置优越，房间宽敞，设施完善，提供各式美味早餐，并提供免费车场。GPS 地址：Via di Santa Caterina D'Alessandria, 7, 50129 Firenze。预订官网：hotelrapallofirenze.it。

美食：Sandwichic 位于佛罗伦萨市中心，主营各色意大利三明治和美味香肠，价格低廉，在当地颇受欢迎。GPS 地址：ViaS. Gallo, 3, 50129 Firenze。

Enoteca Pitti Golae Cantina 是一家精品意大利餐厅，位于皮蒂宫附近，主营各种地中海风味的美食。环境浪漫，格调优雅，美味的奶酪、牛排加葡萄酒是很好的搭配。GPS 地址：Piazza Pitti 16, 50125, Florence。

重要信息：免费资料别错过

自驾沿途游客中心咨询

名称	地址	电话	网址
雅典旅游局	7,Tsohastreet, Ampel-okipoi	210-8707000	www.visitgreece.gr
那不勒斯游客中心	Piazza del Plebiscito, 1, 80132 Napoli	081-2525711	www.inaples.it
佛罗伦萨游客中心	VIA CAMILLO CAVOUR,1r	055-290832	www.firenzeturismo.it

3 德国深度自驾——德意志浪漫之约

柏林（Berlin）—莱比锡（Leipzig）—维尔茨堡（Wurzburg）—罗滕堡（Rothenburg）—纽伦堡（Nuremberg）—慕尼黑（Munich）—菲森（Fussen）—海德堡（Heidelberg）—法兰克福（Frankfurt）

| 线路全长：约 1455 千米 | 所需时间：约 14 天 | 最佳季节：夏、秋季 |

线路亮点

　　德国是一个拥有深厚历史的欧洲国家，也是一个童话和美食的国度。从维尔茨堡到菲森之间的道路被称为"浪漫之路"，一路上有华丽的行宫、富丽的庭院和令人目不暇接的自然美景。"浪漫之路"是一条拥有 60 多年历史的经典旅行线路，每年都会吸引众多游客来体验它的独特魅力。从 5 月到深秋，到处都充斥着啤酒、美食的诱惑和节日的狂欢气氛，经过这次旅行，定会为你留下难以忘怀的甜蜜回忆，让你整个人都能焕然一新。

德国国家旅游局官网

线路规划

Day1 ~ Day2：柏林

Day3：约 240 千米，柏林—莱比锡

Day4：约 330 千米，莱比锡—维尔茨堡

Day5：约 60 千米，维尔茨堡—罗滕堡

Day6：约 110 千米，罗滕堡—纽伦堡

Day7 ~ Day8：约 170 千米，纽伦堡—慕尼黑

Day9 ~ Day10：约 130 千米，慕尼黑—菲森（新天鹅堡）

Day11 ~ Day12：约 325 千米，菲森—海德堡

Day13 ~ Day14：约 90 千米，海德堡—法兰克福

德国深度自驾线路示意图

布伦瑞克 Braunschweig
波茨坦 POTSDAM
柏林 P112 Berlin
约240KM
科特布斯 Cottbus
卡塞尔 Kassel
莱比锡 P117 Leipzig
德累斯顿 Dresden
富尔达 Fulda
约330KM
法兰克福 P134 Frankfurt
拜罗伊特 Bayreuth
布拉达 Praha
约90KM
维尔茨堡 P119 Wurzburg
纽伦堡 P122 Nürnberg
约60KM
海德堡 P132 Heidelberg
罗滕堡 P120 Rothenburg
约110KM
斯图加特 Stuttgart
帕绍 Passau
约325KM
约170KM
奥格斯堡 Augsburg
慕尼黑 Munich P124
约130KM
康斯坦茨 Konstanz
博登湖
菲森 P129 Fussen

9 — 高速公路
▲ — 路段距离分隔标

亮点速览 ＞＞＞＞＞

① Day1 ~ Day2：柏林

柏林（Berlin)是德国首都和最大的城市，无可争议的世界级文化城市。崇尚自由生活和现代精神的年轻人以及充满艺术气息的街巷、博古馆是这里的代表。柏林区域内因森林、湖泊众多而被誉为"森林与湖泊之都"，以特殊的历史和宜人的风景成为重要的旅游城市。

勃兰登堡门

勃兰登堡门(Brandenburger Tor) 位于柏林市中心，坐落在巴黎广场(Pariser Platz) 旁，建成于

1791 年，由普鲁士国王威廉二世下令建造，用以纪念普鲁士在七年战争中的胜利。这座"凯旋门"似的大门以雅典卫城的城门为蓝本，采用爱奥尼柱式，门高约26米，宽65.5米，深11米。门中央的最高处有一尊高约5米的胜利女神铜制雕塑，胜利女神张开双翼，驾着一辆四马战车，手中高举着象征胜利的花环权杖。

从建成之日起，勃兰登堡门一次又一次地见证了德国的兴衰荣辱。在德国人心中有着极为特殊的地位。如今勃兰登堡门已经成为柏林乃至德国历史的标志性建筑，每天都会有来自世界各地的游客前来游览，广场上有很多街头艺人表演。每年7月这里还会举办世界上规模最大的电子音乐节。

GPS 地址：Pariser Platz, 10117 Berlin

德国国会大厦

德国国会大厦（Reichstagsgebäude）也叫"帝国国会大厦大会场"，位于柏林市中心，是一座集古典式、哥特式、文艺复兴式和巴洛克式多种建筑风格于一身的建筑，是德国统一的象征。国会大厦建于1884年，德国历史上的许多重大事件都与其有直接关联。国会大厦最著名的看点是中央的玻璃穹顶，这是一个集艺术与科技于一身的设计，由裸露的全钢结构支撑，上面有300多块镜片为大厦提供光源。内部有两座交错走向的螺旋通道，游客可以通过通道登上50米高的瞭望平台，欣赏柏林景色。夜间穹顶内部灯火通明，成为一个极为醒目的标志。

GPS 地址：Platz der Republik 1, 11011 Berlin

柏林大教堂

柏林大教堂（Berliner Dom）建造于1894年，位于德国柏林市博物馆岛东端、菩提树大街上（Am Lustgarten），是威廉二世时期建造的文艺复兴式建筑。柏林大教堂曾是德国王室的专用教堂，内部金碧辉煌，雕梁画柱、装饰极为华丽，就连柱头都被染上一层黄金。

教堂一层停放有 90 多个豪华石棺，大部分都是德国的王室成员。二层展示了各个不同时期大教堂的设计模型，走廊的壁上有"二战"中教堂被轰炸后的照片。教堂中最引人注目的是高达 74 米的穹顶，穹顶上描绘着与圣经相关的镶嵌画。游客可以通过楼梯登上穹顶，饱览城市风光。

GPS 地址：Am Lustgarten，10178 Berlin

网址：www.berlinerdom.de

博物馆岛

博物馆岛（Museum Island）位于柏林市中心，因位于施普雷河的两条河道汇合处，因此被称为"博物馆岛"。博物馆岛汇集了柏林市内的多个博物馆，由柏林旧博物馆、新博物馆、老国家艺术画廊、佩加蒙博物馆和博德博物馆组成。这个小岛上绿树成荫、空气清新、环境幽美，已被列为世界遗产，是造访柏林必游和性价比最高的景点之一。

柏林旧博物（Altes Museum）开馆于 1830 年，是博物馆岛上历史最悠久的博物馆。这是一座新古典主义风格的建筑，正面的 18 根圆柱非常显眼，上面的圆形拱顶也格外醒目。旧馆中展品丰富，以古希腊及罗马艺术品为主。

柏林新博物馆（Neues Museum）始建于 1841 年，"二战"中损于战火，战后因德国无力承担巨额修复费用而陷入长期"休眠"。2009 年重新开馆后立即成为柏林的热门景点之一，这座博物馆的展品以古埃及时期的珍贵艺术品为主，同时大量史前和石器时代的文物也在这里展出。

老国家艺术画廊（Alte National galerie）是柏林博物馆岛建筑群的重要部分，19 世纪最重要的博物馆建筑之一。画廊的外观设计融合了古希腊、本土大教堂以及世俗纪念性建筑等多种元素。从正面看，画廊雄踞高台，外形庄严，如同一座雅典神庙。画廊内收藏了 19 世纪以来的各类艺术画作，从古典主义、浪漫主义，到印象派、分离主义等都可以见到，著名的画作有阿诺德·勃克林的《死岛》，阿道夫·门采尔的《腓特烈大帝在无忧宫演奏长笛》和爱杜尔·马奈的《在温室花园里》等。

佩加蒙博物馆（Pergamon museum）是世界上最著名的考古博物馆之一。馆内主要包括三大部分，一楼为古希腊、古罗马和亚细亚藏品的展馆；二层汇集了 8 世纪以来的伊斯兰艺术品，其中 17 世纪的阿勒坡房间也是非常著名的藏品。佩加蒙宙斯大祭坛（Pergamon–Altar）是博物馆的镇馆之宝，祭坛历史可追溯到公元前 2 世纪，台座的神像雕刻十分精美，不容错过。

博德博物馆（Bode–Museum）是一座美术馆兼货币博物馆，其建筑风格与岛上的其他四座博物馆截然不同，如同一座巴洛克风格的小王宫。这里展出了 1700 多个雕塑以及 400 多件拜占庭时期油画及艺术作品。除雕塑和绘画外，博物馆还收藏了包括古希腊、罗马硬币、小亚细亚硬币在内的约 50 万枚各种原始货币，堪称世界上最重要的硬币收藏地之一。

GPS 地址：Am Lust– garten, 10178 Berlin

柏林墙遗址纪念公园

柏林墙遗址纪念公园（Ged–enkstatte Berliner Mauer）位于柏努尔街（Bernauer Stmβe），建于 1961 年，全长大约 170 千米，曾将柏林强行分成了东西两部分。1989 年 11 月 9 日，柏林墙被推倒，只保留了这样一个遗址公园向人们讲述柏林墙的构造和当年的那段历史。

柏林墙中最著名的是位于柏林东火车站至奥伯鲍姆桥之间的东边画廊（East Side Gallery）。这是一组著名的涂鸦墙，长达 1 千米的墙壁上涂满了各式主题的画作，这些作品由来自 21 个国家的 180 位艺术家创作而成，其中最著名的作品有《兄弟之吻》

（*Dimitri Vrubel*）《祖国》（*Gunther Schaefer*）等。

GPS 地址：Müihlenstraβe，10243 Berlin

网址：www.eastsidegallery-berlin.com

波茨坦广场

波茨坦广场（Potsdamer Platz）是代表柏林国际都市的新型中心，以其西南约 25 千米处的城市波茨坦命名，柏林墙倒塌后，这里曾是欧洲最大的建筑工地。波茨坦广场由众多高大宏伟的现代建筑组成，广场周边是各式餐厅、剧场、影院和购物长廊。漂亮的克尔霍夫大楼（Kollhoff-Geb&aumlude)以红色为外墙，内部有欧洲最快的电梯，游客可以乘电梯抵达顶层，饱览柏林风光。夜晚，索尼中心（Sony-Center)和露天帐篷屋顶在迷人的灯光照射下，格外引人注目。

GPS 地址：Potsdamer Platz，10785 Berlin

柏林景点延伸

胜利纪念柱(The Victory Column)是柏林的地标性建筑，顶端竖立着胜利女神像雕像。登上顶端可欣赏柏林美景，夜间观赏极为壮美。GPS 地址：Groβer Stern, 10557 Berlin。

御林广场（Gendarmenmarkt)被称为柏林最美的广场，广场中央矗立着德国著名诗人席勒（Schiller)的雕像，周边为德国大教堂、法国大教堂和音乐厅，是宗教、建筑与艺术完美和谐的典范。GPS 地址：Gendarmenmarkt，10117 Berlin。

柏林洪堡大学（Humboldt Univer sity of Berlin）成立于 1810 年 10 月，由当时的普鲁士教育大臣、德国著名学者、教育改革家威廉·冯·洪堡创办。这是欧洲第一所现代化意义的大学，对于欧洲乃至世界都产生了深远影响。GPS 地址：Unter den Linden 6，10099 Berlin。

柏林电视塔（Berliner Fernsehturm）高 360 余米，是德国最

高的电视塔，塔身顶端的大圆球极为醒目，晚上闪闪发光，几乎在柏林城内的任何一个地方都能看见，登上高塔可以欣赏柏林全景。GPS 地址：Panoramastraβe 1A，10178 Berlin。

② Day3: 柏林—莱比锡

从柏林向南沿 A9 公路行车约 2.5 小时即可到达莱比锡城，莱比锡是德国东部的第二大城市，著名的历史名城和音乐之城。1813 年，拿破仑的军队在这里被击败；门德尔松、柴可夫斯基、瓦格纳、施特劳斯和巴赫等，都对这里极为热爱。这里的人们基本都会演奏乐器，到了夏天经常会有露天音乐会。

尼古拉教堂

尼古拉教堂（St. Nicholas Church）建于 12 世纪中叶，是莱比锡最著名的大教堂之一。这座教堂从建成后经历了多次扩建，最初为罗马式的建筑风格，16 世纪初扩建的教堂大厅为哥特式风格，1932 年，三座巴洛克风格的尖塔耸立起来，使教堂成为莱比锡的标志性建筑。教堂内的巨大石柱被设计成椰树状，天花板上装饰着华丽的图案。教堂的管风琴被称为"欧洲最好的管风琴之一"，1723 ～ 1750 年，"西方近代音乐之父"巴赫在这里担任唱诗班指挥和管风琴弹奏者，他的许多作品都是在这里进行首次演奏。

GPS 地址：Nikolaikirchhof 3，04109 Leipzig

网址：www.nikolaikirche-leipzig.de

圣多马教堂

圣多马教堂（Thomaskirche）创建于 13 世纪，因与巴赫的关系而成为莱比锡最受欢迎的景点之一。巴赫在莱比锡期间，曾长期担任这座教堂的唱诗班指挥，在此创作了《圣乐》和《马太受难曲》等著名作品，其遗体也安葬于此。巴赫还在这里组建了"圣多马合唱团"。至今为止，该合唱团仍是世界顶尖的合唱团体之一。

GPS 地址：Thomaskirchhof 18，04109 Leipzig

网址：www.thomaskirche.org

莱比锡动物园

莱比锡动物园（Leipzig Zoo）位于莱比锡北部，始建于1878年，是全球最古老的动物园之一。动物园内生活着850多种、超过2000只动物，被分为非洲、亚洲、南美洲等多个主题园区，更有世界最大的猿猴展示园。作为世界上最知名的动物园之一，莱比锡动物园为动物们打造了最自然的生存环境，在这里，游客可以和可爱的动物们在真正的自然环境中亲密接触。

GPS 地址：Pfaffendorfer Str. 29，04105 Leipzig

网址：www.zoo-leipzig.de

莱比锡景点延伸

民族大会战纪念碑（Volkerschla chtdenkmal）是莱比锡的地标性建筑之一，高大雄伟，为纪念在莱比锡战役中阵亡的各国将士而建，有电梯可抵达顶端，欣赏莱比锡风光。GPS 地址：Pmger Str.，04299 Leipzig。

老市政厅（Old Town Hall）最初建于1556年，"二战"中被毁后重建，内部有莱比锡博物馆可供参观，晚上附近的景色很漂亮。GPS 地址：Markt1，04109 Leipzig。

门德尔松故居（Mendelssohn Haus）是门德尔松人生最后一处住所，也是世界上目前唯一一座被保留下来的门德尔松故居。这里保留了作曲家当年用过的家具和钢琴，每周日11点这里还有音乐沙龙。GPS 地址：Goldschmidtstraβe 12，04103 Leipzig。

巴赫博物馆（Bach Museum）位于圣多马教堂对面的巴洛克式建筑中，这里展示了巴赫的画像、手稿和使用过的乐器，博物馆中还会播放众多巴赫的著名乐曲。

GPS 地址：Thomaskirchhof 15, 04109 Leipzig。

③ Day4: 莱比锡—维尔茨堡

维尔茨堡（Wurzburg）位于莱比锡西南约 330 千米处，坐落在风景如画的美因河（Main River）畔，是"浪漫之路"的起点城市。城外建有城堡，城中修建有中世纪的城墙、高塔，美因河旁的老城区内则有壮观的皇宫、教堂和市政厅等建筑。

维尔茨堡主教宫

维尔茨堡主教宫（Residenz Würzburg）始建于 1720 年，历时 40 余年才最终建成。殿外观是典型的巴洛克式建筑，内部为华丽的洛可可式风格，是德国巴洛克和洛可可式王宫的巅峰之作，也是欧洲最出色的宫殿之一。主教宫由宫殿、花园、礼拜堂和广场组成，是两任乌兹堡大公兼主教的府邸，有"万宫之宫"的美誉。宫殿内部以金色为主色调，从前厅起开始，越向里走，装饰越精美、越宏大，到皇帝的宝殿则达到奢华的极致。目前，宫殿已被联合国教科文组织列入世界遗产名录。

GPS 地址：Residenzplatz 2, 97070 Würzburg

网址：www.residenz-wuerzburg.de

TIPS:

维尔茨堡主教宫票价约 7.5 欧元，花园、广场和礼拜堂可免费参观，周一不开放。

旧美因桥

旧美因桥（Alte Mainbmcke）是一座修建于 18 世纪的著名桥梁，横跨于美因河上，连接玛利恩堡与对面的老城区，是进入维尔茨堡的必经之路。大桥全长 180 余米，桥上竖立了 12 尊圣人的雕像，雕像精致漂亮且非常大气。站在桥上向周围望去，城中各著名景点皆可看到，每一处都可以捕捉到靓丽的风景。大桥一带历史气氛浓厚，周边有很多当地传统的餐厅和小酒馆，累了可以在小酒馆里一边品尝美食和葡萄酒，一边欣赏桥上、河畔的美丽风景。

GPS 地址：Alte Mainbrücke, 97070 Würzburg

玛利恩堡

玛利恩堡（Marienburg）坐落在美因河西岸的玛利恩山上，是维尔茨堡的标志。玛利恩堡修建于 1201 年，由当时统治维尔茨堡的王公主教建造，并在此居住。这是一座城堡兼堡垒的建筑，曾在多次战争中发挥重要作用。虽然在 17 世纪时城堡被改造为巴洛克风格，但仍然不失原来的威严朴素。城堡内部包括中庭、城楼、教堂和博物馆，可免费进入，在山上可以饱览维尔茨堡城的全景。

GPS 地址：Festung Mari-enberg, 97082 Würzburg

网址：www.schloesser.bayern.de

维尔茨堡景点延伸

维尔茨堡圣基利安主座教堂（Würzburger Dom St Kilian）始建于 1040 年，是一座结合了罗曼式、哥特式、文艺复兴式和巴洛克风格的建筑，是维尔茨堡城内最古老也是最美丽的教堂之一。GPS 地址：Domstmβe 43, 97070 Würzburg。

④ Day5: 维尔茨堡一罗滕堡

从维尔茨堡沿 A7 公路南下，行车约 60 千米即可抵达有"中世纪明珠"之称的罗滕堡（Rothenburg）。罗滕堡是"浪漫之路"的重要组成部分，这个充满了色彩的小城到处可以体会到中世纪的浪漫情调。

罗滕堡古城

罗滕堡古城（Rothenburg）始建于公元9世纪，城中房屋的屋顶大都为暗红色，而"罗滕堡"的德文含义便是"红色城堡"的意思。小城里石巷蜿蜒，房屋造型古朴、五颜六色，依然保留着城墙和塔楼，迷人的花园与陶伯河（Tauber）点缀其间。当夕阳在小城中洒下柔和的光辉，仿佛时光在此停滞，静谧的罗滕堡显得更具异国风情，充满了童话的氛围，朦胧中的色彩更加令人沉醉。

GPS地址：Marktpl. 1, 91541 Rothenburg ob der Tauber

罗滕堡市政厅

罗滕堡市政厅（Rothenburg Town Hall）位于老城的核心地区，是一座文艺复兴式建筑，严肃而不乏艺术性。内部有一个历史展示厅，展示了18世纪的贵族使用的瓷器，色泽鲜艳，做工细致，具有很高的艺术价值。市政厅里有一个观景台，登上观景台可以眺望小城全貌。

GPS地址：Marktplatz, 91541 Rothenburg ob der Tauber

城堡花园

城堡花园（Burggarten）位于罗滕堡的西端，与城中熙熙攘攘的人群不同，这里是一个曲径通幽的精致花园。花园中处处草木丰茂，鲜花烂漫，加上浪漫的葡萄藤架，一年四季，景色各异。这里还能俯瞰美丽的陶伯河谷，河谷中流水潺潺，或山花遍野或满目金黄，几栋古老的房屋点缀其间，如同世外桃源。

GPS地址：Alte Burg, 91541 Rothenburg ob der Tauber

网址：www.tourismus.rothenburg.de

罗滕堡景点延伸

圣雅各教堂（St. Jacob's Church）位于小城中心，于1311年开始修建，经历了170多年才最终完成，两座哥特式尖塔是教堂的标志。GPS地址：Klostergasse 15, 91541 Rothenburg ob der Tauber。

　　罪行博物馆（Criminal Museum）曾是罗滕堡的中世纪刑具博物馆，现在是一座完整的法律型博物馆，里面展示了曾经的法律文书、审判档案和各种刑具，可以满足一定的猎奇心理。GPS地址：Burggasse 3, 91541 Rothenburg ob der Tauber。

　　圣乔治屠龙雕像喷泉（St. Georg-sbrunnen）是位于罗滕堡镇中心集市广场上的一处喷泉，建造于 1608 年，距今已经有超过 400 的历史，描述了圣乔治屠龙拯救百姓的故事。GPS 地址：Marktpl.2, 91541 Rothenburg ob der Tauber。

Lynch Tchaikovsky) 谱写成芭蕾舞剧《胡桃夹子》。

纽伦堡城堡

　　纽伦堡城堡（Nuremberg Castle）也叫"皇帝堡"，位于德国纽伦堡北侧的小山丘上，是纽伦堡最具标志性的中世纪建筑。城堡始建于 11 世纪，随后数百年间不断扩建，到 16 世纪中期形成现在的规模，几乎每一位神圣罗马帝国的皇帝都曾在此地居住。

⑤ Day6: 罗滕堡—纽伦堡

　　纽伦堡（Nürmberg）距离罗滕堡 90 千米，行车约需 1 小时 20 分钟。纽伦堡在"神圣罗马帝国"时期曾是皇帝的直辖统治中心之一，中世纪许多德意志皇帝都在此诞生并居住，有着浓厚的历史气息。纽伦堡还是德意志的玩具制造中心，有欧洲"玩具都城"（Yoy capital）之称。《胡桃夹子与老鼠王》的童话故事就发生在圣诞夜的纽伦堡市政厅，这个故事还被柴可夫斯基(Peter

　　城堡内的各类建筑以通道、走廊和庭园相连，皇帝和近臣都在这里居住。古堡通常有许多大道与外界相连，每条大道上都有一座镇守城门的高塔，高塔上视野极佳，可俯瞰整座中世纪古城。城堡周边还有很多舒适小酒馆，走累了可以在这里品尝美味的德国香肠和啤酒。

GPS 地址：Burg 13，90403 Nürnberg

网址：www.kaiserburg-nuernberg.de

美泉

美泉（Schoner Brunnen）位于纽伦堡的大集市广场上，是一座建于 14 世纪的八角形金字塔喷泉，是这里的著名景点之一。美泉高 19 米，为哥特式尖塔形状，喷泉上装饰着 40 座精致的雕像，它们是神圣罗马帝国世界观的体现。40 座雕像分别代表哲学、自由 7 艺（文法、修辞、逻辑学、算术、几何、天文和音乐）、4 位福音书作者、4 位教父、7 位选帝侯、西方 9 杰（亚瑟王、亚历山大大帝、凯撒大帝、查理曼大帝、第一次十字军领袖耶路撒冷王戈弗雷、约书亚、大卫王、麦克比阿斯）、摩西和 7 位先知。

GPS 地址：Hauptmarkt，90403 Nürnberg

TIPS:

美泉周围的铁栏杆上嵌有金色圈环，据说只要将金色圈环旋转三圈，并在心里默默许愿，愿望就能实现。

圣罗伦斯教堂

圣罗伦斯教堂（St.Lorenz Kirche）始建于 1270 年，历经 200 多年才最终完成。这是一座在古罗马长方形大教堂的基础上兴建起来的哥特式建筑。两座标志性的哥特式双子塔之间有一扇直径达 9 米的圆形花窗。这座教堂的内部有许多碑文、石雕、木雕等艺术作品，其中最令人瞩目的是星形圆屋顶的圣坛和悬在空中的天使报喜木雕。

GPS 地址：Lorenzer PI. 1，90402 Nürnberg

圣母教堂

圣母教堂（Frauenkirche）建于 1352 年，是一座位于集市广场东侧的哥特式建筑。据说这是查理四世担心自己的珠宝被窃才修建的储藏室，现在则是一座天主教堂。圣母教堂巍峨华丽，色

彩鲜明，上面的雕花玻璃和壁画都是出自名家之手，是欧洲教堂建筑的代表，有许多音乐大师和艺术大师都在这里留下足迹。顶端的大钟安装于 1509 年，每天中午 12 点会发出音乐，乐声中出现 7 位诸侯围着中间的查理四世皇帝绕行三周，以纪念当年在纽伦堡颁发的《黄金诏书》。

GPS 地址：Winklerstraβe 31，90403 Nürnberg

网址：www.frauenkirche-nuernberg.de

纽伦堡景点延伸

大集市广场（Hauptmarkt）是纽伦堡老城区的核心地区，有着历史悠久的传统集市，每逢传统节日这里都是最热闹的地方，广场周边也分布着许多历史建筑。GPS 地址：Hauptmarkt, 90403 Nümbergo。

纽伦堡玩具博物馆（Spiel-zeugmuseum）成立于 1941 年，上下分为 4 层，展现了各个不同时期的各种玩具，从玩偶、锡画像到机车模型均有涉及，在这里游客可以好好回顾一下自己的童年。GPS 地址：Karlstraβe 13-15，90403 Nürnberg。

纽伦堡老市政厅（Altes rathaus）是一座文艺复兴式加堡垒式的古典建筑，内部装饰非常漂亮，《胡桃夹子》的故事就发生在这里。GPS 地址：Rathauspl. 2，90403 Nürnberg。

丢勒故居（Albrecht Dürer Haus）是丢勒在 1509 年～1520 年去世期间的住所和画室。丢勒是纽伦堡人，也是纽伦堡的骄傲，这里展示丢勒的居住环境与众多作品，游客还可以在此欣赏版画的制作过程。GPS 地址：Albrecht-Dürer-Strae 39，90403 Nürnberg。

⑥ Day7 ~ Day8: 纽伦堡—慕尼黑

从纽伦堡沿 A9 公路南下，行车约 1 小时 40 分钟可抵达德国名城慕尼黑 (Munich)，慕尼黑位于德国南部阿尔卑斯山北麓的伊萨尔河畔，是德国第三大城市。早在拿破仑时代，慕尼黑就是巴伐利亚王国的艺术重镇，全城有数千家画廊和 50 多座博物馆。而慕尼黑最著名的当属延续了 100 多年的啤酒节。每年 9 月第 3 个周六后的 1 周时间里，人们会聚集到城外的大草坪上，唱歌、跳舞、观看赛马和痛饮啤酒，吸引世界各地的游人。

玛利亚广场

玛利亚广场（Marienplatz）是慕尼黑的中心广场，广场中央是一座象征自由的圣母柱，顶端是圣洁端庄的金色圣母玛利亚雕像。玛利亚广场是市民们举行各种文化活动、休闲娱乐和集会的场所，加之新旧两座市政厅都位于广场周边，因此这里也被称为慕尼黑的"城市客厅"。不论什么时候，玛利亚广场总是呈现一片热闹的场景。许多游览慕尼黑的游人都会将玛利亚广场作为旅行的起点。

GPS 地址：Marienplatz 1, 80331 München

慕尼黑新、老市政厅

慕尼黑老市政厅（Altes Rathaus）位于玛利亚广场东侧，修建于 14 世纪，呈哥特式建筑，外观朴素。南侧的塔楼现在为玩具博物馆，里面收藏了很多具有欧洲和美国特色的玩具。新市政厅（New Town Hall）修建于 1867 年，壮观而华丽，上面装饰着英雄和圣人的精美雕像。市政厅中间的钟楼高约 85 米，上面有著名的玩偶报时钟，每天上午 11 点与中午 12 点都会有漂亮的玩偶伴随着音乐出现，表演 1568 年威廉五世婚礼大典的场景。

GPS 地址：Marienplatz 8, 80331 München

圣母教堂

圣母教堂（Cathedral Chu-rch of Our Lady）位于慕尼黑市中心的圣母广场上，是慕尼黑的标志性建筑，经常出现在城市明信片上，是市中心最高的建筑之一，从市内任何方向都能看到它高高的钟楼。这座教堂修建于15世纪，但高达90余米的双塔塔顶直到50年多后才最终竣工。由于正处于哥特式与文艺复兴式风格的交替时段，这座哥特式教堂便被安上了文艺复兴式的"洋葱头"圆顶，颇具意大利风味。

走进教堂就能看到各种庄严的雕塑和精美的彩色玻璃花窗，极具中世纪风情。在入口前的地板上有一块明显的黑色印记，据说踩在上面，抬头看不到教堂边缘的窗子，这就是著名的"魔鬼的脚印"。南侧塔楼对游客开放，晴天登塔可以眺望到阿尔卑斯山脉和慕尼黑市区全景。

GPS 地址：Frauenplatz 12, 80331 München

网　址：www.muenchner-dom.de

德意志博物馆

德意志博物馆（Deutsches Museum）建于1903年，被誉为"世界上最大的科技博物馆"。博物馆展览面积达5万平方米，拥有近50个展室、数十万件展品，是体现德国工业水平的最佳展览地。在这里人们几乎可以看到人类科学发展史上的方方面面，从木轮水车到瓦特蒸气机，从第一部电话到人造卫星，从第一辆汽车到火箭、战斗机，可谓上至天文下到地理无所不有。无论国籍和年龄，只要是对科技感兴趣的人，到此一游绝对不虚此行。

GPS 地址：Museumsinsel 1, 80538 München

网址：www.deutsches-museum.de

TIPS:

博物馆规模庞大，游览时可走马观花，只在感兴趣的展馆稍作停留即可，否则一天时间观赏不完。

皇宫博物馆

皇宫博物馆（Munich Residence）位于一座辉煌瑰丽的宫殿内，用以彰显维特尔斯巴赫家族（1180～1918年间统治巴伐利亚的德国家族）的显赫地位和无上权力。整个皇宫一共有博物馆、珍宝馆和剧院3个可供游览的区域，其中最值得参观的便是皇宫博物馆。这间博物馆占据了近半个皇宫，内部极为豪华，展品很多，其中包括许多令人称奇的珍宝，如皇室成员的画像、全套德国皇室的正餐餐具、镶满宝石的金质皇冠等。

GPS地址：Residenzstrβ 1, 80333 München

网址：www.residenz-muenchen.de

TIPS:

皇宫博物馆开放时间为9:00～18:00，周二闭馆，门票约7欧元，可购买联票。皇宫有免费的英文语音导览，可以拍照。

阿桑教堂

阿桑教堂（Asamkirche）是一座极具艺术的巴洛克式风格的建筑，外观并不起眼，很容易错过，但里面却别有洞天，令人震撼。这座教堂于1733～1746年由阿桑兄弟（Egid Quirin Asam和Cosmas Damian Asam）出资建造。与常见的教堂不同，它最初为私人教堂使用，后来因为市民的反对，才被迫对公众开放。阿桑教堂是巴伐利亚巴洛克建筑中最辉煌的成就之一，里面以玫瑰红色和金色为主色调，每一根立柱都经过精心修饰。教堂天花板上装饰着华丽的绘画和金饰，是藏在慕尼黑城中的一颗艺术瑰宝。

GPS地址：Sendlinger Str. 32, 80331 München

网址：www.erzbistum-muenchen.de

宝马博物馆

宝马博物馆（BMW Museum）是宝马品牌体验中心的核心组成部分，造型为独特的"碗形"设计。宝马博物馆分为7个主题展区，按照不同年代和时期以实物、文字和声、光、电多种科技手段讲述了宝马公司的整个历史。这里的展览从宝马始祖车型、经典轿车到前卫概念车应有尽有，炫酷过瘾。参观者还能亲自体验刺激的赛车游戏，观看逼真的影片，是爱车者不可错过的地方。

GPS 地址：Am Olympia park 2，80809 München

网址：www.bmw-welt.com

宝马世界

宝马世界（BMW Welt）位于宝马总部大厦和宝马博物馆旁边，建筑设计为一座扭转的玻璃，极具超现代感。宝马世界是宝马集团的产品展示和多功能客户体验中心，经常举办各种丰富多彩的活动和展览。游客可以在车辆展示区内近距离观察所有正在销售的宝马最新车型，还可以在 X Drive 模拟驾驶系统和模拟设计汽车系统中体验极为真实的驾驶快感并按照喜好，设计一款专属自己的宝马车型。

GPS 地址：Am Olympiapark 1，80809 München

网址：www.bmw-welt.com

宁芬堡皇宫

宁芬堡皇宫（Nymphenburg Palace）是巴伐利亚皇室的夏宫，修建于 1664 ~ 1728 年，是一座以巴洛克风格为主的大型宫殿，也是德国最大、最重要的园林艺术杰作之一。主宫殿前有一潭清泉，经常会有天鹅、野鸭造访，在绿荫掩映下构成一幅宁静典雅的画面。虽然皇宫的外表沉稳而低调，但内部则富丽堂皇，极致恢宏。宫殿内部以金色为主色装饰，顿感奢华，光线通透明亮，将色彩华美艳丽的大厅映衬得无比绚烂。

在众多的宫殿厅堂之中，有一座极具东方韵味的中国阁（Chineselacquer），里面装饰着大量具有中国元素的壁纸屏风，上面绘着龙凤、花鸟、鱼虫、山水等，中国精美的漆器和瓷器也随处可见。宫中还有一条美人画廊（Gallery of Beauties），收藏有宫廷画家们描绘的当时最美丽的美女画像，每一个都天生丽质、仪态万千，总是吸引着无数的艺术爱好者前往。

GPS 地址：Schloβ Nymphenburg 1, 80638 München

网址：www.schloss-nymphenburg.de

慕尼黑景点延伸

英国花园（English Garden）

位于伊萨尔河畔，占地达 350 公顷，是慕尼黑乃至欧洲最大的城市公园之一。这里草地开阔、小径蜿蜒、林荫密布、河水环绕，是当地人最喜欢的假日休闲去处。GPS 地址：GyBlingstraβe 15, 80805 München。

皇家啤酒屋（Hofbrauhaus Munchen）

在威廉五世时期就已存在，位于玛利亚广场的东北部，是感受慕尼黑啤酒文化的好地方。几百年前第一桶皇家啤酒就是在这里酿造，茜茜公主、歌德、列宁等都曾是这里的客人。GPS 地址：Platzl9, 80331 München。

安联球场（Allianz Arena）

是德甲拜仁慕尼黑队主场球场，2006 年德国世界杯开幕式就在此举行，球场停车场可提供 10000 个车位，内部还有餐饮、托儿所、名人堂、球迷商店等各种设施。GPS 地址：Werner-Heisenberg-Allee 25, 80939 München。

⑦ Day9 ~ Day10：慕尼黑—菲森

菲森（Fussen）距离慕尼黑约 130 千米，沿 A95 公路西南行车约 1 小时 50 分钟即到。菲森位于"浪漫之路"的最南端，是欧洲著名的疗养天堂和度假胜地。这是一座童话般的小城，由于位

于阿尔卑斯山脚下，周围有着雄伟的高山、宁静的湖泊和梦幻的城堡，如同人间仙境一般。著名的新、旧天鹅堡毗邻菲森，当你了解了关于城堡的故事，将会更能体会到其中真正的美丽与浪漫。

菲森城

菲森（Fussen）是一座充满浪漫氛围的小城，蜿蜒的小巷见证了小城中世纪的繁荣，抬头望去，哥特式尖顶建筑高耸入云，古城墙遗址处，巴洛克和洛可可时期装饰的教堂错落有致，里面珍藏着数百年间留下来的丰富艺术宝藏。菲森还是一座有着丰富文化活动的小城，每年一度的侯爵大厅音乐会（Fürstensaalkonzerte）期间、夏日老城节和每年8月25日举行的国王路德维希二世（Geburtstag König LudwigII）诞辰庆典时，城中会有

诸多文化活动和集市，使这座古老的城市焕发出无限生机。菲森又是一座美食之城，拥有众多特色饮食，如酸菜面（Krautspatzen）、白香肠（Wei&szlig）、白啤酒（Wei&szlig）和什锦杂烩（Chop Suey）。

GPS地址：Lechhalde 3，87629 Fussen

新天鹅堡

新天鹅堡（Schloss Neuschwanstein）距离菲森不到4千米，名字源自天鹅与骑士的传说，里面有大量德国天鹅的雕塑。新天鹅堡是德国的象征，也是迪士尼城堡的原型，被视为"童话中白雪公主的城堡"。这座梦幻的城堡由年轻英俊而富有浪漫艺术追求的巴伐利亚国王路德维希二世（König Ludwig II）建造，修建在连绵起伏的群山中，被苍翠茂密的森林所环抱，在薄薄的雾气中，蓝天绿树间浮云缥缈，雪白的城堡若隐若现，宛若仙境。

新天鹅堡山后有一座玛丽安桥（marienbrücke），从这里可以远眺绝美的新天鹅堡全景，饱览壮观的峡谷瀑布。由城堡中的窗口向外眺望，一片纯净浪漫的景

色便映入眼中。城堡四周被众多湖泊环绕，湖光山色，波光粼粼，一年四季，风光各异。可以说，新天鹅堡是路德维希二世营造的梦中世界，一个专属美的世界。每年9月，在城堡的歌剧大厅会举行为期一周的宫廷音乐会，人们可以切身感受这位国王典雅、浪漫的生活。

GPS 地址：Neuschwanstei-nstraβe 20, 87645 Schwan gau

·网址：www.neuschwan stein.de

TIPS:

新天鹅堡门票约12欧元，有工作人员陪同提供参观引导，人工引导提供英语和德语服务，语音导览有中文服务，整个参观时长约35分钟。

高天鹅堡

高天鹅堡（Schloss Hohen schwangau）又称旧天鹅堡，与新天鹅堡隔山相望，是路德维希二世的父亲马克西米利安二世（Maximilian II)所修建的夏宫。路德维希二世从小在这座城堡中长大，度过了人生中最快乐的一段时光，他在这里与朋友朗诵诗篇、参演话剧，与茜茜公主谈论自然与诗歌。这里的高山、平原和湖泊塑造了王子浪漫和童话色彩的性格，可以说是这座浅黄色的旧天鹅堡孕育了新的童话宫殿。目前，高天鹅堡中共有10余个房间和大量藏品对外开放，包括天鹅骑士大厅、王后的书房和国王的音乐室等。

GPS 地址：Alpseestraβe 30, 87645 Schwangau

网址：www.hohensch wangau.de

威斯朝圣教堂

威斯朝圣教堂（Pilgrimage Church of Wies）坐落在阿尔卑斯山苍翠的山谷中，位于菲森东边约30千米处，行车30分钟即到。威斯朝圣教堂是巴伐利亚洛可可风格建筑的代表之作，白色的建筑奇迹般地隐秘在几乎与世隔绝的秀丽群山中，显得超然物外。教堂内的画作色彩丰富绚丽，轻松欢快，金色与白色相间的雕饰则显得典雅而神圣，使其成为德国阿尔卑斯地区唯一的人类遗产。

GPS地址：Wies 12, 86989 Steingaden

网址：www.wieskirche.de

菲森景点延伸

主教夏宫（Hohes Schloss）

位于菲森古城的最高处，是奥格斯堡王子主教的夏日行宫，也是一座城堡式宫殿，现在成为菲森市立美术馆和巴伐利亚州立绘画收藏馆分馆，馆中收藏有哥特晚期和文艺复兴时期的经典作品。GPS地址：Magnuspl. 10, 87629 Füssen。

施万高温泉（Konigliche KristaN-Therme）位于紧邻菲森的施旺高(Schwangau)镇上，

距菲森东北约3千米。由于泉水浓度较高，可以体验在水面上漂浮，同时可远眺新天鹅堡。GPS地址：AmEhberg 16, 87645 Schwangau。

⑧ Day11 ~ Day12：菲森—海德堡

菲森是传统"浪漫之路"的终点，由此可以结束德国之行，如果时间充裕不妨北上海德堡（Heidelberg）。海德堡同样是一座色彩丰富的小城。从菲森至海德堡约有3.5小时车程。

海德堡城堡

海德堡城堡（Heidelberg Castle）坐落在王座山山顶，修建于13世纪，历时近400年，经过几次扩建才最终完成。建成的城堡形成哥特式、巴洛克式和文艺复兴三种风格的混合体，是德国文艺复兴时期的代表作。但城堡完成后屡遭战火，数次被人为破坏，虽然现在已经破败，但仍不失昔日的王者风采，战火的痕迹也让其显得更加沧桑和浑厚。

进入这座红褐色的古堡，首先踏入的是一座没有了围墙的"伊丽莎白门"，这座城门是国王为庆祝王后生日、下令在 1 天之内完成的，相传情侣在这里合影便能结成美好的姻缘。中央庭园有一座喷泉和四根花岗岩柱，围绕中庭的是音乐厅、玻璃厅等建筑。目前，城堡中的大多数房间都对外开放，其中最吸引人的是著名的大酒窖以及能储存 220000 公升葡萄酒的"大酒桶"。

GPS 地址：Schlosshof 1, 69117 Heidelberg

TIPS:

每年夏季的 6、7、9 这 3 个月的第一个周六，这里会举行"火烧城堡"的活动，利用灯光和焰火等效果再现海德堡城堡被炸毁、焚烧时的场景，非常逼真和震撼，活动结束后还会有一场烟花表演。

海德堡旧城

海德堡旧城（Old Town）是海德堡的观光中心，大街小巷完好地保存着风格古朴的建筑。诗人歌德称这是一个"把心遗失"的地方，马克·吐温则称海德堡是他"到过的最美的地方"。全城有近 1/5 的人口是学生，城中充满着浓浓的学术气息，是一座名副其实的大学城。海德堡大学（Heidelberg University）位于老城区中心，1386 年由普法尔茨选帝侯鲁普莱希特一世创建，为德国最古老的大学，也是一所以浪漫著称的学术殿堂。

旧城区也是个美食集结地，大学广场和市场广场之间遍布餐馆、酒吧和咖啡厅，"火焰蛋糕"（Flammkuchen）、炸牛排（Schnitzel）、烤猪肘（schweinehaxe）和啤酒等，是饕餮一族不容错过的美食。

GPS 地址：Grabengasse 1, 69117 Heidelberg

哲学家小径

哲学家小径（Philosophenweg）是一条约 2 千米长的散步小路，因为周围风景宜人而受到教授、学者和哲学家们的喜爱。歌德经常在这里散步，思考哲学和文学问题；著名哲学家黑格尔在海德堡大学执教时也经常与朋友在这儿一边散步，一边讨论学术问题。此后也有不少学者经常徘徊于此，捕捉思想的灵感。哲学家小径旁的一个花园门口竖立着一块手掌模型，掌心里写着"HEUTE SCHON PHILOSOPHIERT？"译为中文是"今天思考哲学了吗？"

GPS 地址：Philosophenweg, 69120 Heidelberg

⑨ Day13 ～ Day14：海德堡—法兰克福

法兰克福（Frankfurt）全名为美因河畔法兰克福（Frankfurtam Main），是德国第五大城市，位于德国西部的黑森州（Hesse-Darmstadt）境内，处在莱茵河中部支流美因河的下游。从海德堡沿 A67 和 A5 公路北上行车约 90 千米即可到达。这里是世界文豪歌德（Goethe）的故乡，歌德故居就在市中心。法兰克福城内有着众多博物馆和名胜古迹，都非常值得游人一看。

法兰克福官网

罗马广场

罗马广场（Roemerberg）是法兰克福老城的中心，罗马皇帝曾在此加冕。罗马广场是法兰克福文化、历史的象征和游客必访的地方，周围环绕着市政厅、博物馆和大教堂。广场中间有一座正义喷泉（Fountain of Justice），上面竖立着手举公正天平的女神。在广场上经常可以看到街头艺人的表演，每当有盛大节日，人们也总是会汇集到这里一同欢庆。

GPS 地址：Romerberg, 60311 Frankfurt am Main

老市政厅

老市政厅（Rathau）始建于 15 世纪初，坐落在罗马广场上，由 3 座三角形阶梯型建筑组成，是法兰克福的标志之一。罗马皇帝曾在这里举行加冕典礼，市政厅的二楼有一个皇帝大厅

（Kaisersaal），大厅四壁悬挂着从查里曼大帝到佛朗茨二世共 52 个皇帝的画像，非常珍贵。皇帝加冕时的宴会厅现在被作为接待大厅，德国国家足球队凯旋归来时球员和球迷会在这里一起举行狂欢。

GPS 地址：Römerberg 27,60311 Frankfurt am Main

网址：www.frankfurt.de

法兰克福大教堂

法兰克福大教堂（Frankfurt Cathedral）是法兰克福最重要的天主教堂，兴建于 1250 年至 1514 年间的墨洛温王朝时代。这座雄伟的哥特式建筑被视为法兰克福城市的起点，从 14 世纪开始，共有 10 余位神圣罗马帝国的皇帝在此举行加冕典礼，因此法兰克福大教堂又被称为"皇帝大教堂"。

与一般哥特式大教堂的庄严肃穆不同，法兰克福大教堂无论内外都是醒目的红色，线条简洁

流畅，建于 15 世纪的塔楼高达 95 米，塔楼内有 300 多级台阶直通塔顶，可在这里饱览法兰克福市的城市风光。教堂内部穹顶气势威严，四根硕大的基柱构成"皇冠"的形状，阳光透过硕大的玻璃窗，使红色的教堂更显圣洁明亮。

GPS 地址：Domplatz 1, 60311 Frankfurt am Main

网址：www.dom-frankfurt.de

TIPS:

塔内空间较狭窄，攀登时要注意安全。进入教堂内部参观无须购买门票，教堂的博物馆展出了各个时期的法衣、酒杯、圣器等弥撒仪式用品，入内参观须另支付 2 欧元门票。

施泰德美术馆

施泰德美术馆（Staedel Museum）始建于 1815 年，是德国最重要的艺术博物馆之一，收藏了从 14 世纪至今世界众多知名画家的数千幅著作。雷诺阿（Renoir）、梵·高（Gogh）、毕加索（Picasso）和伦布朗（Rembrandt）等大师的珍贵作品都可以在这里看到。

进门第一个展厅展示了14～15世纪的木板油画，这些油画至今色泽鲜明，栩栩如生，与地下展厅中的超现实作品形成了鲜明对比。美术馆中最显眼的就是"法兰克福之子"歌德的肖像，这是由与歌德同时代的著名艺术家仓作的肖像之一，在众多歌德肖像中最为著名。

法兰克福景点延伸

铁 桥（Eiserner Steg） 修建于1869年，是一座横跨在美因河上的新哥特式钢架桥，连接法兰克福南北两岸，桥上有很多情侣们挂上的"情侣锁"，夜间的铁桥最为美丽。GPS地址：Mainkai, 60311 Frankfurtam Main。

欧 元 塔（Euro Tower）位于法兰克福市中心，是欧洲中央银行的所在地，楼高40层。大楼前巨大的欧元雕塑标志是游客们最喜欢拍照的地方。GPS地址： Kaiserstraβe29, 60311 Frankfurtam Main。

歌德故居（Goethe House）共有四层，黄色房间（Yellow Room）里收藏有少年时期歌德的画像。歌德曾在这里创作了《少年维特的烦恼》和《浮士德》。GPS地址：Groβer Hirschgraben 23-25, 60311 Frankfurtam Main。

食宿提示

柏林食宿

住宿：Ludwig Van Beethoven Hotel 提供 24 小时接待，有免费无线网络连接，每天供应自助早餐。入住酒店的客人可使用免费停车场。GPS 地址：Hasenheide 14，10967 Berlin。预订官网：www.hotel-ludwig-van-beethoven.de。

Hotel Hansablick Garni 提供免费停车场及免费无线网络连接的房间。GPS 地址：Flotowstraβe 6, 10555 Berlin 。预订官网：www.hansablick.de。

美食：Maharadscha 是一家亚洲餐厅，主营印度料理，羊肉、鸡肉和素菜做得都很有特色。GPS 地址：Fuggerstreet 21 ｜ 10777 Berlin。10777 Berlin。

Heising 是一家格调高雅的法式餐厅，特色羊排、小牛肉和酱汁扇贝口味极佳。GPS 地址：Rankestrasse 32, Berlin。

莱比锡食宿

住宿：Hotel Alt-Connewitz 提供免费停车场和免费上网设备，并供应各种德国啤酒。GPS 地址：Meusdorfer Str. 47A，04277 Leipzig。预订官网：www.alt-connewitz.de。

美食：Diego 主营巴西和墨西哥菜，西班牙炸玉米片、墨西哥卷饼是这里的招牌美食。GPS 地址：Waldstrasse 64 ｜ Nahe ArenaLeipzigund RB Arena, 04105, Leipzig, Saxony。

维尔茨堡食宿

住宿：Hotel Gruener Baum 配有完善的设施和免费无线网络连接，酒店有付费的私人停车场可用，需提前预订。GPS 地址：Zeller Strasse 35/37 ｜ 97082 Wurzburg, 97082 Wurzburg, Bavaria。

美食：Vinothek Tiepolo 经营地道的德国和地中海料理，鳟鱼、烤牛肉和葡萄酒非常美味。GPS 地址：Innerer Graben 22, 97070 Würzburg。

罗滕堡食宿

住宿：Hotel Spitzweg 拥有舒适宁静的客房和丰盛的自助早餐，并为客人提供免费的停车位。GPS 地址：Paradeisgasse 2,91541 Rothenburgobder Tauber。预订官网：www.booking.com。

美食：Zur Holl-Mittelalter-liche Trinkstube 烤排、香肠、原汁原味的沙拉和麦香浓郁的啤酒不容错过。GPS 地址：Burggasse 8, 91541, Bavaria。

纽伦堡食宿

住宿：Smile Hotel 很受旅行者欢迎。酒店客房明亮，可欣赏室内景观，设有内部免费停车场和免费无线网络连接。GPS 地址：Zufuhrstraße 4, 90443 Nürnbergo，预订官网：www.smilehotel.de。

美食：Albrecht Durer Stube 是当地人和游客都很喜欢的一家餐厅，精品肘子、香肠、炖牛肉和布丁、啤酒等味美价优。GPS 地址：Albrecht–Dürer–Straße 6,90403 Nürnberg。

慕尼黑食宿

住宿：Hotel Laimer Hof 酒店地理位置优越，周围景色宜人，房间干净舒适，提供免费无线网络连接和免费停车场，客房配有卫星电视和私人浴室。GPS 地址：Laimer Str.40,80639 München。预订官网：www.laimerhof.de。

Hahn Hotel 经济型酒店距离慕尼黑啤酒节现场仅 15 分钟步行路程，提供免费无线网络连接和免费停车场。GPS 地址：Landsberger Str.117,80339 München。预订官网：www.hotel–hahn.de。

美食：Vinpasa 是一家地中海风味的意式餐厅，各式牛肉料理是这里的特色，各种奶油、巧克力也相当美味。GPS 地址：Isabellastrasse 47 l 80796 München, 80796, Munich。

Thalassa 是一家环境浪漫典雅的希腊餐厅，新鲜美味的鱼肉料理是客人必点的美食。GPS 地址：Cimbernstraeβ 3,81377 München。

海德堡食宿

住宿：Apartments & Hotel Kurpfalzhof 价格适中、环境幽雅，提供免费无线网络连接和免费停车场。早上提供自助早餐。GPS 地址：Kurpfalzhof10, 69124

Heidelberg。预订官网：www.
kurpfalzhof.de。

美食：Schnitzelbank 经营正
宗的德国美食，猪排、火鸡片、
沙拉和葡萄酒是不错的搭配。GPS
地址：Bauamtsgasse 7, 69117
Heidelberg。

法兰克福食宿

住宿：Hotel Beethoven 客房
设施完善，提供免费无线网络连
接和免费的私人停车场。GPS 地
址：Beethovenstraβe 46, 60325
Frankfurt am Main。预订官网：
www.hotelbeethoven.de。

美食：Trattoria i Siciliani 是
一家颇具人气的意大利餐厅，新鲜
的自制面包和正宗的比萨、意大
利面绝不会让人失望。GPS 地址：
Walter－Kolb－Straβe17, 60594
Frankfurt am Main。

重要信息：免费资料别错过

自驾沿途游客中心咨询			
名称	地址	电话	网址
柏林游客中心	Berlin Central Station, Europaplatz 1, 10557 Berlin	030－250025	www.visitberlin.de
菜比锡游客中心	Katharinenstraβe 8, 04109 Leipzig	034－17104260	www.leipzig.travel
维尔茨堡游客中心	Falkenhaus, Marktpl. 9, 97070 Würzburg	0931－1372398	www.wuerzburg.de
罗滕堡游客中心	Marktpl. 2, 91541 Rothenburg ob der Tauber	09861－404800	www.tourismus.rothenburg.de
纽伦堡游客中心	Königstraβe 93, 90402 Nürnberg	0911－23360	Tourismus.nuernberg.de
菲森游客中心	Kaiser－Maximilian－Platz 1, 87629 Füssen	08362－93850	www.fuessen.de
海德堡游客中心	Willy－Brandt－Platz 1, 69115 Heidelberg	06221－5844444	www.heidelberg－marketing.de
法兰克福游客中心	Romerberg 27, 6031 1 Frankfurt am Main	069－21238800	www.frankfurt.de

4

欧洲西部三国自驾 ——畅游浪漫西海岸

>> 巴黎（Paris）—布鲁日（Brugge）—布鲁塞尔（Brussels）—鹿特丹（Rotterdam）—海牙（The Hague）—阿姆斯特丹（Amsterdam）

| 线路全长：约635千米 | 所需时间：11～12天 | 最佳季节：3～5月 |

线路亮点 >>>>>>>>>>>>>>>>>>>>>>

这同样是一条以浪漫著称的线路，一路上将经过浪漫之都巴黎，漫步美丽的香榭丽舍大街；沿着美丽的欧洲西海岸探访荷兰风车和郁金香；追赶着英吉利海峡的日出日落，在一座座古迹和小镇中体会别样的欧洲风情。

线路规划 >>>>>>>>>>>>>>>>>>>>>>

Day1 ～ Day3：巴黎

Day4 ～ Day5：约295千米，巴黎—布鲁日

Day6 ～ Day7：约100千米，布鲁日—布鲁塞尔

Day7 ～ Day8：约150千米，布鲁塞尔—鹿特丹

Day9：约25千米，鹿特丹—代尔伏特—海牙

Day10 ～ Day11：约65千米，海牙—阿姆斯特丹

A1 —— 高速公路

阿尔克马尔
Alkmaar

阿姆斯特丹
Amsterdam

P155

A4

约65KM

P154 海牙
The Hague

约25KM

阿纳姆
Arnhem

P150 鹿特丹
Rotterdam

A16

E19

约150KM

P142 布鲁日
Brugge

根特
Gent

P145 布鲁塞尔
Brussels

加来
Calais

E403

E17

E40

约100KM

列日

E19

E42

朗斯
Lens

A1

Parc naturel régional de l'Avesnois

Parc naturel régional des Ardennes

约295KM

阿棉
Amiens

A29

A1

A29

鲁昂
Rouen

N31

N31

兰斯
Reims

A1

A4

巴黎
Paris

P061

欧洲西部三国自驾线路示意图

亮点速览 ＞＞＞＞＞

① Day1 ~ Day3 巴黎

巴黎景点介绍可参见 P061 ~ P065。

② Day4 ~ Day5: 巴黎—布鲁日

从巴黎出发，沿宽阔的 A1 公路北上，行车约 295 千米、用时约 3 小时 20 分钟即可抵达旅游名城布鲁日（Brugge）。布鲁日被誉为"欧洲北方的威尼斯"，城中水源丰富、河道纵横，河畔矗立着众多宏伟的建筑，闲游其中，令人沉醉。

市场广场

市场广场（Grote Markt）位于布鲁日市的核心区域，是布鲁日最为繁华的地区。周边遍布各种商店、餐厅以及众多知名景点，著名的布鲁日历史博物馆就位于广场一侧，而布鲁日的

标志性建筑贝尔福特钟楼也坐落在广场的东南角。每逢周末和节假日，广场空地上总会摆满各种摊位，市民们也会自发来此聚集，非常热闹。

GPS 地址：Markt, 8000 Brugge

布鲁日历史博物馆

布鲁日历史博物馆（Historium Brugge）是布鲁日人气最高的景点之一，这里展示了布鲁日从勃艮第王朝至今各种城市的发展资料。博物馆中设置了各种中世纪时期布鲁日的生活场景，游览其中你可以对布鲁日的前世今生有更深入的了解。

GPS 地址：Markt 1, 8000 Brugge

网址：www.historium.be

布鲁日钟楼

布鲁日钟楼（Belfry of Bruges）坐落于市场广场南侧，是电影《杀手没有假期》的主要取景地。这座代表着权利与自由的钟楼被视为布鲁日的象征，钟楼高达 83 米，共有 360 多级台阶，站在楼顶你可以俯瞰整个美丽的布鲁日

城。每天的准点报时，是它目前最重要的工作，此外，每逢重大事件或集会，钟楼上也会响起优美的音乐。

GPS 地址：Markt 7, 8000 Brugge

网址：bezoekers.brugge.be

布鲁日市政厅

布鲁日的市政厅（Brugge stadhuis）是一座位于市场广场上的二层尖塔建筑，建造于13 ~ 14 世纪，是布鲁日最古老的建筑之一。它的正立面雕刻着极为精致的圣人雕像和浮雕，内部则被装饰得金碧辉煌。位于二楼的哥特式大厅墙壁上有 12 幅壁画记录下了布鲁日曾经的繁荣，还有天花板上数百年前就已存在的精美木雕也在向人们展示布鲁日的悠久文化。

GPS 地址：Burg 12, 8000 Brugge

网址：www.brugge.be

布鲁日圣母教堂

布鲁日圣母教堂（Church of Our lady）混合了多种时期的建筑风格，它的塔楼高达 122 米，是欧洲最高的教堂塔楼。圣母大教堂以其内部藏品而闻名，教堂内部保存着金羊毛骑士团 1468 年的完整徽章系列和著名的艺术珍品——米开朗基罗的雕塑《圣母和圣婴》。

GPS 地址：Mariastraat, 8000 Brugge

网址：onthaalkerk-brugge.be

圣血教堂

圣血教堂（H.Bloedbasiliek）在布鲁日的规模不是最大的，但地位却是最高的，因为这里藏有耶稣的圣血。12 世纪时期，第二次东征归来的十字军将保存有耶稣圣血的水晶瓶带回了布鲁日保存，接受众人朝拜。这一事件也使小小的布鲁日迅速繁荣起来，现在每到 3 月底 4 月初的时候，这里就会举行"圣血节"，成千上万的信徒从各地涌向布鲁日，虔诚膜拜圣物。人们穿着古代的服饰，重演当年耶稣受难和十字军东征的场景。

GPS 地 址：Burg 13, 8000 Brugge

网址：www.holyblood.com

爱之湖

爱之湖（Minnewater Lake）是一个运河湖，湖并不是很大，但却因拥有田园诗般的景色而受到人们的喜爱。湖上有一座 18 世纪建造的桥，在桥上可以欣赏到布鲁日的全景。"Mirme"在荷兰语中就是"爱"的意思，而泛舟湖上，游览两岸风景无疑是最浪漫的事。

GPS 地 址：Begijnhof, 8000 Brugge

巧克力博物馆

巧 克 力 博 物 馆（Choco Story）展示了各种关于巧克力的历史和制作过程，从巧克力豆的栽培、加工，再到制作巧克力的过程都可以在这里了解到。巧克力博物馆还收藏了比利时历史上各个时期的巧克力包装资料，三楼有各色巧克力糖果，游客可以在工作人员的指导下亲手制作巧克力。博物馆还有一个热带室，里面种植着可可树和一些热带植物，绝对让人大开眼界。参观的最后，还可以品尝到香醇丝滑的新鲜巧克力。

GPS 地 址：Wijnzakstraat 2, 8000 Brugge

网址：www.choco-story.be

达默小镇

达默小镇（Damme）位于布鲁日的东北部约 7 千米处，小镇的市政厅是 15 世纪的哥特式建筑。达默就像比利时的一个美丽缩影，这里的每一颗石子上都倒映着勃艮第王朝时期的辉煌景象。从布鲁日前往小镇的路上能欣赏到如画的田园风光，在绿荫小道上沿着古老的运河前行，周围的风景让人仿佛置身童话世界中。

GPS 地址: Markt 1，8340 Damme

布鲁日景点延伸

欧洲学院（Collegeof Europe）由英国前首相丘吉尔等人于 1949 年创建，并将来自欧洲各国、致力于欧洲未来发展的学者和学生们聚集在一起，自成立时起就成为了欧洲一体化的先驱。GPS 地址: Dijver 11，8000 Brugge。

钻石博物馆（Diamond Museum)是一座展示钻石加工技艺的博物馆，有专业的抛光师按照中世纪的制作风格进行钻石抛光表演。GPS 地址: Katelijnestraat 43，8000 Brugge。

梅姆灵博物馆（Memling Museum）展出的是梅姆灵的主要作品和资料，《圣厄休拉的圣遗物箱》被称为比利时 7 大秘宝之一。GPS 地址: Mariastraat 38，8000 Brugge。

③ Day6 ～ Day7: 布鲁日一布鲁塞尔

布鲁塞尔（Brussels)距离布鲁日约 100 千米，沿 E40 公路行车 1 小时 10 分钟即可到达。布鲁塞尔不仅是比利时的首都，也是欧盟主要机构与北约总部所在地，有"欧洲心脏"之称。这座古典与现代结合的城市中充满了童话般的色彩，马克思、雨果、拜伦和莫扎特等都曾在此居住。

布鲁塞尔大广场

布鲁塞尔大广场（Grand Place）位于布鲁塞尔市中心，气势宏伟，是游览这座城市的首选起始地。大广场始建于12世纪，被誉为是"欧洲最美的广场之一，雨果更称赞其为"世界上最美的广场"。广场周边有众多哥特式、文艺复兴式、路易十四式建筑，每座建筑都拥有典雅华丽的雕塑和镂刻装饰，让人恍惚穿越到了中世纪的欧洲。

GPS地址：Grand Place 4, 1000 Bruxelles

TIPS:

1998年，布鲁塞尔大广场被列为世界文化遗产。每隔两年的8月，这里会有历时4天的"大广场鲜花地毯节"，届时人们会在广场中央用鲜花铺成"鲜花地毯"，中间还有圆形喷泉，景色美丽动人。

布鲁塞尔市政厅

布鲁塞尔市政厅（Hotelde Ville）始建于15世纪初，是布鲁塞尔最引人注目的标志性建筑。建筑风格为典型的古代弗兰德哥特式，高达90多米的塔顶上屹立着一尊高约5米的米歇尔雕像，从城市中的任何地方基本都能看到。市政厅走廊的墙壁上挂满了历代君主的肖像画，其中包括比利时的国王和曾经统治过布鲁塞尔的西班牙、荷兰、法国等国的国王，著名的拿破仑也在其中。

GPS地址：Grand-Place, 1000 Brwelles

网址：www.bruxelles.be

小于连撒尿雕像

小于连撒尿雕像（Marmeken Pis）是一座高约50厘米的青铜雕像，虽然雕像不大，但却已经有400年历史。小于连撒尿浇灭导火索、拯救整座布鲁塞尔城的故事可谓人尽皆知，如今这座雕像更是成为比利时的必游景点之一。这位小于连头发微卷、挺肚叉腰、翘着小鼻子，满脸的调皮、天真，数百年来一直无所顾忌地在众人面前撒着"尿"。据说在路易十五时期，因碍于"雅观"，

人们纷纷为小于连雕像制作衣服，目前"他"的衣服有 700 多件，被收藏在大广场国王之家中。

GPS 地 址：100 Brwelles 1020 Bruxelles

网址：www.atomium.be

TIPS:

比利时狂欢节期间，小于连"撒"出的清水会变成香醇的啤酒，人们争相接饮啤酒的场面很有意思。与像相对的还有一座"撒尿女孩"，被放置在信仰巷（Faith Alley, Impasse de la Fidelite/Getrouwheidsgang）东侧，巷子里有许多餐厅，还有一家提供 2000 种不同种类啤酒的餐馆。

原子球塔

原子球塔（Atomium）是布鲁塞尔的著名地标建筑之一，被誉为"比利时的埃菲尔铁塔"。原子球塔的造型是一个放大了千亿倍的铁原子结构，最高的"原子"球离地面 102 米。目前，原子塔有 4 个球对公众开放，乘坐欧洲最快之一的电梯可迅速抵达，上面还有多架望远镜可供使用。在顶端的圆球旋转餐厅，游客可以一边品尝美食一边观赏布鲁塞尔风光。每当夜幕降临，每个圆球外面会交替追逐发光，动感迷人。

GPS 地 址：1 Avenue de I'Atomium, 1020 Bruxelles

网址：www.atomium.be

布鲁塞尔公园

布鲁塞尔公园（Parcde Bruxelles）是布鲁塞尔中心城内最大的公园，是市民最喜欢的周末休闲场所。园中的道路都经过了精心的规划，期间点缀着许多精美的雕塑。天气晴好的时候经常能看到人们在树荫下慢跑、散步。公园周围是壮观的布鲁塞尔皇宫、比利时议会和美国大使馆等建筑。每逢夏季，公园的中心就会举行免费的周末派对。

GPS 地址：Rue de la Loi 3, 1000 Bruxelles

布鲁塞尔皇宫

布鲁塞尔皇宫（Palais Royal）位于布鲁塞尔公园旁边，曾是比利时历代王室居住的宫殿，现在建筑为 1695 年重建后又经 19 世纪翻修而成的。整座建筑上布满了精美的浮雕，四面均为巴洛克建筑风格。内部基本按照法国凡尔赛宫的模式修建，拥有大量精美的壁画和水晶灯饰。此外，还有华丽的宴会厅、高雅的接待室、古老的家具和精美的各式地毯等，处处彰显着皇室的高贵与华美。

GPS 地址：Rue Brederode 16，B-1000 Bruxelles

网址：www.monarchie.be

TIPS:

参观皇宫时不准抽烟和大声喧哗，如果看到皇宫悬挂出比利时国旗，说明里面正在办公，是不对游人开放的，不过大部分时间都可以游览。

比利时皇家美术馆

比利时皇家美术馆（Museesroyaux des Beaux Arts de Belgique）与布鲁塞尔皇宫毗邻，是一座世界级的大型美术馆，内部展品与比利时的历史相关。美术馆共分为两部分，一座为建筑宏伟的古典美术馆（Musee Oldmasters Museum），另一座是造型简单朴实功能多样的近代美术馆（Musee modern museum）。两座馆中收藏着比利时以及欧洲各国中世纪以来的名画。

GPS 地址：Rué de la Régence 3，1000 Bruxelles

网址：www.fine-arts-museum.be

圣于贝尔长廊

圣于贝尔长廊（Galeries Sainthubert）是欧洲最古老的长廊购物街道之一，由国王长廊、皇后长廊和王子长廊三部分组成。长廊屋顶由玻璃制成，长廊内遍布意大利文艺复兴时期风格的时装店、古董店和咖啡店，还有一个有 200 多年历史的布鲁塞尔皇家剧院，实乃一处不容错过的购物、休闲、娱乐天堂。

GPS 地址：Galerie du Roi 5，1000 Bruxelles

圣米歇尔及圣古都勒大教堂

圣米歇尔及圣古都勒大教堂（St. Michael and St.Gudula Cathedral）始建于1047年，历时200多年才最终建成，已有近千年历史。几个世纪以来它都是皇室御用的典礼场所，雨果曾经赞扬这座教堂是"哥特风格最纯美的花朵"。大教堂结合了从罗马艺术到哥特艺术兴盛时期的多种建筑风格。哥特式的尖顶高塔、画满宗教绘画的彩色玻璃使得教堂大厅显得分外空灵和神圣。

GPS地址：Place Sainte-Gudule, 1000 Bruxelles

网址：www.cathedralis bruxellensis.be

布鲁塞尔景点延伸

新欧盟总部大厦（Berlaymont building）

是欧盟总部的所在地，带给了布鲁塞尔"欧洲之心"的独特地位，大厦纯玻璃十字形的外观造型也非常独特。GPS地址：Rue de la Loi 200, 1049 Bruxelles。

布鲁塞尔漫画博物馆（Belgian Centrefor Comic Strip Art）

被誉为"世界上最著名的漫画博物馆"，是广大漫画爱好者的天堂。这里有整整三层的展品向人们展示了漫画的产生与发展过程，更加吸引人的是在漫画博物馆里展出的那些经典漫画人物作品，例如我们熟悉的《丁丁历险记》和《蓝精灵》等。GPS地址：Rue des Sables 20, 1000 Bruxelles。

皇家广场（Place Royale）

是位于布鲁塞尔市中心附近的历史广场，广场中央有一尊第一次十字军东征领袖布永的戈弗雷（Godfrey of Bouillon）的铜像。周围分布着许多新古典主义的美术馆与音乐博物馆。GPS地址：Place Royale, 1000 Bruxelles。

五十周年纪念公园（Parcdu Cinquantenaire)

是一个大型城市公园，为纪念比利时独立50周年而建。公园占地数十公顷，遍布喷泉、瀑布和花园，非学美丽。GPS地址：1000 Brussels。

滑铁卢古战场（Champ de Bataille de Waterloo）是著名的滑铁卢战役发生地，位于布鲁塞尔以南 18 千米索瓦尼森林尽头的滑铁卢小镇附近，古战场的纪念物主要有山丘雄狮、全景画馆和蜡人博物馆。GPS 地址：RouteduLion 252–254，1420 Braine-Alleud。

④ Day7~Day8: 布鲁塞尔—鹿特丹

鹿特丹（Rotterdam）位于布鲁塞尔北部约 150 千米处，中间途经安特卫普（Antwerpen），行车约 1 小时 50 分钟即可到达。鹿特丹是荷兰的第二大城市，也是欧洲最大的海港城市，通过新亚欧大陆桥与中国的连云港相接。这是一座著名的旅游城市，市内拥有众多画廊、博物馆和公园，具有浓厚的文化气息。

立体方块屋

立体方块屋（Cube House）又被称为树屋，位于鹿特丹旧港区，有着众多新奇现代的建筑，其中的一组黄色方块建筑最为引人注目。它们由建筑师皮耶·布罗姆（Piet Blom）设计，本来是市民的公寓，但由于整栋公寓的造型特殊有趣，为了满足人们的好奇心，便开放了一些房间。这些方块屋色彩鲜艳，每间房屋都有多个不同朝向的窗户，获得不同方向、不同时间的采光，透过窗户还能够获得不同角度的视野。

GPS 地址：Overblaak 70，3011 MH Rotterdam

网址：www.kubuswoning.nl

天鹅桥

天鹅桥（Erasmus Bridge）落成于 1996 年，雪白的桥身修长挺拔，像一只优雅的白天鹅游荡在河面上，因此得名"天鹅桥"。虽然它的历史不是很长，却是世界上最美的 13 座大桥之一。大桥单臂高达 139 米，桥身长达 802 米，是世界上最长的斜拉索桥之一。夜间的天鹅桥更为醉人，在霓虹灯的照射下，一条条斜索如同典雅的古希腊竖琴。如今，它已经超越传统桥梁的概念，成为鹿特丹的官方标志。

GPS 地址：OErasmusbrug，3072 AP Rotterdam

圣劳伦斯大教堂

圣劳伦斯大教堂（St. Laurens kerk）是地处市中心的一座哥特式教堂。在 1940 年的第二次世界大战中曾被炸毁，只剩下外墙的一部分，1947～1968 年期间得以重建。教堂内部有一座海上英雄纪念墓和一座 1973 年制造的红色与金色相间的巨大风琴。教堂前的广场上有荷兰著名的神学家和人文思想家伊拉兹马斯（Erasmus）雕像。如今，这里经常会有各种文化活动，如音乐会、演说等。

GPS 地址：Grotekerkplein 27，3011GC Rotterdam

网址：www.laurensker krotterdam.nl

鹿特丹海事博物馆

鹿特丹海事博物馆（Maritiem Museum Rotterdam）位于一栋现代化的建筑物里，由一座快艇俱乐部改造而成。博物馆内以荷兰为中心，展示了欧洲的航海历史，馆中陈列着 15 世纪至今的各种船只模型、航海地图和航海仪器，不少与海军历史以及航海有关物品也在这里收藏。博物馆中最引人注目的是那艘停泊在该馆东南侧港口的 19 世纪铁甲冲角舰"荷兰皇家海军布菲尔（Buffel）号"，游客可以进入舰船内部参观，一睹当年皇家海军铁甲舰的真容。

GPS 地址：Grotekerkplein 27，3011 GC Rotterdam

网址：www.laurensker krotterdam.nl

博伊曼斯·范伯宁恩美术馆

博伊曼斯·范伯宁恩美术馆（Museum Boymansvan Beuningen）成立于 1935 年，起初是一家由两位慈善家设立的收藏品中心，后来不断扩建，形成了一座在荷兰最具代表性的现代化美术馆。这里收藏有荷兰及欧洲一流的艺术作品，其中不少是中世纪至今的欧洲著名画家的画作。其中最受人瞩目的是彼得·勃鲁盖尔的《巴别塔》，此外，还有鲁本斯的《苏珊娜富曼》、波希的《放荡子》《加纳的婚礼》《地狱》等作品。杜尚（Duchamp）、玛格里特（Magritte）和萨尔瓦多·达利（SalvadorDali）等人的作品也有收藏。

GPS 地址：Museumpark 18, 3015 CX Rotterdam

网址：www.boijmans.nl

自然博物馆

自然博物馆（Nature Museum Rotterdam）坐落于代克齐赫特别墅(Villa Dijkzigt)内，该别墅最初是约翰·弗雷德里克·梅米拉尔（Johan Frederik Metzelaar)为范·霍博肯（Van Hoboken)家族设计的。后来增加了一项现代玻璃建筑，开放为自然博物馆。这里以展出众多古老的化石而闻名，栩栩如生的恐龙模型也很值得一看。

GPS 地址：Westzeedijk 345, 3015 AA Rotterdam

网址：www.hetnatuur historisch.nl

荷兰建筑学会

荷兰建筑学会（Nederlands Architectuurinstituut)位于鹿特丹市中心，是世界上最大的建筑博物馆之一，其建筑本身也堪称一项建筑杰作。荷兰建筑学会在有"建筑师之乡"赞誉的荷兰拥有举足轻重的地位，被评为荷兰百年来最重要的 20 大建筑之一。对于普通游客来说，这里能够最好地体现鹿特丹人的建筑水准和建筑热情，全世界各种特色的建筑模型在此都有展出。

GPS 地址：Museumpark 25, 3015 CB Rotterdam

网址：hetnieuweinstituut.nl

小孩堤防风车村

小孩堤防风车村(Kinderdjik)位于鹿特丹南面 12 千米处，建于 1740 年。这 19 座大型风车堪称荷兰风车最典型的代表，其宏伟壮观吸引了无数游人的目光。小孩堤防广阔的视野，风景如画，每年夏季七、八月的星期六，19座风车就会一同转动。蓝天白云、天朗气清或夕阳西下之时是欣赏风车的最佳时间，1997年，小孩堤防的风车被联合国教科文组织列入世界遗产名录。

GPS 地址：Nederwaard 1, 2961 AS Kinderdijk

网址：www.kinderdijk.nl

鹿特丹景点延伸

欧洲桅杆（Euromast）也被称作太空塔，高达185米，是为了迎接当年在鹿特丹举办的花展而建的，塔中部还有高100米的观景旋转餐厅和豪华酒店，塔身32米处是航海博物馆（Maaskant）。GPS 地址：Parkhaven 20, 3016 GM Rotterdam。

国家建筑中心（Netherlands Architecture Institute)是一座建筑博物馆，独特的设计和简洁的外观，使其成为荷兰功能主义的代表性建筑之一。GPS 地址：Museumpark 25, 3015 CB Rotterdam。

鹿特丹中央图书馆（Bibliotheek Rotterdam）是荷兰最重要的图书馆之一，藏书40余万册，外观像金字塔般层层缩小，黄色的管线绕着外墙，因此有"金字塔""水管宝宝（Tube Baby）"和"鹿特丹的庞毕度"等称号。GPS 地址：Vereniging "De Groene Passage", Hoogstraat 110, 3011 PV Rotterdam。

昆莎美术馆（Kunsthal）由鹿特丹的世界级建筑大师雷姆·库哈斯（Rem Koolhaas)所设计，建筑采用了不同材质，外观却极为简洁，许多人造斜坡的设计更是彰显了它十分精巧，形成了可穿透的视觉空间。GPS 地址：Westzeedijk 341, 3015 AA Rotterdam。

⑤ Day9: 鹿特丹—代尔夫特—海牙

海牙（The Hague）位于鹿特丹西北部约 25 千米，行车 30 分钟即可抵达。海牙是荷兰的第三大城市，也是联合国国际法院和荷兰王室的所在地，对荷兰拥有重大意义。海牙濒临大海，风光迤逦，市内约有 30 余座博物馆，大都有着特殊的意义。中间经过以蓝陶著名的城市代尔夫特（Delft），是不错的一日游之选。

代尔夫特

荷兰以风车和郁金香闻名，而代尔夫特这座如世外桃源般的城镇同样不容忽视。代尔夫特（Delft）距离海牙约 10 千米，建于 1246 年，是一座历史悠久的小镇。古老的运河蜿蜒其间，沧桑的石桥、宁静的田园和一座座古老的建筑点缀在运河两岸。荷兰最伟大的画家维米尔（Vermeer）一生都在这里渡过，并为此创作了著名的同名画作《代尔夫特》。代尔夫特与荷兰皇室同样渊源深厚，这里仿中国烧制的蓝陶精美华丽，是皇家定制餐具，许多皇室成员也被安葬在这里的新教堂内。

GPS 地址：HH Geestkerkhof 25，2611 HPDelf

莫瑞泰斯皇家美术馆

莫瑞泰斯皇家美术馆（Mauritshuis Museum）曾是约翰·毛里茨（Maurits）伯爵退休后所居住的房子，融合了荷兰古典式的建筑和意大利文艺复兴式建筑的风格。莫瑞泰斯皇家美术馆收藏有许多 15～18 世纪佛兰德（Flemish）与荷兰画派的众多作品，其中不少藏品来自于前荷兰王子威廉五世（William V of Orange）。美术馆中最著名的几幅画作是扬·弗美尔（Johannes Vermeer）的《戴珍珠耳环的女孩》The Girl With The Pearl Earring）和伦勃朗（Rembrandt van Rijn）的《杜尔博士的解剖课》(Anatomy Lesson of Dr Tulp) 等。

GPS 地址：Plein 29，2511 CS Den Haag

网址：www.mauritshuis.nl

和平宫

和平宫（Peace Palace）位于海牙市郊，是海牙的标志性建筑，联合国国际法庭、国际法图书馆和国际法学院的所在地。和平宫始建于 1907 年，主要宗旨是解决争端和维持世界和平。和平宫外墙为砖红色的双层宫殿式建筑，正立面由 9 个拱门组成，两侧为雄伟的哥特式尖塔，周边绿树环绕，宁静清幽。和平宫的内部家具、装饰等都由世界各国捐赠而来，其中较为著名的是一间名为"日本室"的会议室，里面的花、鸟为主题的金丝挂毯、景泰蓝花瓶、世界最大的伊兹密尔地毯等都由其他国家捐献，被艺术家们誉为"和平宫的艺术亮点"。

GPS 地址：Carnegieplein 2, 2517 KJ Den Haag

网址：www.vredespaleis.nl

马德罗丹

马德罗丹（Madurodam）将整个荷兰建成了一座微缩城市，这里完整展现了荷兰所有知名的景观区域，所有的复制品都以 25:1 的比例模仿实体建造并陈列在美丽的庭园中。这座"城市"是马德罗丹夫妇为他们在战争中牺牲的儿子所建的可爱国度，如今则是献给荷兰儿童的一份特殊礼物，在这里经常可以看到一群群笑逐颜开的孩子，而他们本身就是一道最美的风景。

GPS 地址：George Maduroplein 1, 2584 RZ Den Haag

网址：www.madurodam.nl

⑥ Day10 ~ Day11：海牙—阿姆斯特丹

从海牙出发，沿 A4 公路向东北行驶约 65 千米即可抵达荷兰首都阿姆斯特丹（Amsterdam）。阿姆斯特丹有很多旅游景点，包括历史悠久的运河网、荷兰国家博物馆、梵·高博物馆、安妮之家等，美丽的郁金香和风车也是阿姆斯特丹的代名词，在一定程度上，阿姆斯特丹就是整个荷兰的缩影。

游览阿姆斯特丹时建议购买"阿姆斯特丹城市卡"，持卡可参观世界级的博物馆，乘坐游船，品尝当地的美味佳肴都可以享受免费或很大的折扣。城市卡有24小时、48小时和72小时之分，持票期间乘坐市内交通、进入景点参观也能享受极大优惠。官网：www.iamsterdam.com/en。

阿姆斯特丹王宫

阿姆斯特丹王宫（Royal Palace）建于17世纪，整座建筑是由1万多根建立在石砌地基上的木桩支撑起来的，堪称是人类建筑史上一座不朽的杰作，曾被人们称之为"世界第八大建筑奇迹"。这座建筑起初是阿姆斯特丹的市政厅，1808年后，拿破仑的弟弟路易斯（Louis）成为荷兰国王，这里便成为荷兰的王宫。路易斯入住王宫后将其布满了帝国规格的装饰，使其真正符合作为统治者宫殿的标准。现在的王宫是荷兰女王接见外宾、举行重大活动的场所。

GPS 地址：Dam, 1012 Amsterdam

网　址：www.paleisamsterdam.nl

梵·高美术馆

梵·高美术馆（Van Gogh Museum）开馆于1973年，是由风格派建筑师里特维尔德设计的半圆形3层建筑，之后又加盖了新的展览大厅。在博物馆2层的墙面上书写着梵·高一生的艺术生涯，而他最著名的一些作品也按照年代顺序被逐一展现在馆内。梵·高美术馆收藏了梵·高的油画、素描和书信共千余件，是目前世界上收藏梵·高画作最多的地方。这里也展出了其他著名画家的作品，大多都是历史上"荷兰画派"的代表作，如印象派大师莫奈、高更的杰作。

GPS 地址：Museumplein 6, 1071 DJ Amsterdam

网　址：www.vangoghmuseum.nl

国立博物馆

国立博物馆（Rijksmuseum）

是荷兰最大、最重要的博物馆，开放于 1885 年，也是欧洲最古老的博物馆之一。中央大厅的拱形屋顶由玻璃制成，地面用葡萄牙石质地砖铺就，自然光透过整个大厅宽敞明亮，有免费 Wi-Fi 覆盖，允许拍照。馆内收藏了大量知名艺术珍品，包括伦勃朗、弗美尔、弗兰斯·哈尔斯等艺术巨匠们的杰作。

　　一楼展厅中主要展示了十八九世纪的荷兰艺术作品，知名画作《滑铁卢之战》和梵·高的《自画像》。二层是博物馆最重要的展厅，展示有这里的镇馆之宝，如伦勃朗的《夜巡》《犹太新娘》《自画像》，维米尔的《倒牛奶的女仆》《阅读信件的女人》等。三层则收藏了荷兰以及其他国家众多的现代艺术作品，其中还有飞机模型、雕塑和服饰等。

GPS 地址：Museumstraat 1,1071 XX Amsterdam
网址：www.rijksmuseum.nl

安妮·弗兰克故居

　　安妮·弗兰克故居（Anne Frank House）也被称为安妮故居，是为纪念安妮·弗兰克而建造的博物馆。1942 ～ 1944 年，

安妮在这里躲避纳粹分子的抓捕，并创作了著名的《安妮日记》。这里的房间设施基本得到保存，故居的布置也按书中的描写加以还原。内部主要陈列了讲述"二战"时期犹太人在苦难中逃亡的历史遗品，如今这里已成为人们造访阿姆斯特丹的必到之处。

GPS 地址：Prinsengracht 263-267, 1016GV Amsterdam
网址：www.annefrank.org

TIPS:

　　安妮·弗兰克故居临河而建，非常好找，因为门口总是排着长队，建议到官网提前订票，不然可能要等很久。

阿姆斯特丹郁金香博物馆

　　在荷兰各个地方都可以看到郁金香，但如果想要了解郁金香对荷兰的特殊意义以及它与荷兰之间渊源，那么这家郁金香博物

馆就能给你想要的答案。阿姆斯特丹郁金香博物馆（Amsterdam Tulip Museum）位于王子运河河畔，与安妮·弗兰克故居隔桥相望。它通过展览和电影的放映来展现郁金香的魅力，讲述了荷兰"郁金香热"的发展。博物馆的商店里还有各种与郁金香相关的制品、纪念品和品种丰富的郁金香盆栽，喜欢的话不妨带一些回去。

GPS 地址：Nederland, Prinsengracht 116, 1015 Amsterdam

网址：www.amsterdamtulipmuseum.com

杜莎夫人蜡像馆

杜莎夫人蜡像馆（Madame Tussaud Scenerama）是世界公认的艺术工艺最高的蜡像馆。这里的杜莎夫人蜡像馆开设于1970年，主要展出古今众多名人的蜡像，蜡像都是根据真人的尺寸与大小制作而成的，栩栩如生。在这里，每个人都可以找到自己崇拜的英雄和偶像，并与"他们"亲密合影。工作人员还会站在蜡像前一动不动"以真乱假"，出其不意地给你一个惊喜。

GPS 地址：Dam 20, 1012 NP Amsterdam

网址：www2.madametussauds.com

喜力啤酒体验馆

喜力啤酒创建于1863年，是当今世界最著名的啤酒品牌之一，拥有大量的忠实"粉丝"。喜力啤酒体验馆（Heineken Experience）就是由曾经的一座啤酒生产场改建而成的。游客可以在这里参观麦芽仓库，了解喜力的发展历程。除了参观，游人还可在这里畅饮正宗的喜力啤酒，现已成为阿姆斯特丹最受人们欢迎的景点之一。

GPS 地址：Stadhouder skade 78, 1072 AE Amsterdam

网址：www.heineken.com

荷兰海事博物馆

荷兰海事博物馆（Het Scheepvaartmuseum）位于一座海军旧库房里，是每个梦想成为航海家的人向往的地方。荷兰曾是世界上的海洋大国，而阿姆斯特丹则在航运史上拥有重要地位。在这里，人们可以找到所有与航海相关的东西，是一个全面了解荷兰航海时代各种知识的好地方。游人可以在这里参观到500多只船的模型和地图，还有船上使用的工具、机器、组成船的部件以及航海图和地球仪等，十分珍贵。

GPS 地址：Kattenburger-plein 1，1018 KK Amsterdam

网址：www.hetscheepvaartmuseunn.nl

钻石博物馆

钻石博物馆（Coster Diamond Museum）位于国立博物馆和梵·高博物馆中间，已经有100多年的历史。这里拥有直接一流

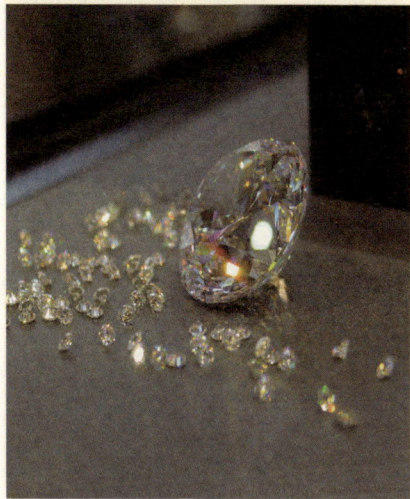

的钻石加工工艺，每年吸引着成千上万的游客慕名而来。它是世界著名钻石加工业中十分具有专业性的打磨工厂，同时也是珠宝生产商。随着购买珠宝玉石日渐成为出境旅游者的消费喜好，这里则渐渐成为前往阿姆斯特丹旅游者的好去处。

GPS 地址：Paulus Potters-traat 8，1071 CZ Amsterdam

网址：www.diamantmuseumamsterdam.nl

库肯霍夫公园

别看库肯霍夫（Keukenhof）位于阿姆斯特丹近郊盛产郁金香的小镇利瑟（Liess），但它是世界上最大的郁金香公园，是每年花卉游行的必经之路。库肯霍夫公园内郁金香的品种、数量、质量和花卉布置的技巧都堪称世界之最。公园的周围有成片的花田，公园则是由郁金香、水仙花、风信子等美丽花卉组成的天然画卷。每年的3～5月，这里都将举行为期8周左右的花展，同时还安排许多相关的活动。

GPS 地址：Stationsweg 166A，2161 AM Lisse

网址：www.keukenhof.nl

桑斯安斯风车村

荷兰被誉为"风车的国度"，而桑斯安斯风车村（Zaanse Schans）则是体现这一美誉的地方。这里至今保存着 17 世纪时桑斯地区的原貌，同时与历史上叱咤风云的人物有着联系，俄国的彼得大帝曾在这里学习过造船，拿破仑也曾对这里如画的风景赞不绝口。这里的每一座风车都各有用处，如锯木、榨油料、磨染料、磨芥末粉等，许多传统的奶酪厂和面包房也同样以风车提供动力。这里每天都有传统的手工技艺表演，让你可以见识到荷兰人鲜活的生活百态。

GPS 地址：Kalverringdijk 29, 1509 BT Zaandam

阿姆斯特丹景点延伸

中央车站（Central Station）建于 1884 年，于 1889 年开始启用，是欧洲铁路网的中枢之一。这座历史悠久的车站由 8600 多根地桩支撑，因此至今仍牢固无比。车站的建筑外型采用文艺复兴样式，古朴而富丽，站旁还有一座美丽的尖塔，许多游客喜欢在此合影。GPS 地址：Stationsplein, 1012 AB Amsterdam

水坝广场（Dam Square）位于阿姆斯特丹的核心区域，同时也是阿姆斯特丹的历史发祥地。在这个城市中心广场附近有许多著名景点，每逢节日期间，这里都会变得热闹异常。GPS 地址：Dam 3-7, 1012 JS Amsterdam。

西教堂（Westerkerk）是阿姆斯特丹最高的教堂，建于 17 世纪，其屋顶全部采用木质拱形结构，是荷兰新教教堂中最大的一个。西教堂里还有一座高达 85 米的尖塔，是王子运河河畔最醒目的建筑，值得一看。GPS 地址：Prinsengracht 281, 1016 GW Amsterdam。

食宿提示

巴黎食宿

住宿：信息请参考 P084。

布鲁日食宿

住宿：Hotel Botaniek 濒临运河，提供早餐，设有免费无线网络连接，附近有付费停车场。GPS 地址：Waalsestaat 23, 8000 Brugge。预订官网：www.botaniek.be/nl-be。

美食：Arthie's 位于布鲁日

市中心，是一家地道的比利时餐馆。牛排、虾丸、鸡肉和啤酒都是这里的招牌餐点。GPS 地址：Wollestraat 10，8000 Brugge。

布鲁塞尔食宿

住 宿：Hotel Housing 酒店距离布鲁塞尔市中心不到 10 分钟车程，提供干净舒适的房间和免费无线网络连接。每天早上供应丰盛的早餐，并为客人提供免费停车场。GPS 地址：RueLouis Scutenaire 3，1030 Bruxelles。预订官网：www.housingbmssels.be。

美 食：La Maisondu Cygne Restaurant 也叫天鹅餐厅，马克思和恩格斯曾居住和工作在这里，著名的《共产党宣言》也是诞生在这里。目前天鹅餐厅已经是两颗星的米其林餐厅。GPS 地址：Grand Place 9，1000 Bruxelles。

Noordzee Merdu Nord 是布鲁塞尔市区一家正宗的西班牙餐厅，临近多处著名景点。烤虾和新鲜的海鲜是这里的特色，生蚝、牡蛎、各种炸鱼和葡萄酒也非常不错，可以尝试。GPS 地址：45，Rue Sainte-Catherine，Brussels。

鹿特丹食宿

住 宿：Ibis Rotterdam City Centre 是一家位于鹿特丹市中心的经济舒适型酒店，性价比较高。酒店客房设施齐备，有免费无线网络连接，提供票务服务。酒店附近有付费停车场。GPS 地址：Wijnhaven 12，3011 WPRotterdam。

Suite Hotel Pincoffs 是鹿特丹市区一家豪华型酒店，客房设施一应俱全，楼下有私人车库。GPS 地址：Hennekijnstraat 104，3012 EB Rotterdam。预订官网：www.urbanresidences.com。

美 食：Fjord Eat&Drink 价格适中，菜品丰富。牛排、龙虾汤和生鱼片深受食客喜爱。GPS 地址：Blaak 776，3011 TA Rotterdam。

Umami by Han Rotterdam 主营亚洲料理和地中海风味美食，餐厅菜单丰富，包含了日式料理、中餐、韩国料理和地中海风味美食。GPS 地址：Binnenrotte 140，3011 HC Rotterdam。

海牙食宿

住 宿：Jorplace 价格适中，

提供免费无线网络连接和酒吧。入住酒店的客人可使用免费停车场。GPS 地址：Keizerstraat 296, 2584 BN Den Haag。预订官网：jorplace.nl。

美食：Bar Bistro De Twee Heeren 主营法式和意式料理，大虾、汉堡和啤酒很受欢迎。GPS 地址：Oude Molstraat 6,2513 BB Den Haag。

阿姆斯特丹食宿

住宿：New West Inn Amsterdam 覆盖免费无线网络连接，提供免费停车场。GPS 地址：Reimerswaalstraat 5,1069 AE Amsterdam。预订官网：www.newwestinn.nl。

Golden Tulip Amsterdam West 有免费无线网络连接，附近有收费停车场。GPS 地址：Molenwerf1, 1014 AG Amsterdam。预订官网：www.goldentulipamsterdam we-st.com

美食：Omelegg-City Centre 的鲑鱼、煎蛋卷和各种素食绝对美味。GPS 地址：Nieu-vvebrugsteeg 24, 1012 AH Amsterdam。

Vlaming eten&drinken 自制奶酪、菲力牛排、金枪鱼和太妃布丁等令人赞不绝口。GPS 地址：Lindengracht 95, 1015KD Amsterdam。

重要信息：免费资料别错过

自驾沿途游客中心咨询			
名称	**地址**	**电话**	**网址**
布鲁日游客中心	Het Zand 34, 8000 Brugge	050-444646	bezoekers.brugge.be
布鲁塞尔游客中心	Rue Royale 2-4,1000 Brussel	025-138940	visitbrussels.be
鹿特丹游客中心	Coolsingel 195, 3012 AG Rotterdam	010-7900185	rotterdam.info
海牙游客中心	Spui 68, 2511 BT DenHaag	070-3618860	denhaag.com
阿姆斯特丹游客中心	Stationsplein 10, 1012 AB Amsterdam	020-7026000	www.iamsterdam.com

欧洲中部深度自驾 ——仙境已成日常

▶▶ 苏黎世（Zurich）—列支敦士登（Liechtenstein）—因斯布鲁克（Innsbruck）—国王湖（Konigssee）—萨尔茨堡（Salzburg）—林茨（Linz）—维也纳（Wien）—布拉迪斯拉发（Bratislava）—布尔诺（Brno）—布拉格（Prague）

| 线路全长：约1290千米 | 所需时间：9天 | 最佳季节：秋季 |

线路亮点 ▶▶▶▶▶▶▶▶▶▶▶▶▶▶▶▶▶▶▶

　　你所幻想的仙境——湛蓝的天空下，清澈的湖水波光粼粼，远处雪山白得刺眼，山脚下的青草野花遍布，传统欧式小屋点缀在树丛中，偶尔有俏皮的小动物在路边嬉戏……在这条线路上都会成为平常所经历的风景。童话般也好，仙境般也罢，这一路的风光定会成为你心中一道烙印。

瑞士国家旅游局官网

线路规划 ▶▶▶▶▶▶▶▶▶▶▶▶▶▶▶▶▶▶▶

　　Day1：约110千米，苏黎世—苏黎世湖—瓦伦湖—列支敦士登（瓦杜兹）

　　Day2：约160千米，列支敦士登（瓦杜兹）—圣安东—楚格峰

　　Day3：约90千米，楚格峰—因斯布鲁克

　　Day4：约200千米，因斯布鲁克—国王湖—萨尔茨堡

　　Day5：约130千米，萨尔茨堡—蒙德塞湖—阿特湖—林茨

　　Day6：约185千米，林茨—梅尔克—维也纳

　　Day7：维也纳

　　Day8：约80千米，维也纳—布拉迪斯拉发

　　Day9：约335千米，布拉迪斯拉发—布尔诺—布拉格

欧洲中部深度自驾线路示意图

A1 ——高速公路

美茵河畔法兰克福 Frankfurt am Main
维尔茨堡 Würzburg
拜罗伊特 Bayreuth
卡罗维发利 Karlovy Vary
布拉格 Prague P178
俄斯特拉发 Ostrava
纽伦堡 Nürnberg
斯特拉斯堡 Steasbourg
约110KM 约250KM 约200KM 约130KM 约185KM 约335KM
慕尼黑 München
布尔诺 Brno P178 E50
E60
梅尔克修道院 P174
林茨 Linz A1 P173
维也纳 Wien P174
布拉迪斯拉发 Bratislava A4 P177
施华洛世奇水晶世界 P170
萨尔茨堡 Salzburg A1
96
楚格峰 P167
苏黎世 Zurich P164
苏黎世湖 P166
3
列支敦士登 Liechtenstein P166
A12
E45
因斯布鲁克 Innsbruck P167
国王湖 Konigssee P171 P170
格拉茨 Graz
菲拉赫 Villach
杰尔 Gyor
约80KM

亮点速览 〉〉〉〉〉

① Day1: 苏黎世—苏黎世湖—瓦伦湖—列支敦士登（瓦杜兹）

这一路有美丽的湖泊相随，车开在湖边公路上，凉风习习，惬意至极。其中苏黎世湖呈新月形，湖岸遍布葡萄园和果园，湖中水鸟齐飞，漂在水面上、胖墩墩的大白鸟就是天鹅；苏黎世湖过后就是瓦伦湖，其依靠着青翠的苍山，湖水深蓝，几个优雅而

安逸的小村镇坐落在湖泊附近，风景唯美。

列支敦士登则是一个迷你却又富裕的小国，其拥有双重内陆，说德语却与德国没有交界。这个国家的人口稀少，生活水准极高，且拥有阿尔卑斯山的美丽风光，发行的邮票闻名遐迩。

苏黎世大教堂

苏黎世大教堂（Grossmünster）最古老的部分在 11 ~ 12 世纪初建成，其走廊和雕刻属于罗马建筑风格，而它也是瑞士最大的罗马式大教堂。瑞士现代艺术大师阿尔伯特·贾科梅蒂（Alberto Giacometti）创作的彩画玻璃也很有名，地下还藏有凯撒大帝的画像。不过其最独特之处在于它的双塔造型，直到现在还是苏黎世大学神学院的一部分。该大教堂还是宗教改革的发祥地，1519年，著名的宗教改革者茨温利（Zwingli）曾在此传教，倡导人们在工作之余也别忘了祷告。

GPS 地址：Zwingliplatz, 8001 Zürich

班霍夫大街

班霍夫大街（Bahnhofstmsse）是世界上最富有的街道。班霍夫大街位于苏黎世的利马河西侧，长1.4千米，始建于罗马统治时期，曾是全城最繁华、最"昂贵"的街道之一。其与纽约第五街齐名。沿着街道可以找到瑞士最高档的商店，在这里购物，有从最顶尖的服装设计到鞋子、皮毛、首饰、瓷器和珠宝等选择，当然，还有瑞士手表。

GPS 地址：Bahnhofs trasse, Zürich

瑞士国家博物馆

瑞士国家博物馆（Schweizerisches Landesmuseum）是瑞士最大的博物馆，这里主要以展出瑞士文物为主，分为原始文化、旧石器时代文化、新石器时代文化、罗马时代文化、中古艺术、近代艺术和手工艺，兵器和军服、货币和印章、人文和书画等，是了解欧洲几千年文化历史的好地方。这座如迷宫般的建筑里有100多间不同的陈列室，收藏着诸多早期考古学的发现、罗马时代的遗迹、盾形徽章等。其中还有一些很有意思的中世纪服装，很容易让人联想到人们当时的生活场景。

GPS 地址：Museumstrasse 2 Zürich

贝耶钟表博物馆

贝耶钟表博物馆（Beyer Museum）里展示着16～20世纪犹如美术品一般豪华的钟表，在位于商店地下的博物馆里还有一些100多年前的钟，神奇的是它们至今仍然走时准确。另外还有一些稀少而珍贵的钟表，有

1690 年巴洛克式钟表、台钟、行星仪式台钟、艺术磁釉表和极薄型的怀表等，喜爱钟表的人一定不要错过这里。如果你找不到它的具体位置，可让工作人员带领你前往。

GPS 地址: Bahnhofstrasse 31CH, 8001 Zürich

门票: 8 瑞士法郎

苏黎世歌剧院

苏黎世歌剧院（Opera House）创立于 1834 年，和法国里昂歌剧院一样，是当今最受瞩目的剧院。首次公演的歌剧有兴德米特的《画家苟蒂斯》（1938 年）、《勋伯格的莫塞和艾伦》（1957 年），这都颇为苏黎世人骄傲。在演出歌剧方面，苏黎世歌剧院虽然规模不大，却不输于任何超一流的歌剧院。另外，据说这里也是第二次世界大战期间

在德语区唯一没有受到演出限制的剧场。

GPS 地址: Falkenstrasse 1, 8008 Zürich

门票: 13 瑞士法郎

苏黎世湖

苏黎世湖（Zurichsee）位于瑞士高原东北部，是蜚声国际的瑞士冰碛湖，该湖从苏黎世向东南延伸。苏黎世湖呈新月形，由东南向西北延伸 29 千米，西北部较深，最深处达 143 米。湖岸坡度徐缓，遍布葡萄园和果园，向南可以远眺阿尔卑斯山。这里同时也是众多水鸟的栖息地和游玩天堂，除了游弋在湖面上的洁白天鹅之外，还有成群的鸽子和海鸥，它们都为美丽的苏黎世湖增添了一层灵动的色彩。这里经常有不少游客来到湖边为飞来的海鸥和鸽子喂食，一派祥和宜人的场景。

瓦杜兹

瓦杜兹（Vaduz）即列支敦士登的首都，其就像一个村庄，一条大道贯穿整个城市，步行 5 分钟就可以走一遍，有城堡和博物馆可以参观。

列支敦士登邮票博物馆

（Briefmarken Museum）是来瓦杜兹最值得参观的，毕竟邮票是这个国家的象征。该博物馆陈列的邮票之精之多居世界之首。博物馆免费进入，可以买明信片、盖邮戳等，十分有趣。

瓦杜兹城堡（Schloss Vaduz）是列支敦士登人引以为豪的地标。它坐落在半山腰上，走在瓦杜兹大街上随时可以仰望这座古老的王宫城堡。城堡平时不对外开放，只能在外部远观，但每年国庆日（8月15日），国王会邀请全民到城堡做客，那时城堡全面对外开放。

② Day2: 列支敦士登（瓦杜兹）—圣安东—楚格峰

列支敦士登往东就进入奥地利境内，首先会来到边境城市费尔德基希（Feldkirch）。这是一座让人惊喜的小城，山上建有一座城堡，城堡下面仍保留有交通涵洞。之后还会经过圣安东等小城，最后来到德奥边境处的楚格峰。

楚格峰

楚格峰（Zugspitze）是德国最高峰，但海拔也不到3000米，在阿尔卑斯山区也不算高峰。楚格峰是德国人的度假胜地，修建有完善的铁路和缆车，在山顶可以看到连绵的雪峰和云海，滑雪设施也一应俱全。最好在天气晴朗的时候登顶，到达山顶后可一边喝啤酒吃香肠，一边欣赏美景。如果天气不好，去到山顶就白蒙蒙一片，什么也看不到了。

GPS 地址：Obermoos1, 6632 Ehrwald

网址：zugspitze.de

③ Day3: 楚格峰—因斯布鲁克

因斯布鲁克坐落在阿尔卑斯山谷之中，两侧群山峰峦叠起，山上的灌木丛郁郁葱葱，雄浑伟岸的山体让人望而生畏。抬头仰

因斯布鲁克旅游网

望，蓝蓝的天空飘着丝丝缕缕的白云，阿尔卑斯山在蓝天下，犹如巨人般傲然屹立，不怒自威。因此，留点时间在这座小城转转会有额外惊喜。

黄金屋顶

黄金屋顶（Godenes Dachl）是因斯布鲁克的标志性建筑，它建于1500年，位于旧城区弗里德里希大街顶端，是一幢毫不起眼的建筑物的增建部分。乍看之下，它像是紧贴在旁边建筑物的墙上。屋顶一共用了2000多枚金箔瓦，在阳光下熠熠生辉。除了金黄色的屋顶外，这幢3层楼建筑也以精致的雕刻和古朴的外观而引人注目。整个墙面及阳台装饰都非常讲究。如今内部3层已作为马克西米利安博物馆，并对游客开放。内藏有马克西米利安一世的用品和宝物。

GPS 地址：Herzog-Friedrich-Straβe15，6020 Innsbruck

玛丽亚·特蕾西亚大街

玛丽亚·特蕾西亚大街（Maria-Theresien-Strasse）是城里最热闹的地方。在这条大街的两旁是装饰精美的古典建筑，大街的尽头则是高2300多米的高山，风景宜人。同时，这条街上还有因斯布鲁克最显眼的两座地标建筑，那就是安娜柱和凯旋门。

安娜柱

安娜柱（St. Annaslolumn）矗立在因斯布鲁克市中心玛丽亚·特蕾西亚大街上，是因斯布鲁克山城的象征。这根柱子建造于7月26日，而这一天正好是安娜的命名日，纪念柱因此而得名。

安娜柱是一根红色大理石的柱子，柱头采用古希腊科林特式风格，在柱头之上是一尊圣母玛丽亚像，她神色凝重地眺望着远方的雪山。在安娜柱的基座上，我们还可以见到蒂罗尔的保护神和其他圣人的雕像。

凯旋门

凯旋门（Triumphpforte）位于玛丽亚·特蕾西亚大街的南端，是一座气势磅礴的罗马式建筑。这是玛丽亚·特蕾西亚女王于 1765 年为庆贺其儿子列奥波特和西班牙公主玛利亚·露朵维卡的婚礼而建造的，这位王子后来加冕成为列奥波特二世皇帝。

凯旋门上的大理石浮雕是 1774 年完工的，两块浮雕记述着哈布斯堡王朝的婚丧大事。南端的浮雕记述的是王储列奥波特欢庆的婚礼，而北端浮雕上记叙的却是悲哀的葬礼，玛丽亚·特蕾西亚女王的丈夫弗朗茨正是在这场婚礼上暴卒而死。

哈弗莱卡峰

在因斯布鲁克，登上哈弗莱卡峰（Hafelekar）是欣赏阿尔卑斯全景最好的办法。该峰位于诺卡凯特群峰的正中，登上山峰向下眺望，可将因斯布鲁克城的美景一览无余，莱茵河像一条闪闪发光的银线。天气晴朗时，还可看到意大利边境的布莱纲峰和奥地利最高的大格洛克纳山，而当夜幕降临时，在山顶餐厅欣赏城市迷人的夜景也很有诗意。此外，

洪厄堡缆车场旁边的建筑物是一栋圆形全景画馆，里面的作品大多描绘了 1809 年蒂罗尔民族英雄安德列斯·霍法率领民众同入侵的拿破仑联军战斗的情景。

GPS 地址：Seegrube，6020 Innsbruck

④ Day4: 因斯布鲁克—施瓦茨—国王湖—萨尔茨堡

施瓦茨就在因斯布鲁克以东的山谷内，因施华洛世奇总部而闻名，最值得一看的是那里的喷泉，两只水晶大眼十分神奇。快到萨尔茨堡时会经过著名的国王湖，那是德国阿尔卑斯山区最优美的地区，除了湖泊，还有浪漫的魔法森林、唯美的小镇等。萨尔茨堡则是全世界最美的城市之一，众多的建筑点缀其中，景色宜人、美不胜收。

施华洛世奇水晶世界

位于因斯布鲁克近郊瓦腾斯镇（Wattens)的施华洛世奇水晶世界（Swarovski Kristall welten)是世界上最大、最著名的水晶博物馆，也是著名的水晶制造商施华洛世奇（Swarovski）公司的总部。这里展有全球种类最全的各类水晶石、水晶墙、及水晶艺术品等。在这里还可以欣赏到水晶独特的韵味，世界级媒体艺术家安德列·海勒用光线和音乐把这座水晶世界装点成一个奇幻世界。

GPS 地址：Kristallwelten–straβel, 6112 Wattens

国王湖

国王湖（Konigssee）位于德国的东南端，是一个以美丽清澈的湖水而闻名的湖泊。这里的湖水清澈见底，碧胜美玉，四面环

山，犹如仙境一般。岸上有茂密的树林、青翠的山峰，风景如画，因而国王湖被认为是德国最干净和最美丽的湖泊。

GPS 地址：Königssee 83471 Schönau Königssee

耶拿峰

耶拿峰位于贝希特斯加登南侧，紧邻国王湖。山峰海拔 1874 米，从山脚乘坐缆车可达 1800 米处，出缆车站后可沿小岛步行登顶。站在山顶的观景台，可俯瞰国王湖景色或眺望壮美的阿尔卑斯山。

GPS 地址：Jennerbahn, Jennerbahnstraβe

门票：缆车往返 21.4 欧元

网址：www.jennerbahn.de

魔法森林

魔法森林位于贝希特斯加登小镇，形成于 3500 ~ 4000 年前，占地面积约 0.75 平方千米。因其滑坡景色、森林和溪流营造出浪漫的气氛而被称为魔法森林。其四季景色变化莫测，春季盎然，山花怒放；夏季清爽，绿树清波；秋季绚烂，满山红叶；冬季银装素裹，是滑雪胜地。无论何时来到此处，均可徒步穿越该森林，

切身领略一路溪水长流、鸟语花香。

GPS 地址：Au, 83486 Ramsau bei Berchtesgaden

网址：www.ramsau.de

拉姆绍

拉姆绍是位于慕尼黑和国王湖之间的小镇，拥有美丽的巴洛克式教堂，山坡上的小木屋装点着五彩缤纷的鲜花，宛若明信片上的画作。小镇的背景是美丽的雪山，有着小桥、流水、人家的仙境之美。

GPS 地址：Ramsau, Deutschland

萨尔茨堡城堡

萨尔茨堡城堡（Hohensalzburg Fortress）是为了抵御巴伐利亚公爵的侵犯从 1077 年开始修建的。后来每位上任的大主教都会为城堡添砖加瓦，直到 1861 年才最终完成。它是中欧地区保存最完好、规模最大的一座中世纪城堡。

萨尔茨城堡是萨尔茨堡的地标性建筑，内有街道，四周是又高又厚的城墙。整座城堡面积十分广阔，有庭院和多座建筑物，如大主教举行盛大宗教仪式的厅堂、音乐厅、主教居室、兵器馆、囚犯馆、中世纪刑具展览馆等。

登上古堡可以俯视整个萨尔茨堡城区，如果天气晴朗，可以看到一幅绝美的图画。城堡里还有一座博物馆，里面介绍了如武器、手工业、司法发展等跟萨尔茨堡相关的一些历史。

GPS 地址：Monchsberg 34, 5020 Salzburg

萨尔茨堡大教堂

萨尔茨堡大教堂（Salzburger Dom）是萨尔茨堡规模最大的教堂，其最初的建造时期可追溯到 774 年，建筑风格是巴洛克式。教堂高 70 米，宽 35 米，门口的三座青铜门分别象征着"忠实""宽恕"和"希望"。

自 1920 年开始，这里就是萨尔茨堡音乐节的重要表演场地，周四和周五的上午，教堂会举行

音乐会。在教堂的大门口上有用金字标注的三个年代：即774年、1628年、1959年。这些年代标志是为了纪念这里的3次修葺。

GPS 地址：Domplatzla, 5020 Salzburg

莫扎特出生地

1756年1月17日，沃尔夫冈·阿玛迪乌斯·莫扎特出生在粮食大街9号的一栋房屋里，并在此居住了26年。之后，"粮食大街"（Getreidegasse）成了萨尔茨堡老城最著名的步行街。1880年6月15日，国际莫扎特基金会在此建立了莫扎特出生地博物馆，这里成为了全世界保留莫扎特遗物最多、最完整的地方。

GPS 地址：Getreidegasse 9, 5020 Salzburg

网址：mozarteum.at

米拉贝尔宫

米拉贝尔宫（Schloss Mira-bell）最初被人们称为"阿尔特瑙"，是沃尔夫·迪特里希为取悦自己的情人莎乐美而建造的。宫殿属于巴洛克式风格，拥有美丽的花园。宫殿内最值得一看的是"天使阶梯"，阶梯直接通往大理石大厅，是中欧最美丽的婚礼大厅，还是《音乐之声》的取景地之一。

GPS 地址：Mirabellplatz 1, 5020 Salzburg

⑤ Day5: 萨尔茨堡—蒙德塞湖—阿特湖—林茨

从萨尔茨堡走A1到林茨，一路会经过许多宁静、漂亮的湖泊，如蒙德塞湖（Mondsee）、阿特湖（Attersee）、特劳恩湖（Traunsee）等，这些湖泊在没有风的时候一片静寂，只有天鹅、海鸥点缀其间，远处是乡舍与小路，一派奥地利田园风光，绝美无比。这些湖泊的水质好到可以直接饮用，夏天会举行众多水上活动。

林茨是奥地利仅次于维也纳、格拉茨的第三大城市，曾经吸引过众多的音乐家，莫扎特因为这座城市创作了《林茨交响曲》，贝多芬也在这里谱写了《第八交响曲》。每年的9月，林茨都会举办一届布鲁克纳国际音乐节。

中央广场

从林茨南部的中央车站到城市中心的中央广场（Hauptplatz），步行大概要20分钟。被巴洛克式建筑包围的中央广场中央耸立着一座高大的大理石圆柱，扭曲的石柱上方立着镀金的三位一体圣像，一个手扶十字架，一个手握权杖，他们上方则是一个光芒四射的花环，花环中央是一只展翅的圣鸽。

中央广场东边是建于16世纪的市政厅，南边就是布鲁克纳工作过的旧大教堂。这里离林茨的各个景点都很近，可作为游览的起点。

GPS 地址：Hauptpl, 4020 Linz

旧大教堂

旧大教堂（Alter Dom）是林茨最重要的一座巴洛克式教堂，建于17世纪的后半叶。教堂内部采用拉毛和雕像装饰，非常华丽。沿着一条被称为大教堂胡同（Domgasse）的小街，你就可以来到这里。

走进教堂，背对着祭坛，可以看见空中巨大的管风琴，以及精雕细刻的唱诗班席位。而使它闻名于世的，便是出自这里的奥地利著名交响乐作曲家、管风琴演奏家和有"乐坛怪人"之称的布鲁克纳。他在1885～1868年间在这所教堂担任风琴手。

GPS 地址：Domgasse 3, 4020 Linz

电子艺术中心

电子艺术中心（Ars Electronica Center）位于多瑙河左岸，就像一块巨大的水晶在夜晚闪耀着璀璨的光芒。在这里你可以体验到最先进的媒体技术和制造数字艺术的机器，你可以将身体悬挂，体验模拟空间飞行，还可以在三元空间里进行模拟宇宙之旅。总之，这里的每一样东西似乎都可以给你带来无穷的惊喜。

GPS 地址：Ars—Electronica—Straβe1，4040 Linz

⑥ Day6: 林茨—梅尔克—维也纳

从林茨前往维也纳的途中，一定不要错过小城梅尔克，因为那里有令人惊艳的建筑梅尔克修道院，其堪称是巴洛克建筑的杰作。而维也纳既有"音乐之都"的盛誉，又有"建筑之都"的美称，迷人的多瑙河畔让人心驰神往。

梅尔克修道院

梅尔克修道院（Stift Melk）建于 1702 ~ 1738 年，位于梅尔克镇的山岩上，鹅黄色的外墙十分耀眼。这座古老的修道院包含教堂、图书馆等，教堂内部金碧

辉煌，顶上装饰的壁画很有立体感；图书馆内有藏书 9 万余册，还藏有无数的中世纪手稿。另外，在皇帝台阶边上的长廊里可以看到各个时期奥地利统治者的画像，站在修道院的台上可以俯瞰多瑙河壮观的景色。

GPS 地址：Abt—Berthold—Dietmayr—StraBe 1，3390 Melk
门票：10 欧元
网址：www.stiftmelk.at

斯蒂芬大教堂

斯蒂芬大教堂（Stephansdom）坐落在维也纳的中央，所以又称为"维也纳心脏"。教堂塔高 136.7 米，仅次于科隆教堂和乌尔姆教堂，居世界第三位，是维也纳的象征。左侧的布道坛是教堂内最精美的一座哥特式艺术品，"倚窗眺望人"更是不可错过的景点。登上有 343 级台阶的南塔，可以俯瞰维也纳内城，还可以将 23 万片彩瓦组成 的教堂顶部看得一清二楚。此外，每个新旧年交替的时刻，塔楼上重达 20 吨的铜钟会在整点敲响，和人们一同迎接新年的到来。

GPS 地址：Stephansplatzl，1010 Wien

霍夫堡宫

霍夫堡宫（Hofburg）为奥地利哈布斯堡王朝的宫苑，它见证了玛丽亚·特蕾西亚女皇开明统治的帝国盛世与约瑟夫二世继承母业后大刀阔斧实行改革的辉煌业绩，同时也记载了弗兰茨一世皇帝为了平息和拿破仑的纷争而下嫁女儿的耻辱等。这座皇宫占地面积达24万平方米，有18栋楼、54个出口、19座庭院和2900多个房间，有"城中之城"的美名。整个建筑将哥特式、文艺复兴式、巴洛克式、洛可可式、仿古典式风格完全混合在一起。皇宫分为上宅、下宅两部分。上宅是帝王办公、迎宾和举行盛大活动的场所，下宅是起居接待、住宿的地方。

GPS地址：Hofburg–Michaelerkuppel，A–1010 Wien

门票：11.5欧元

开放时间：7～8月9:00–18:00，9月至次年6月9:00–17:30

金色大厅

金色大厅（Musikverein）建于1867年，全称为维也纳音乐协会金色大厅。金色大厅因殿堂中有30尊镀金的女神立像而赫赫有名。当然金色大厅里的音响效果也得到了音乐界人士的一致好评。这里几乎每天都会举办大型的音乐会，除了爱乐乐团本身的演出之外，还有莫扎特乐团等，每年4～10月还有专题演出。我国的宋祖英、熊曼玲、谭晶、李云迪、李玉刚等艺术家都曾在这个音乐殿堂中一展风采。

GPS地址：Musikvereinsplatz 1，1010 Wien

美泉宫

美泉宫（Schoenbrunn Palace）为巴洛克艺术建筑，曾是罗马帝国、奥地利帝国、奥匈帝国和哈布斯堡王朝家族的皇宫，现在是维也纳的地标，更是奥地利最负盛名的旅游景点。美泉宫共有1400多个房间，其中45间对外开放。宫殿长廊墙壁上有哈布斯

堡皇族历代皇帝的肖像画以及玛丽亚·特蕾西亚女皇 16 个儿女的肖像。随法国国王路易十六同上断头台的法国皇后玛丽·安托瓦奈特少女时代的画像也在这里。美泉宫背面有一座典型的法国式皇家园林，园林的尽头是一座"海神泉"（Neptunbrunnen)，最高点是凯旋门（Gloriette)

GPS 地址：Schonbrunner Schlo Bstraβe 47,1130 Wien

门票：成人 11.5 欧元

开放时间：4 ~ 6 月、9 ~ 10 月 8:30 ~ 17:30；7 ~ 8 月 8:30 ~ 18:30；11 月至次年 3 月 8:30 ~ 17:00

国家歌剧院

国家歌剧院（Vienna State Opera) 是全世界公认的一流歌剧院，从它建成的那一天起，就成为音乐圣殿的象征。全球最著名的作曲家、指挥家、演奏家、歌唱家和舞蹈家，都为能在这里演

出而感到荣幸。歌剧院在"二战"中受到了致命的伤害，成了断壁残垣。重建歌剧院用了 8 年的时间，前厅和侧厅都是用大理石砌成的，内部墙上有精美壁画，挂有大音乐家和著名演员照片等。观众席共有 6 层，可以容纳 1600 多人。这座歌剧院至今仍是维护和弘扬维也纳传统艺术的最坚固的堡垒。

GPS 地址：Opernring 2, 1010 Wien

国会大厦

国会大厦（Osterreichisches Parlament) 是奥地利国会两院的所在地，建于 1874 年至 1883 年，其占地面积庞大，是整个戒指路沿线最为庞大的建筑物之一。同时也是维也纳知名的旅游景点，这座壮观的国会大厦最有名的特色之一是雅典娜雕像和喷泉。国会大厦有 100 多个房间，其中最重要的为众议院、参议院和原帝国下议院，此外，还设有图书馆、餐厅、酒吧和健身房等娱乐休闲场所。这里是十分重要的国家典礼场地，最引人注目的当属奥地利总统宣誓就职仪式以及每年 10 月 26 日举行的国庆节发表国会演讲活动。

GPS 地址: Dr.-Karl-Renner-Ring 3, 1017 Wien

开放时间: 周一至周五 8:30 ~ 18:30; 周六 9:00 ~ 17:00

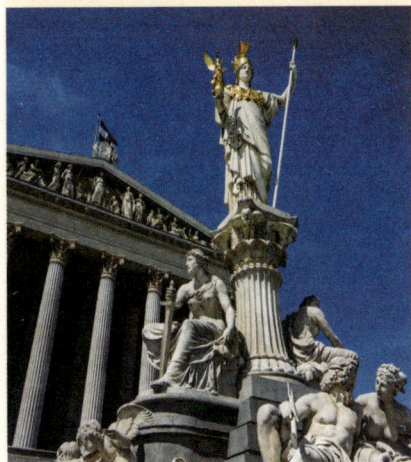

⑦ Day8: 维也纳—布拉迪斯拉发

维也纳向东自驾约 80 千米就可到斯洛伐克的首都布拉迪斯拉发，布拉迪斯拉发最值得一看的要属其老城区及多瑙河畔的略显朴素的城堡。该城市被多瑙河一分为二，南部为新城，北部是老城，游览起来十分方便。

布拉迪斯拉发城堡

布拉迪斯拉发城堡（Bratislavsky Hrad)位于老城多瑙河岸边的一座丘陵上，最初为古罗马城堡，现在城堡内有斯洛伐克国家博物馆。城堡最古老的部分建于 13 世纪，主要用于军事防御，15 世纪为抵御抢劫进行了加固，后来匈牙利国王又下令在城堡中建设宫殿。城堡地势较高，游客可在这里俯瞰多瑙河以及整座城市的美景。

GPS 地址: Bratislavsky hrad Zamocka 2, Bratislava

大广场

大广场（Hlavnenamestie）是布拉迪斯拉发市中心最大的广场，广场中央矗立着著名的罗兰喷泉（Roland Fountain）。罗兰喷泉是 16 世纪时期为庆祝马克西米连国王加奥而建造，喷泉顶端有一座手持宝剑、身穿盔甲的勇士雕塑，由于雕塑形象酷似马克西米连，因而这座喷泉又被称为马克西米连喷泉。广场旁的老市政厅建于 1421 年，现在作为市政博物馆（Mestske Muzeum）对外开放。

GPS 地址: Hlavnena mestie, Bratislava

守望者雕像

守望者雕像（Cumil）是老城的雕像中最著名的一座，由当地艺术家维克托·胡里克（Viktor Hulik）创作完成。这座雕像可以说是布拉迪斯拉发城中上镜率最高的建筑。雕像的原形是一个戴着头盔的工人，被当地人称为"水道工古米"。不少游客会趴到地上模仿着雕像的动作，并与其乐此不疲地拍照。

GPS 地址：Panska 1，811 01 Bratis–lava–Star e Mesto

圣马丁大教堂

圣马丁大教堂（Domsv Martina）是建于 13 世纪的哥特式建筑，由 3 个主要部分组成。教堂的钟楼高 85 米，上面放有镀金的匈牙利国王王冠的复制品。这座高大雄伟的教堂曾是匈牙利国王的加冕教堂，1563 年至 1830 年间有 11 位匈牙利国王及 8 位王后在此加冕。

GPS 地址：Budnayovo namestie 4549/1，Bratislava

⑧ Day9: 布拉迪斯拉发—布尔诺—布拉格

从布拉迪斯拉发沿路北上，约 100 多千米后就可到达捷克的布尔诺，布尔诺虽是捷克的第二大城市，但"观光点"并不多，属于"冷门城市"。其实市内随处可见古老的教堂，而且有城堡、老城区、歌剧院，还有可口的美食，它虽然不属于观光城市，但却很适合生活，不妨留点时间走走。

布拉格是捷克的首都，它的繁华与旅游资源毋庸置疑。市内拥有众多不同历史时期、不同风格的建筑，罗马式、哥特式、文艺复兴、巴洛克、新古典主义、新艺术运动风格到立体派和超现代主义等建筑让人看得眼花缭乱，其中特别以巴洛克风格和哥特式

布拉格官方旅游网

建筑优势更为明显。素有"千塔之城""金色城市"的美誉。

布拉格老城广场

布拉格老城广场（Old Town Square）也称旧城广场，是11～12世纪中欧贸易最重要的集市之一，也是众多政治事件的发生地。广场周围分布着巴洛克、洛可可、罗马、哥特式等不同风格的建筑，其中包括世界闻名的天文钟、市政厅塔、蒂恩大教堂、雄伟的圣尼古拉斯教堂以及许多彩色建筑。

GPS 地址：Staromestke Namesti, Praha

布拉格城堡

布拉格城堡（Prague Castle）是捷克的皇家宫邸，由圣维塔大教堂和多个大小宫殿组成。城堡最初建于9世纪，后几经扩建成了现在的模样，建筑集罗马式、哥特式、巴洛克式、文艺复兴式等风格于一身，漫步在布拉格城

堡中，仿佛穿越了几个世纪一般。圣维塔大教堂、圣乔治教堂、布拉格城堡画廊、旧皇宫、火药塔、黄金巷都是这里不可错过的地方。

GPS 地址：Prazskyhrad, 11908 Praha

门票：大通票(9个景点)350捷克克朗

开放时间：夏季（4～10月）5:00～24:00，冬季（11月至次年3月）6:00～23:00

圣维塔大教堂

圣维塔大教堂（Katedralasv. Vita）是整个城堡区域中最显赫以及最雄伟的建筑，也是欧洲最美的教堂之一。大教堂是布拉格城堡重要的地标，还是王室加冕与辞世后的长眠之地。教堂内部装饰极为华丽，其中著名画家穆哈创作的彩色玻璃窗、纯银打造的圣约翰之墓，非常引人注目。此外，金碧辉煌的圣温塞斯拉斯礼拜堂也值得一看，礼拜堂从壁画到圣礼尖塔都有多彩装饰，艺术价值很高。

GPS 地址：Hradcany Prague Castle, Third Courtyard

黄金巷

黄金巷（Golden Lane）紧挨

着城堡的防御外墙，据说这里的小房子中曾居住着炼金术士，他们专为当时的国王炼制金丹。在黄金巷游玩，最不能错过 22 号房，世界著名的犹太裔捷克作家弗兰茨·卡夫卡曾在这里创作了多部著名作品。

GPS 地址：Prague Castle, Strahovská 128/20， HradČany

查理大桥

查理大桥（Charles Bridge）横跨伏尔塔瓦河，以其悠久的历史和建筑艺术成为布拉格最著名的古迹之一。这座古老的桥上有 30 尊圣者雕像，全部为 17 ~ 18 世纪巴洛克艺术大师的杰作，被欧洲人称为"欧洲的露天巴洛克塑像美术馆"。大桥右侧的第 8 尊圣约翰雕像，是查理大桥的守护者，围栏中间刻着一个金色十字架位置，这是当年圣约翰被人从桥上扔下的地方。

GPS 地址：Charles Bridge, Old Town, Praha

老城桥塔

老城桥塔（Old Town Bridge Tower）位于查理大桥东端进入十字军广场处，被视为欧洲最美丽的哥特式建筑之一。这座壮美的高塔，在历史上不仅用作防御工事，还是昔日帝王加冕游行的必经之路。

GPS 地址：Charles Bridge

犹太区

犹太区（Jewish Quarter）位于老城区内，是犹太人在 13 世纪被隔离、驱逐时在布拉格聚居的区域。在犹太区，有新、旧犹太教堂、麦哲尔犹太教堂、西班牙犹太教堂、平卡斯犹太教堂、旧犹太公墓等景点，同时犹太作家卡夫卡也出生在这片区域。

GPS 地址：Jesefov, Praha
门票：400 捷克克朗
开放时间：9:00 ~ 18:00

跳舞的房子

跳舞的房子（Dancing House）也叫"弗莱德和金格之楼"，是一栋形状奇特的楼房。这座外形扭曲的大楼，设计灵感来自在美国红极一时的踢踏舞明星弗莱德和金格。这座大楼顶层是个别致的球形餐厅，从外面看餐厅酷似一顶礼帽，四面都是玻璃窗，从餐厅窗口能看到布拉格不一样的美丽景色。

GPS 地址：Rašínová břeží, Praha

食宿提示

列支敦士登食宿

住宿：瓦杜兹顶楼公寓式酒店（Penthouse Apartmentin Vaduz）是游客最爱的住场所之一，其客房都拥有俯瞰群山的阳台。GPS 地址：Buchenweg 6, Vaduz。

美食：Real restaurant 比较出名，但价格较贵。GPS 地址：Stadtle21，9490 Vaduz。

楚格峰食宿

住宿：楚格峰的山脚下有专门的露营地，也有家庭旅馆等可以选择。

美食：楚格峰的山顶有餐厅，价格不贵，还有咖啡等提供。

因斯布鲁克食宿

住宿：希尔顿·因斯布鲁克（Hilton Innsbruck）堪称是因斯布鲁克最高的酒店，住在高层的房间可以眺望到远处的阿尔卑斯群山。GPS 地址：SalurnerStr.15, A-6020。

美食：Restaurant Ottoburg 是 1494 年建造的老餐馆，菜单种类较多，以肉菜为主，经济实惠。GPS 地址：Herzog Friedrich Strabe 1

萨尔茨堡食宿

住宿：贝尔克兰特酒店（Bergland）拥有明亮田园风格的房间，内设图书馆、网吧等，还能租到自行车。GPS 地址：Rupertgasse 15，A-5020

美食：休特格尔凯勒（Stiegl keller）是萨尔茨堡城堡缆车乘坐点旁边的大型啤酒餐馆，价格实惠，啤酒非常有名，在这里一定要试试加了香草的香肠。GPS 地址：Festunggasse 10。

林茨食宿

住宿：Hotel Ibis Linz 位于中央车站前的大街对面，是一家三星级的酒店，为商务酒店风格。GPS 地址：Karntnerstr. 18-20

美食：林茨蛋糕是林茨的名

产，Cafe Konditorei Jintrak 则出品正宗的林茨蛋糕，蛋糕配咖啡也是美美的一餐。GPS 地址：Herrenstrasse 22–24。

维也纳食宿

住宿：Zur Wiener Staatsoper 位于国家歌剧院附近，拥有装饰着浮雕的精美门面，非常受游客欢迎。GPS 地址：Krugerstr.11，A–1010。

美食：格林巴伊尔餐厅（Griechenbeisel）是维也纳最古老的餐馆，店内"签名间"的墙上留有贝多芬、莫扎特等名人的签名。GPS 地址：Fleishmarkt 11，A–1010。

布拉迪斯拉发食宿

住宿：阿波罗酒店（Apollo Hotel）紧邻跨越多瑙河的阿波罗，交通便利。GPS 地址：Dulovo nam. 1，Bratislava。

美食：阿波罗酒店内设圣休伯特猎人餐厅，其出品的美味菜肴也很受欢迎。

布拉格食宿

住宿：塔利亚欧洲之星酒店（Euros–tars Thalia）在布拉格的人气很高，其位于一栋源自 19 世纪的历史建筑内，每天早晨提供丰盛的自助早餐。GPS 地址：Národni 313/13，110 00 Praha。

美食：Café Louvre 是布拉格最具盛名的咖啡店，爱因斯坦也经常坐在这里吃着蛋糕，看看报纸，价格还实惠。GPS 地址：Národni 22，110 00 Praha。

重要信息：免费资料别错过

自驾沿途游客中心资讯

名称	地址	电话	网址
萨尔茨堡中心火车站游客中心	中心火车站内大厅西侧	0662—88987340	—
维也纳游客中心	Albertinaplatz/ Maysedergasse, 1010 Wien	—	www.wien. info
布拉格游客中心	各机场主要火车站和老城广场市政厅	0221—714444	www.prague. eu

PART ②

英格兰、爱尔兰风情自驾

EXPERIENCE THE
EXOTIC ATMOSPHERE
OF ENGLAND AND
IRELAND

英格兰环岛自驾 ——漫游英伦城堡花园

>> 伦敦（London）—温莎（Windsor）—伯明翰（Birmingham）—利物浦（Liverpool）—曼彻斯特（Manchester）—爱丁堡（Edinburgh）—利兹（Leeds）—诺丁汉（Nottingham）—莱斯特（Leicester）—剑桥（Cambridge）—伦敦（London）

| 线路全长：约 1710 千米 | 所需时间：15～16 天 | 最佳季节：5～8 月 |

线路亮点 >>>>>>>>>>>>>>>>>>>>>>

英国远离欧洲大陆之外，是曾经国力最为强盛的日不落帝国，文化影响遍及世界各地。这里拥有悠久的历史、独特的英伦风情和有着迷人故事的各式城堡和花园。在英国的土地上，城堡无处不在，这些城堡历史悠久、气势恢宏、景色优美、内涵丰富。高高的城墙后面隐藏着一串串精彩动人的故事，也给每座城堡披上了一层神秘的面纱，英国有些城市就是从一个城堡发展起来的。漫步在英式花园和美丽古朴的城堡中，环游大不列颠，必将是一次终生难忘的经历。

英国旅游局官网

线路规划 >>>>>>>>>>>>>>>>>>>>>>

Day1～Day3：伦敦

Day4：约 225 千米，伦敦—温莎城堡—巨石阵—牛津

Day5：约 125 千米，牛津—伯明翰

Day6～Day7：约 150 千米，伯明翰—利物浦

Day8～Day9：约 55 千米，利物浦—曼彻斯特

Day10：约 370 千米，曼彻斯特—湖区国家公园—爱丁堡

Day11～Day12：爱丁堡

Day13：约 360 千米，爱丁堡—巴姆伯格城堡—亚伦维克古堡—利兹

Day14：约295千米，利兹—渥拉顿公园—布莱德盖特公园—剑桥

Day15：约100千米，剑桥—伦敦

英格兰环岛自驾线路示意图

亮点速览 〉〉〉〉〉〉〉

① Day1~Day3: 伦敦

伦敦（London）是英国的首都，也是欧洲最大的城市，位于英格兰东南部的平原上，跨泰晤士河（River Thames），始终与英国的崛起、发展息息相关。作为英国重要的政治、经济、文化和世界的金融中心及著名旅游城市，伦敦拥有数量众多的历史、人文和自然景观，如果时间充裕，不妨在此多逗留几天。在伦敦游览时，建议购买"伦敦城市观光通票"，持票可免费参观60多处著名的景点，个别热门景点还无需排队。购买官网：www.londonpass.com.cn。

大英博物馆

大英博物馆（British Museum）成立于 1753 年，是世界上历史最悠久、规模最大、最著名的综合性博物馆之一。博物馆收藏了世界各地的文物和图书珍品，藏品之丰富、种类之繁多为全世界博物馆所罕见。目前，博物馆拥有藏品 700 多万件，包括埃及文物馆、希腊罗马文物馆、西亚文物馆、欧洲中世纪文物馆和东方艺术文物馆等，其中的埃及文物馆、希腊罗马文物馆和东方艺术文物馆中的藏品最引人注目，所收藏的古罗马遗迹、古希腊雕像和埃及木乃伊最为出名。

GPS 地址：Great Russell St, London WC1B 3DG

网址：www.britishmuseum.org

白金汉宫

白金汉宫（Buckingham Palace）是一座举世闻名的宫殿，这里是英国王室的居住地、英国国家的象征，也是英国庆典和王室欢迎礼的举行场地之一。这座宫殿看似方方正正，朴实无华，但因其至高无上的地位和独特的历史意义，依然给人一种庄严肃穆的感觉。"二战"期间，白金汉宫遭到空军轰炸，但英国国王乔治六世仍然留守宫中，给了国民莫大的勇气。进入宫殿可参观典礼厅、音乐厅、宴会厅、画廊，附属建筑还包括女王画廊、皇家马厩和花园等。

GPS 地址：London SW1A 1AA

网址：www.royalcollection.org.uk

TIPS:

进入白金汉宫需要进行严格安检，建议少带随身物品，每年 4 ~ 9 月的 11:30 ~ 12:00、其他月份每两天 11:30 举行卫兵交换仪式。8 ~ 9 月女王进行例行访问期间，白金汉宫中的 19 间国事厅及花园将会对游客开放。如果想和士兵合影，请不要越界并触碰士兵身体。

威斯敏斯特宫

威斯敏斯特宫（Houses of Parliament）又称为国会大厦，是英国的政治中心，英国的国会，包括上议院和下议院都位于此处。威斯敏斯特宫是哥特复兴式建筑的代表作之一，1987 年被列为世界文化遗产。宫殿包括约 1100 个独立房间、100 座楼梯和 4.8 千米长的走廊，显得气势恢宏。夜间的威斯敏斯特宫更显美丽，众多塔楼和针塔般的尖顶会在探照灯的照射下，犹如一顶王冠一样闪闪发光。

宫殿西北角的钟楼便是著名的"大本钟"，这座钟楼高近百米，重达 13.5 吨，是伦敦的经典地标，2012 年后，英国将其改名为"伊丽莎白塔"。大本钟每 15 分钟响一次，每隔 1 小时则根据格林威治时间发出更为铿锵洪亮的响声。

GPS 地址：Westminster, London SW1A 0AA

网址：www.parliament.uk

威斯敏斯特教堂

威斯敏斯特教堂（Westminster Abbey）由英国著名的国王"忏悔者"爱德华主持建造。教堂始建于 960 年，至 1065 年建成，整座教堂宏伟、壮观，被视为英国哥特式建筑的杰作。教堂由数个彩色玻璃嵌饰的尖顶并列在一起，美丽绝伦，是历代国王加冕登基、举行婚礼庆典的地方。这里还被誉为是"英国的先贤祠"，英国历史上许多对人类历史做出过重要贡献的伟人都长眠于此，其中有科学家、军事家、文学家，也有政治家，如牛顿、达尔文、狄更斯、布朗宁和丘吉尔等。此外，这里还有著名的第一次世界大战时的无名战士长眠之墓。

GPS 地址：20 Deans Yd, Westminster,London SW1P 3PA

网址：www.westminster-abbey.org

海德公园

海德公园（Hyde Park）是伦敦最好的风景区之一，是伦敦最大的皇家庭院，与肯辛顿公园（Ensington Garden）相邻，经常被视为一个公园。公园里主要的名胜包括演说者之角、骑马道和戴安娜王妃纪念喷泉等，还有每年一度的夏季大型露天音乐会也在这里举行。海德公园是伦敦市民最喜爱的休闲场所，公园周围密布伦敦最豪华的酒店餐厅。有机会去海德公园走一走，也许你不会遇到激进的演讲者，但一定会被英国人悠闲的生活状态所感染。

GPS 地址：London W2

网址：www.royalparks.org.uk

圣保罗大教堂

圣保罗大教堂（St.Paur's Cathedral）是英国最大的教堂，世界五大教堂之一，也是世界著名的宗教圣地。这座教堂模仿罗马的圣彼得大教堂而建，其壮观的圆形穹顶是世界第二大圆顶。教堂的平面为经典的拉丁十字形，建筑设计优雅完美，内部静溢安详，各处施以金碧辉煌的重色彩绘，窗户嵌有彩色玻璃，四壁挂着耶稣、圣母和使徒的巨幅壁画。圣殿大厅和螺旋形楼梯上的精湛铁工，每一处都反映了当年的高度艺术与装饰水平。戴安娜王妃与查尔斯王子的婚礼就是在这里举行。

GPS 地址：St. Paul's Church yard, London EC4M 8AD

网址：www.stpauls.co.uk

伦敦塔桥

伦敦塔桥（Tower Bridge）是泰晤士河上最著名、也是最壮观的桥梁，同时也是伦敦的象征之一。塔桥完工于 1894 年，面朝泰晤士河出海口，具有维多利亚时期的独特气质，凡是从海上回来进入伦敦的船只，都会首先看到塔桥的雄姿。桥分为上、下两层，上层为塔桥博物馆，展示此桥的结构及伦敦市内各桥梁的历史，步行桥廊均是玻璃窗，行人从桥上通过可以饱览泰晤士河两岸的美丽风光。

GPS 地址：Tower Bridge Rd. London SE1 2UP

网址：www.towerbridge.org.uk

伦敦眼

伦敦眼（London Eye）是一座巨型摩天轮，高达135米，曾是世界上最大的摩天轮。整个摩天轮充满现代感，与周围历史悠久的建筑群相映成趣，给古老的伦敦带来新的活力。夜晚的伦敦眼更是拥有梦幻般的气质，被灯光点亮的摩天轮形成一个巨大的蓝色光环，宛如夜空中明亮的眼睛；如果能乘坐摩天轮俯瞰伦敦夜景，则能感受到一种震人心魄的美。

GPS 地址：London SE1 7PB

网址：www.londoneye.com

TIPS:

伦敦眼是一处极为火爆的景点，建议提前在官网订票，避免长时间等待。

福尔摩斯博物馆

福尔摩斯博物馆（Sherlock Holmes Museum）也称"贝克街221号B"，是全球福尔摩斯迷的"朝圣"之地。这是一座3层小楼，基本按照小说中的描写进行了还原。一楼是福尔摩斯的书房和卧室，在这儿能看到招牌的猎鹿帽、放大镜、烟斗和煤气灯；二楼是华生医生的卧室；三楼陈列着一些小说中著名人物的蜡像，如艾琳·艾德勒和莫里亚蒂教授等，这些蜡像造型和真人一样大小，形象逼真。你可以摆出各种有意思的姿势与"他们"一起合影，还能看到来自世界各地的书迷写给福尔摩斯的有趣信件。

GPS 地址：221b Baker St., Marylebone, London NW1 6XE

网址：www.sherlock-holmes.co.uk

利兹城堡

利兹城堡（Leeds Castle）的具体修建年代已不可考，但历史至少在千年以上，至今依旧保存完好。利兹城堡小巧又不失可爱，处处有着浓厚的女性气息，历史上曾有6位王后成为这里的女主人，因此当地人都喜欢称之为"女士城堡"或"王后城堡"。

利兹城堡比一般雄伟壮观的城堡多了一丝秀气与灵动，尤其在阳光明媚的日子里更显动人，优雅的黑天鹅在碧水中轻浮，美丽的孔雀悠闲地在草坪上散步，处处透露出悠闲，与伦敦都市中的嘈杂和忙碌形成鲜明对比。

GPS 地址：Maidstone, Kent ME17 1 PL

网址：www.leeds-castle.com

伦敦景点延伸

泰特现代美术馆（Tate Morden）坐落在泰晤士河南岸，由一座气势宏大的发电厂改建而成，其高耸入云的大烟囱是最显眼的标志。在这里能看见毕加索、马蒂斯、安迪瓦豪、蒙德里安、达利等艺术大师的作品。GPS地址：Bankside, London SE1 9TG。

康宁街10号（10 Downing Street）是一所乔治风格建筑物，现在是英国首相官邸。其设计朴实的黑色木门，缀上白色的阿拉伯数字"10"，成为了人所共知的标记。来此参观一般不能走到10号门口，只能在唐宁街两旁隔着铁栏杆参观。GPS地址：10 DowningSt., LondonSW1A 2AA。

莎士比亚环球剧场（Shakes-pea-re's Globe Theater）1987年建造，是一座专为欣赏、研究莎士比亚及其同时代优秀剧作家作品的剧场，建筑的每一个角落都用昂贵的橡树木和大理石精心装饰。GPS地址：21 NewGlobeWalk, London SE1 9DT。

杜莎夫人蜡像馆（Madame Tus-sauds London）是全世界水平最高的蜡像馆之一，伦敦的这家是全球所有同类蜡像馆的鼻祖。这间蜡像馆中展出了英国王室成员的蜡像，以及娱乐界、体育界的一些明星。GPS地址：Marylebone Rd, Marylebone, London NW1 5LR。

格林尼治天文台（Royal Obser-vatory Greenwich）位于伦敦东南郊的格林尼治花园中，是英国国王查理二世于1675年在伦敦格林尼治建造的一个综合性天文台，双脚跨在子午馆内的零度经线上，就代表同时脚踏东西两半球。GPS地址：Blackheath Ave, London SE10 8XJ。

可以说这里的每一个房间都是一座小型的艺术展室。

GPS 地址：Windsor, Windsor and Maidenhead SL4 1NJ

网址：www.royalcolle ction. org.uk

TIPS:

> 如果温莎城堡上升起了君主旗，说明女王正住在里面。使用伦敦城市观光通票可以免费参观。

② Day4: 伦敦—温莎城堡—巨石阵—牛津

温莎（Windsor）位于伦敦西侧约 40 千米处，从 A4 公路进入 M4 公路行车约 50 分钟即到，这有著名的城堡建筑——温莎城堡，之后参观巨石阵，下午前往牛津镇，游览著名的牛津大学，夜晚在小镇留宿。

温莎城堡

温莎城堡（Windsor Castle）是英国王室温莎家族的城堡，也是目前有人居住的城堡中规模最大的建筑。英国女王伊丽莎白二世每年都有一段时间在温莎城堡度过，在这里进行国家或是私人的娱乐活动。温莎城堡中收藏着不计其数的英国王室珍宝，其中不乏有达·芬奇、鲁本斯、伦勃朗等艺术大师的珍贵作品，以及中世纪时期的精美家具和装饰品，

巨石阵

史前巨石阵（Stonehenge）屹立在英国巴斯东南方向广阔的索尔斯伯里（Salisbury）平原上，是英伦三岛最著名、最神秘的史前遗迹。巨石阵至少修建于公元前 3000 年，它们整齐地排列成一个完整的同心圆，圆的中央一些巨石对称着围成的马蹄形，每年的夏至日这一天，中央两块巨石的中缝正是太阳升起的轨迹。巨石阵的谜团至今无人能解，远古时代的人怎么能有如此精密的计算？在完全无机械的时代如何将几十吨重的巨石从数百千米外运到这里并搭建上去？除了史前巨石阵外，索尔斯伯里的草原风光也非常养眼，驻足欣赏片刻便会觉得心胸顿时开阔。

GPS 地址: Amesbury, Wiltshire SP4 7DE

网址: www.english-heritage.org.uk

TIPS:

前往巨石阵观光的人较多，在夏天旅游旺季时公路上较拥堵，平原地区多雨，参观前请查询当地天气情况，带好雨具，以免影响参观。

英国天气网

牛津大学

牛津大学（University of Oxford）是一座世界顶尖级的公立大学，也是英语中的第一所大学。这里是泰晤士河谷地的主要城市，传说是古代牛群涉水而过的地方，因而取名牛津（Oxford）。牛津大学与这座城市已经融为一体，街道从校园穿过，大学没有校门和围墙，甚至没有正式的招牌。大学校园中充满厚重的人文历史气息，环境优美、建筑古朴，美丽的童话《爱丽丝梦游仙境》便由此起源。

这里更与英国乃至世界的发展历史息息相关，仅从牛津走出的诺贝尔奖获得者就有 60 多位，英国历届首相中有 20 余位是这里的学生，世界上许多王室成员和政治领袖也都曾在这里就读。著名的校友有雪莱、霍金、撒切尔夫人、卡梅伦以及钱钟书等。

GPS 地 址: Holywell St, Oxford X1 3BN

网址: ox.ac.uk

③ Day5: 牛津—伯明翰

伯明翰（Birmingham）是英国第二大城市，位于牛津北部约 120 千米处，行车约 1.5 小时可到。伯明翰有"英格兰心脏"之称，虽然这个城市经济发达，但在市区只能见到少数的高楼大厦，大部分建筑都显得古朴典雅。这里的树木多于巴黎、河流多于威尼斯，让人在市内就能体验到快乐的休闲时光。

维多利亚广场

维多利亚广场（Victoria Square）是伯明翰最大的广场，位于城市的核心位置，周围环绕着众多的重要建筑和各色雕塑。伯明翰市政厅就位于广场一侧，这座意大利风格的建筑，以镶金的炮塔、狮子和金碧辉煌的门头装饰，精美华丽。而维多利亚女王雕像及大喷泉、无翼铁人雕像也都为这里增添了不一样的色彩。广场上经常会有主题摄影展览，每年圣诞节期间还会有圣诞市场，将这里作为游览伯明翰的起点是最佳的选择。

GPS 地址：50 Pinfold St, Birmingham B2 4AY

伯明翰博物馆及美术馆

伯明翰博物馆及美术馆（Birmingham Museum & Art Gallery）位于维多利亚广场附近，是伯明翰最重要的历史和艺术展馆。馆内珍藏了大量珍贵的维多利亚时期的艺术品，以及古希腊和罗马时期的艺术藏品。同时博物馆也是了解伯明翰历史的最佳去处，行走其中，人们就能明白伯明翰是如何成为英国的工业中心，战争中和战后对英国发展起到了多么重大的作用。博物馆和美术馆平时都免费开放，只有举行特展时才会收取一些费用。

GPS 地址：Chamberlain Square，Birmingham B3 3DH

网址：www.birmingham-museums.org.uk

圣菲利普大教堂

圣菲利普大教堂（Cathedral Churchof St.Philips）建于 1709 ~ 1715 年间，是一座典型的巴洛克式的英格兰大教堂，也是英国有名的一座迷你型大教堂。这原本只是一个教区教堂，但在后来成为了西米德兰兹区新成立的伯明翰主教教区的主教座堂。教堂内部装饰有前拉斐尔派画家的一些作品，而最值得关注的则是 4 幅以圣经为题材的大型彩色玻璃，他们分别代表诞生、受难、升天和审判。

GPS 地址：Colmore Row，

Birmingham, West Midlands B3 2QB

网址：www.birmingham cathedral.com

吉百利巧克力世界

吉百利（Cadbury Schweppes）是全球第一大糖果公司，也是英国历史最悠久的巧克力品牌之一，历史可以追溯到200年前。吉百利巧克力世界（Cadbury World）则是巧克力爱好者的天堂，无论大人还是孩子都能在这里找到属于自己的乐趣。巧克力世界以生动而有趣的方式向人们介绍了巧克力的生产制造过程，以及吉百利巧克力背后的品牌故事。你可以坐上可可豆游览车游览，还可以亲手制作自己的专属巧克力。

GPS 地址：Linden Rd, Birmingham, West Midlands B30 1JR

网址：www.cadburyworld. co.uk

国家海洋生物中心

国家海洋生物中心（National SeaLife Centre）是英国内陆地区的第一大水族馆，馆内有60多个海洋生物展览，是一个探索海底世界、观赏海洋生物的好去处。馆内还新设了一个海马繁殖馆以及非常受孩子们喜欢的海龟保护处。馆内最激动人心的是一条360°全透明管道，走在其中，看着无数鲜活的海洋生物在身边游动，仿佛置身海底世界。

GPS 地址：The Waters Edge, Brindley Pl, Birmingham B1 2HL

网址：visitsealife.com

④ Day6 ~ Day7: 伯明翰—利物浦

利物浦（Liverpool）距伯明翰约150千米，沿M6公路北上行车约1小时50分钟可到。利物浦是英格兰西北部的一个港口城市，著名的艺术名城，鹅卵石铺就的道路两侧遍布画廊和博物馆，举世闻名的披头士乐队（又译"甲壳虫"）的4位成员约翰·列侬（John Lennon）、保罗·麦卡特尼（PaulMc Cartney）、乔治·哈里森（George Harrison）、林戈·斯塔尔（Ringo Starr）都出生、成长在这里。

阿尔伯特码头

阿尔伯特码头（Albert Dock）初建于1846年，占地200公顷，是英国第一个用钢铁、砖和石头完成的码头，被列为英国一级保护建筑。后来，许多码头建筑被改建，使这座几近被废弃的码头很快成为利物浦最知名的旅游胜地之一。人们可在这里看到一系列专业的博物馆，如默西赛德海事博物馆、国际奴隶博物馆、泰特利物浦美术馆等。利物浦最好的一些酒吧、餐馆也都在这里。阿尔伯特码头集休闲、娱乐、观光等于一身，是游客到利物浦参观不得不去的地方，在这里人们能更深入地了解利物浦的文化与历史。

GPS地址：East Britannia Building, Albert Dock, Liverpool, Merseyside L3 4AD

默西赛德海洋博物馆

默西塞德海洋博物馆（Merseyside Maritime Museum）坐落在阿尔伯特码头旁边，于1980年开放，是一扇了解利物浦的重要窗口。利物浦是英国的西南要塞和重要港口，这个博物馆展示了利物浦关于海洋贸易、移民、奴隶贸易和造船业历史的展品。博物馆中最吸引人的是关于泰坦尼克号的展览，这里的展品中有泰坦尼克号上曾经使用过的物品、船员穿戴物，以及当时船舱生活环境的再现等。

GPS地址：Albert Dock, Liverpool Waterfront, Liverpool, Merseyside L3 4AQ

网址：www.liverpoolmuseums.org.uk/maritime

利物浦大教堂

利物浦大教堂（Liverpool Cathedral）位于利物浦市中心，是世界第五大主教座堂。这是一座新哥特式风格的砂岩建筑，造型宏伟、风格庄严。教堂只有一座塔楼，是世界最大的钟楼，也是世界最高的钟楼之一，高达101米。此外，教堂内的管风琴为世界上最大的管风琴之一，堪称世

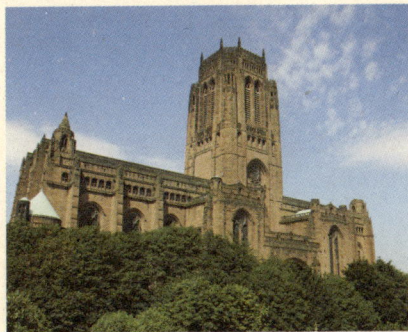

界上最大的可演奏乐器。其内部装饰精美，五彩的玻璃天窗令人印象深刻。

GPS 地址：St James Mt, Liverpool, Merseyside L38EN。

网址：liverpoolcathedral.org.uk

利物浦世界博物馆

利物浦世界博物馆（World Museum）是利物浦的一座大型博物馆，位于中央图书馆一侧，馆内收藏了众多包括考古学、民族学、自然和物理科学的众多展品。从各种昆虫到古埃及木乃伊，从史前陶器到太空科技，每个人都能找到自己感兴趣的东西。博物馆还拥有水族馆、昆虫馆、一个自然历史中心和一个免费的天文台。除了常规的展览之外，博物馆还会经常举办不同主题的展览和有趣的活动。

GPS 地址：William Brown St, Liverpool, Merseyside L3 8EN

网址：www.liverpoolmuseums.org.uk

甲壳虫乐队博物馆

甲壳虫乐队博物馆（The Beatles Story）是利物浦最著名的旅游景点之一，也是音乐爱好者们的朝圣之地。这里详细介绍了关于乐队成员以及这个魅力组合的发展历史，珍藏了大量的乐队演出照片、影像资料、纪念品原件，其中令人印象最深刻的是按原比例微缩的卡文俱乐部的复制品和 Abbey Rd 录音棚。

GPS 地址：Britannia Va-ults, Albert Dock, Liverpool L3 4AD

网址：www.beatlesstory.com

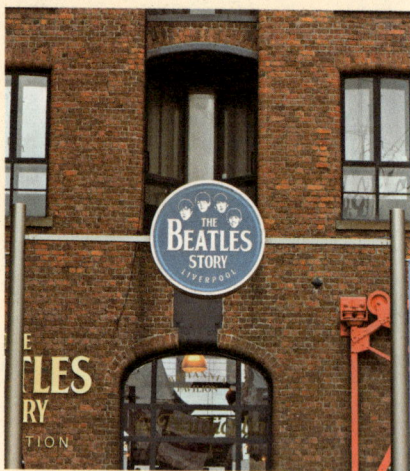

⑤ Day8 ~ Day9: 利物浦—曼彻斯特

从利物浦沿 M62 公路向东行车 50 分钟左右即可抵达曼彻斯特（Manchester）。曼彻斯特是除伦敦外的英国第二大繁华都市，这里集中了英格兰西北地区有影响的乐团、剧院、博物馆等文化娱乐设施。因为音乐产业的发达，不少酒吧有风格多样的现场乐队。提到曼彻斯特，当然会想到"曼联"，足球是曼彻斯特文化的重要组成部分，其中曼彻斯特联队（曼联，Manchester United）和曼彻斯特城队（曼城，Manchester City）都代表了英国足球的最高水准。

艾伯特广场

艾伯特广场（Albert Square）位于曼彻斯特的心脏地带，它以维多利亚女王的丈夫艾伯特命名，是这座城市最受欢迎的景点之一。广场上坐落着一座非常有特色的哥特式建筑——曼彻斯特市政厅，其80多米高的塔楼直插云霄，非常壮观。广场的西面有约翰·赖兰德图书馆，广场的南边是中央图书馆和圣彼得广场，这些都是观光的好去处。

老特拉福德体育场

英国流传着一句话："世界上只有两种人，第一种是曼联球迷，第二种不是"，它或许可以证明曼联在世界球迷心中的地位。老特拉福德体育场（Old Trafford）就是曼联比赛的主场，是世界上最著名的足球场之一，享有"梦剧场"的美称。球场的设计独具特色，色彩庄严而又瑰丽，四面和曼联球衣一样的红色看台是老特拉福德的骄傲。

GPS 地址：Sir Matt Busby Way，Manchester M16 ORA

网址：www.manunited.com.cn

TIPS:

曼联的官网可以关注赛事信息和订票，平时游览时可以入场参观，进入更衣室、运动员休息室和场边休息区。

曼彻斯特市政厅

曼彻斯特市政厅（Manchester Town Hall）竣工于1877年，矗立在艾伯特广场上，是一座后哥特式的建筑，也是曼彻斯特的标志性建筑和行政中心。市政厅分新、旧两部分，这两座颜色、风格一致的建筑组合在一起便构成了雄伟的市政厅。市政厅内随处可见精致的华丽装饰，大楼顶部有一座高达80余米的尖塔。市政厅前的广场是人们集会和欢庆节日的地方，每逢重要节日这里就会变得非常热闹。

GPS 地址：Town Hall, Manchester, Lancashire M60 2LA

网址：www.manchester.gov.uk

曼彻斯特大学

曼彻斯特大学（The University of Manchester）成立于 1824 年，是英国老牌的六所"红砖大学"之一。这是一所开放性校园，毗邻风光优美的海岸，海天一色，景色宜人。校园中拥有众多古朴优美的建筑，其中不少都对游人开放。GPS 地址：Oxford Rd, Manchester, M13 9PL。

惠特沃斯美术馆（Whitworth gallery）是曼彻斯特最著名的美术馆之一，隶属于曼彻斯特大学。馆内收藏了大量英国的绘画杰作，丢勒（Durer）、伦勃朗（Rembrandt）等艺术大师的作品都可以在此看到。GPS 地址：

The University of Manchester, Oxford Rd, Manchester, Lancashire M15 6ER。

曼彻斯特博物馆（The Manches–ter Museum）与惠特沃斯美术馆一样，隶属于曼彻斯特大学。这里的古埃及展区是英国最大的古埃及展览之一，时间跨度从公元前 1 万年至公元后 600 年。保存完好的恐龙和珍惜动物标本是博物馆最引人瞩目的展品。GPS 地址：Oxford Rd, Manchester M13 9PL。

曼彻斯特大教堂

曼彻斯特大教堂（Manchester Cathedral）位于圣安纳广场（St. Ann's Square）和维多利亚火车站之间，其建筑在第二次世界大战中被毁过，经过修缮后已经成为英国北部最大的一座教堂。教堂内遍布中世纪风情的雕刻，尤其以祭坛与祭廊间的木雕最为精美。阳光透过绚丽的彩色玻璃照入教堂内，营造出一种神秘华丽的气氛。

GPS 地址：Victoria St., Manchester M3 1SX

网址：www.manchester cathedral.org

科学与工业博物馆

科学与工业博物馆（Museum of Science and Industry）是曼彻斯特最大的博物馆，也是世界上最大的科学博物馆之一。这是一所侧重介绍曼彻斯特科学、技术和工业发展历史的博物馆，由两座巨大的维多利亚时代的仓库和全世界最古老的客运火车站组成，展示了曼彻斯特的历史、纺织、能源、通信、航空、交通等产业，并随着科技的发展随时增加新的展品以介绍前沿科技。

GPS 地址：Liverpool Rd, Manchester, M3 4FP

网址：msimanchester.org.uk

曼彻斯特美术馆

曼彻斯特美术馆（Manchester Art Gallery）建于 1824 年，是英国最具代表性的美术馆之一，英国一级保护建筑，也是曼彻斯特非常受欢迎的旅游目的地。美术馆分为新馆和老馆，老馆内珍藏有 37 幅特纳（Turner）的水彩画和前拉斐尔时代的艺术作品；新馆内主要收藏 20 世纪英国的艺术藏品，包括弗朗西斯·培根（Francis Bacon）和大卫·霍克尼（David Hockney）等人的作品。

GPS 地址：Mosley St, Manchester M2 3JL

网址：manchesterartgallery.org

峰区国家公园

峰区国家公园（Peak District National Park）距离曼彻斯特市区约1小时车程，是英国第一个、也是最大的国家公园，同时也是世界上最受欢迎的国家公园之一。公园分为南北两部分，有开阔的高沼地、美丽的河谷和静谧的村庄，是一块远离城市喧嚣的净土。同时，这里还有许多适合远足、攀岩探洞的运动场地和设施，被誉为"英国户外运动的天堂"。在这里人们可尽情与大自然亲密接触，享受各种乐趣。

GPS地址：Blackwell, Taddington, Derbyshire SK17 9TQ

网址：www.peakdistrict.gov.uk

⑥ Day10: 曼彻斯特—湖区国家公园—爱丁堡

行程第10天的目的地是英国著名的城市爱丁堡(Edinburgh)，中间可在风景秀丽的湖区国家公园停留。湖区国家公园也是英国最美的自然景区之一，天黑之前赶往爱丁堡，公园距离爱丁堡约3小时路程。如果被湖区国家公园的风景所吸引，也可调整计划，在这里逗留一日。

湖区国家公园

湖区国家公园（Lake District National Park）位于英格兰北部，是英国乃至世界最负盛名的度假胜地之一，曾被《国家地理杂志》列为人生中50个必去的地方之一。英国人将湖区国家公园称为自己的"后花园"，公园内有大小不一的湖泊16个，拥有英格兰最高峰斯科菲峰（Scafell Pike）和英格兰最大的湖温德米尔湖（Windermere）。

这里湖光山色使之成为英国人最钟情的旅游胜地，也是英国文人墨客的浪漫之乡。著名诗人华兹华斯（William Wordworth)曾说："我还不曾知晓，有任何地方能在如此狭窄的范围内，于光影的幻化之中，展现出如此壮观优美的景致。"

GPS地址：Near Sawrey, Ambleside, Cumbria LA22 OLF

网址：www.lakedistrict.gov.uk

⑦ Dayll ~ Day12: 爱丁堡

爱丁堡（Edinburgh)是英国著名的文化古城、苏格兰首府，充满了苏格兰独特的魅力。爱丁堡有着悠久的历史，爱丁堡城堡、荷里路德宫、圣吉尔斯大教堂等名胜古迹都位于此地，是仅次于伦敦的第二大旅游城市。

爱丁堡城堡

爱丁堡城堡（Edinburgh Castle）是苏格兰精神的象征，是英国最古老的城堡。它坐落在爱丁堡市内一座死火山的花岗岩顶上，是一处天然要塞。这座英国最古老的城堡早在 6 世纪时就是苏格兰王室的堡垒，王室的重要住所。在城堡上可以俯瞰爱丁堡全城的景色，而在爱丁堡城中，每一个角落也都可以看见它宏伟的身姿。

古堡城门口站岗的哨兵依然保留着身穿苏格兰传统服饰传统，最能代表苏格兰风情的方格短裙，加上佩带的短剑，以及头戴的黑色无边软帽，更显雄壮、威武。

城堡内展示有苏格兰王冠、命运之石等珍宝，并设有苏格兰国家战争纪念馆，展示各种武器，其中巨剑最为吸引人。每年 8 月还会在城堡门前的广场举办军乐队分列式表演。

GPS 地址：Castlehill, Edinburgh EH1 2NG

网址：www.edinburghcastle.gov.uk

卡尔顿山

卡尔顿山（Calton Hill）是爱丁堡众多知名的地标之一，是爱丁堡东海岸的制高点。山上的建筑多为希腊风格，从此处眺望爱丁堡旧城区的景色，不但可以看到如画的城堡、古朴的街道、荒凉的丘陵，还能观看到北海。夕阳西下时登上山坡观赏日落和山下华灯初上的小城美景则更有一番韵味。

GPS 地址：Edinburgh EH7 5AA

网址：www.edinburgh.gov.uk

王子街

王子街（Princes Street Gardens）位于有"全球景色最佳的马路"之称的王子街上，里面屹立着苏格兰著名的文学家司各特的纪念塔和蜚声世界的苏格兰钟。花园中群花争艳，甚为美丽。晴日里，无论是当地人还是游人都喜欢在花园的草坪或长椅上享受阳光，不时有身穿传统苏格兰裙的艺人演奏风笛。花园中有一个喷泉，从喷泉的角度拍摄城堡能拍出最经典的爱丁堡明信片。

司各特塔（Scott Monument）是为纪念苏格兰最著名的历史作家沃特·司各特（Walter Scott）爵士而建。司各特是出生于爱丁堡的著名历史小说家以及诗人，被誉为"英语历史文学的一代鼻祖"，在苏格兰人民的心中极受敬重。这座哥特式尖塔高60余米，有280多级台阶，高塔底部四方都是拱门，司各特身穿长袍，身边卧着他的爱犬，他作品中的64位主人公也都被雕成雕塑环绕塔身。

苏格兰花钟（Flower Clock）位于花园东北角的坡地上，可谓享誉世界。这座钟建于1903年，由数万朵美丽的鲜花组成，钟面直径约3.5米，分针长2.4米，时针1.5米，每1分钟就有一枝杜鹃花跳出来，非常精妙。据说这是世界上最大、最独特的花钟之一。

GPS 地址：Princes St, Edinburgh EH2 2HG

网址：www.edinburgh. gov.uk

苏格兰国家美术馆

苏格兰国家美术馆（National Gallery of Scotland）位于爱丁堡的市中心，于1859年开放，是苏格兰最大和最古老的美术馆，也是世界上空间尺寸设计最好的美术馆之一。这里收藏了欧洲从文艺复兴时期到19世纪的绘画和雕塑精品，包括提香、梵·高、拉斐尔和莫奈等名家之作，同时也囊括了大量苏格兰艺术精品。

GPS 地址：The Mound, Edinburgh EH2 2EL

网址：nationalgalleries.org

圣吉尔斯大教堂

圣吉尔斯大教堂（St. Giles Cathedral）始建于12世纪，是爱丁堡历史悠久的教堂。新哥特式

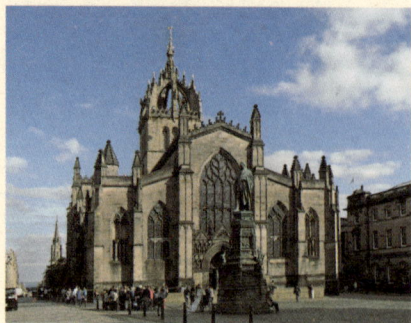

的天花板与壁饰上的雕刻极为精美华丽，里面最受游客欢迎的是一座20世纪增建的苏格兰骑士团的礼拜堂。教堂华丽的管风琴是欧洲音色最好的管风琴之一，因此也造就了圣吉尔斯中世纪以来最优美的教堂音乐合唱团。

GPS地址：High St., Edinburgh, Midlothian EH1 1RE

网址：www.stgilescathedral.org.uk

苏格兰国家博物馆

苏格兰国家博物馆（National Museum of Scotland）成立于2006年，虽然时间较晚，却是英国最大的博物馆之一。这座博物馆由苏格兰博物馆和苏格兰皇家博物馆组成，展品以历史为主题，从达尔文收集的物种标本到古埃及的木乃伊，还包括了自然、艺术、设计、科技和世界各地文化等诸多门类，藏品极为丰富。

GPS地址：Chambers St., Edinburgh EH1 1JF

网址：www.nms.ac.uk

荷里路德宫

荷里路德宫（Palace of Holyroodhouse）于1498年由詹姆斯五世（James V of Scotland）

建造，又被称为圣十字皇宫，坐落在皇家英里大道（Royal Mile）的一端，是爱丁堡的城市中心点之一。目前，这座宫殿是英国女王在苏格兰的官邸。当女王在此居住时，荷里路德宫中就会升起王室旗帜。宫殿内以苏格兰女王玛丽之家而著称，宫中最值得一看的是画廊中的11幅苏格兰历代国王的画像。

GPS地址：Canongate, Edinburgh EH8 8DX

网址：www.royalcollection.org.uk

TIPS:

荷里路德宫旁有一个公园，每年8月的爱丁堡艺术节期间这里会举行露天演出，公园后有一个形状如同狮子一样的死火山，山顶被称为亚瑟王宝座（Arthu's Seat），也是一个登高赏景的好去处。

苏格兰威士忌中心

苏格兰威士忌中心（Scotch Whisky Heritage Centre）是造访爱丁堡期间最受游人欢迎的地方。这里是探访苏格兰威士忌的绝佳去处，游人可以乘坐威士忌酒桶般的电车随工作人员一同游览。威士忌有"生命之水"的美誉，是最能代表苏格兰味道的酒。苏格兰威士忌中心以主题导引的方式，参观者可以在这里了解到威士忌的历史由来和酿造过程，当然还可以免费品尝纯正的苏格兰威士忌。

GPS 地址：354 Castlehill, Edinburgh EH1 2NE

网址：scotchwhiskyexperience.co.uk

⑧ Day13: 爱丁堡—巴姆伯格城堡—亚伦维克古堡—利兹

离开爱丁堡，开始向伦敦折返，沿 A1 公路靠海而行，经过巴姆伯格城堡和传奇的亚伦维克古

堡，然后前往利兹（Leeds）。利兹是英国英格兰西约克郡的城市，国际大都市，文化、艺术城市和欧洲最佳绿化城市之一，全城约有 2/3 的面积都被公园、高尔夫球场和绿化带覆盖。从巴姆伯格城堡抵达利兹约需 3 小时车程。

巴姆伯格城堡

巴姆伯格城堡（Bamburgh Castle）是一座屹立在北海（North Sea）岸边的壮丽古堡。这座古堡位于英格兰诺森伯兰郡（Northumberland）的巴姆伯格（Bamburgh）河沿岸，坐落在巨大而坚硬的玄武岩上，游客从城堡中还可以俯瞰壮阔的北海。城堡的具体修建时间无从考证，但据说在公元 6 世纪就已经有相关记载，如今，城堡已被英国列入一级保护名单。

GPS 地 址：Bamburgh, Northumberland NE69 7DF

网址：www.bamburghcastle.com

亚伦维克古堡

亚伦维克古堡（Alnwick Castle）这个名字或许有些陌生，但霍格沃茨（Hogwarts）魔法学校一定有所耳闻。这座城堡就是

《哈利·波特》系列中那所神奇魔法学校的主要取景地。城堡坐落于英格兰东北部悠然恬静的阿尼克小镇上，其规模仅次于伦敦的温莎城堡。这座城堡的主人曾是英国身世显赫的伯爵和公爵，内部装饰金碧辉煌，奢华而内敛，珍奇异宝数不胜数，藏书古籍数量浩淼。城堡周围遍布湖泊、绿地和树林，除了《哈利·波特》外，《伊丽莎白》《侠盗罗宾汉》等著名影视也都在此取景。

GPS 地址：Alnwick, Northumberland NE66 1NQ

网址：www.alnwickcastle.com

皇家军械博物馆

皇家军械博物馆（The Royal Armouries）是英国的大型国家博物馆，主要收藏具有重要意义的武器和盔甲。博物馆的建筑风格采用城堡样式，其内部有四层展品，分为战争、比赛、自卫、狩猎和东方主题，展示了从古代士兵的兵器盔甲到近代的火炮枪械。除英国的武器外，这里还展示了其他文明国家的武器和真实的生活艺术品，例如中国的兵马俑。为了能让人们切实了解当时的军械功用，工作人员还会穿上铠甲，手持不同的兵器进行操练演示，极具趣味性。

GPS 地址：Armouries Dr, Leeds, West Yorkshire LS10 1LT

网址：www.royalarmouries.org

朗德海公园

朗德海公园（Roundhay Park）是英国、乃至欧洲最大的城市公园之一。公园位于城市东北部，内部草坪、湖泊、林地和花园遍布，有运河花园、莫奈花园、阿罕布拉花园等，是利兹最受欢迎的旅游景点之一。朗德海公园中还有一座热带世界，里面有蝴蝶馆、爬虫馆和水族馆，在这里可以观赏到来自世界各地的珍稀热带动物。

GPS 地址：Ring Rd Shadwell, Leeds, West Yorkshire LS8 2WE

网址：www.roundhaypark.org.uk

⑨ Day14: 利兹－渥拉顿公园—布莱德盖特公园—剑桥

离开利兹，沿 M1 公路继续南下，沿途经过诺丁汉（Nottingham）和莱斯特（Leicester）。诺丁汉是一个与罗宾汉、蕾丝花边和自行车有紧密联系的城市。这两座城市也都是以古堡和花园著称的旅游名城，期间可以欣赏到壮丽的建筑和美丽的花园。从莱斯特前往剑桥约需 1.5 小时车程。

渥拉顿公园

渥拉顿公园（Wollaton Park）里有一座英国文艺复兴时期的雄伟建筑，即渥拉顿大厅。这座大厅在蝙蝠侠系列《黑暗骑士崛起（The Dark Knight Rises）》中曾是蝙福侠布鲁斯·韦恩（Bmce Wayne）的房子。大厅周围是一个令人舒适的公园，这里春有风信子，夏有杜鹃花，

草坪上还经常会有一些自由漫步的小鹿。庭院中有一个价格公道的咖啡馆，要一杯咖啡，静静地欣赏周边的自然景致，也是一种莫大的享受。

GPS 地址：Wollaton Hall & Park, Nottingham NG8 2AE

网址：www.wollatonhall.org.uk

TIPS:

公园中的鹿非人工词养，而是野生鹿种，所以不要试图与它们近距离接触。每年 7 月份，诺丁汉还会在这里举行蝶舞（Splendour）音乐会。

布莱德盖特公园

布莱德盖特公园（Bradgate Park）位于莱斯特西北侧的乡间，周围是一片英伦式的田园风光，沿途还会看到英国传统风格的小屋。如果减慢车速，还可以看到突然从草丛中冲出来的松鼠、狐狸甚至小鹿。这个公园修建于 13 世纪，有很多石头堆砌的长墙，公园内遍布溪流、湖泊、野花和绿地，成群的红鹿在这里悠闲地觅食、散步。草坪上随处可见木质的长椅，每逢周末就会有许多人来此度过他们美丽的假日时光。

GPS 地址：Newtown Linford, Leicester LE6 OHE

网址：bradgatepark.org

⑩ Day15: 剑桥—伦敦

英国自驾旅行的最后一天抵达世界著名的文化学术重镇——剑桥（Cambridge）。剑桥是一座古朴而美丽的城镇，拥有浓厚的英式人文浪漫气息，举世闻名的剑桥大学坐落于此，是英国旅行必到的一站。在剑桥游览完毕后，即可回到伦敦，从剑桥到伦敦约需 1.5 小时车程。

剑桥大学官网

剑桥大学

剑桥大学（Universityof Cambridge）是英国与牛津大学齐名的最高学府，也是世界上最顶尖的大学之一。与牛津大学有所不同的是，牛津被称作"大学中有城市"，剑桥则是"城市中有大学"。剑桥大学的各学院分散在全城各处，没有传统意义上的完整校园，市中心几乎被学院所包围，成了剑桥的生活区，可以说整个剑桥市都是它的校园。

国王学院（King's College）是剑桥大学最著名的学院，由亨利六世（Henry Ⅵ）修建于1441年，雄伟的哥特式门楼和国王礼拜堂是它的标志，中庭绿地上矗立着亨利六世青铜雕像。礼拜堂高耸入云的尖塔和恢宏的建筑已经成为整个剑桥的标志和荣耀。GPS 地址：King's Parade, Cambridge CB2 1ST。

王后学院（Queens College）位于国王学院南侧，横跨剑河两岸，由亨利六世的王后玛格丽特于 1448 年建立，后来 1465 年爱德华四世（Edward Ⅳ）的王后伍德维尔在原建筑基础上继续修建，学院也因两位王后而得名。王后学院的花园内花红柳绿，青翠满园，是剑桥最优美的风景之一。GPS 地址：Silver St, Cambridge CB3 9ET。

圣三一学院（Trinity College）由国王亨利八世（Hemy VII）创立于 1546 年，伟大的科学家牛顿，著名的哲学家培根以及多位英国王室成员、6 位英国首相和 30 余位诺贝尔奖得主都是这里的校友。学院大门入口处有亨利八世雕像，但雕像右手中原本的金色权杖却被某个顽皮的学生换成了一根椅子腿，更令人意外的是这节椅子腿至今仍被"亨利八世"高举着，让人不得不佩服剑桥独特的教育理念。大门右侧的绿草坪中间，种着一棵不起眼的苹果树。据说，牛顿当年就是被这棵树上的一个苹果砸到，而想出万有引力的。GPS 地址：Cambridge CB2 1TQ，剑桥大学网址：www.Q.ac. uk。

剑河

"剑桥"名字的由来就是指"剑河上的桥"，剑河（River Cam）也就是徐志摩笔下的康河，是当地一条环城河流。美丽的剑河是剑桥的象征，曲折蜿蜒，河畔是亭亭金柳、水中是油油的水草，剑桥大学华丽、古老的建筑屹立在两边。河上有许多设计精巧、造型美观的桥梁，其中以数学桥

（The Mathematical Bridge）、格蕾桥（Gray Bridge）和叹息桥（Hertford Bridge）最为著名。

GPS 地址：Cambridge CB3 9ET

伊利大教堂

伊利大教堂（Ely Cathedral）位于剑桥东北方的美丽小镇——伊利镇上，沿 A10 公路行车 30 分钟即可到达。伊利大教堂是英国乡间最宏伟的教堂之一，被誉为"中古世界七大奇迹之一"。教堂修建于 7 世纪，是一座拥有上千年历史的宏伟建筑，其景观塔的形状被当地人称为"沼泽里的船舶"，在塔上能俯瞰整个伊利镇的景致。教堂内部有彩绘天花板、大理石地板和众多雕塑作品，独特的彩色玻璃博物馆也非常值得一赏。

GPS 地址：Chapter House, The College, Ely, Cambridg-eshire CB7 4DL

网址：www.elycathedral.org

食宿提示：有机会可以照着尝试

伦敦食宿

住宿：Heatherbank Guesthouse 距离伦敦市中心约 20 分钟车程，并为客人提供免费停车场。GPS 地址：29 Woodside Park Rd, London N12 8RT。预订官网：www.heatherbankhotel.co.uk。

The Hide London 设有内部停车场和免费无线网络连接。GPS 地址：230 Hendon Way, London NW4 3NE。预订官网：www.thehidelondon.com。

美食：FlatIron 是一家专做牛排的餐厅，价格实惠，食物美味，沙拉、薯条、牛排和红酒都无可挑剔。GPS 地址：9 Denmark Street, London WC2H 8LS。

Rouxat Parliament Square 是伦敦市中心的法式餐厅，新鲜的面包、虾饺、牛排和葡萄酒、鸡尾

酒以及各式甜点都非常不错。GPS 地址：11 Great George Street, London SW1P 3AD。

牛津食宿

住宿：Hamptonby Hilton Oxford Hotel 价格低廉，提供免费无线网络连接、免费停车场。GPS 地址：Grenoble Rd, Oxford OX4 4XP。预订官网：hamptoninn3.hilton.com。

美食：Oli'sThai 主营泰国料理，鲈鱼和咖喱鸭肉特色。GPS 地址：38 Magdalen Road, Oxford OX4 1RB。

伯明翰食宿

住宿：Travelodge Birmingham Perry Barr 提供干净温暖的房间和自助早餐，并为提供免费停车设施。GPS 地址：Aldridge Rd, Birmingham, West Midlands B42 2SP。预订官网：www.travelodge.co.uk。

美食：RicoLibre 主营西班牙菜式，味美价廉，有多种牛肉、鱼类和素食可供选择。GPS 地址：Barn StreetI Digbeth, Birmingham B5 5QD。

利物浦住宿

住宿：The Dolby Hotel 位于利物浦市中心，设有免费的无线网络连接和免费停车场。GPS 地址：36-42 Chaloner St, Liverpool, Merseyside L3 4DE。预订官网：www.dolbyhotels.co.uk。

曼彻斯特食宿

住宿：Hotel Football Old Trafford 提供免费无线网络连接、空调和电视，免费停车场。GPS 地址：99 Sir Matt Busby Way, Stretford, Manchester M16 OSZ。预订官网：hotelfootball.com。

HolidayInn Express Manchester- Salford Quays 设有无线网络连接和空调，提供付费的内部停车场。GPS 地址：Waterfront Quay, Salford Quays, Manchester, Lancashire M50 3XW。预订官网：www.expressmanchester.co.uk。

美食：My Lahore 主营亚洲菜、英国菜和各式烧烤，分量大、价格、服务一流，各式牛排、面包、鸡肉和鱼肉烧烤值得尝试。GPS 地址：14-18Wilmslow Road, Manchester M14 5TQ。

Alexandros Greek Restaurant 是一家主营希腊菜的餐厅，环境舒适、服务周到，烤肉、米饭、希腊沙拉等值得推荐。GPS 地址：337 Palatine Road, Manchester M22 4HH。

爱丁堡食宿

住宿：The Cameron 提供早餐、免费无线网络 连接和免费停车场。GPS 地址：5 Cameron Terrace, Edinburgh EH16 5LD。预订官网：www.thecameron.co.uk。

Premier Inn Edinburgh Park（The Gyle）Hotel 提供免费无线网络连接、免费停车场。GPS 地 址：Edinburgh Park, 1 Lochside Gres, Edinburgh, Midlothian EH 12 9FX。预订官网：www.premierinn.com。

美食：Meze Meze 是一家土耳其餐厅，菜单非常丰富，牛肉、鲜汤和啤酒是不错的选择。GPS 地址：71 Rose Street, Edinburgh EH2 2NH。

Twenty Princes Street 是地道的苏格兰风味餐厅，牛排、龙虾、扇贝和新鲜的烤面包味道

极佳。GPS 地址：Princess St, Edinburgh EH2 2AN

利兹食宿

住宿：Clayton Hotel, Leeds 提供自助早餐、烧烤和儿童菜单，距离皇家军械博物馆仅 5 分钟车程，住宿场所有收费停车场。GPS 地址：Sweet St, Leeds, West Yorkshire LSI1 9AT。预订官网：claytonhotelleeds.com。

美食：2 Oxford Place 是位于利兹市区的一家英式健康理念餐厅，三明治、鱼、薯条、黄油面包和各式茶点很受欢迎。GPS 地址：2 Oxford Place, Leeds LSI 3AX。

剑桥食宿

住宿：Premier Inn Cambridge Hotel 距离剑桥市中心约 3 千米，配套设施完善，提供免费停车设施。地址：Ring Fort Rd, Cambridge CB4 2GW。预订官网：premierinn.com。

美食：Bread&Meat 位于剑桥校区内，脆皮猪肉、酱鸡肉、薯条和土豆泥都非常可口。GPS 地址：4 Bene't Street, Cambridge CB2 3QN。

重要信息：免费资料别错过

自驾沿途游客中心咨询			
名称	地址	电话	网址
伦敦游客中心	17-19 CockspurSt, St.James's, London SW1Y5BL	020-73895040	theoriginaltour.com
利物浦游客中心	Queen Square Kiosk, QueenSquare, Liverpool, Merseyside L1 1RG	0151-7098111	visitliverpool.com
曼彻斯特游客中心	One Piccadilly Gardens, Manchester, M1 1 RG	0333-0143701	visitmanchester.com
爱丁堡游客中心	3 PrincesSt, Edinburgh, Edinburgh &The Lothians EH2 2QP	0131-4733868	visitscotland.com

2

爱尔兰岛环岛自驾 ——翡翠岛国的曼妙之旅

▶▶ 都柏林（Dublin）—贝尔法斯特（Belfast）—布什米尔斯（Bushmills）—伦敦德里（Londonderry/Derry）—格伦威国家公园（Glenveagh National Park）—Slieve League—多尼戈尔（Donegal）—戈尔韦（Galway）—基拉尼（Killarney）—科克（Kork）—凯袖宫（Rock of Cashel）—基尔肯尼城堡（Kilkenny Castle）—都柏林（Dublin）

| 线路全长：约 1510 千米 | 所需时间：10 ~ 11 天 | 最佳季节：5 ~ 6 月 |

线路亮点 ▶▶▶▶▶▶▶▶▶▶▶▶▶▶▶▶▶▶

　　爱尔兰西临大西洋，东靠爱尔兰海，与英国隔海相望，东北部的北爱地区属于英联邦，因为历史和地理环境的差异，爱尔兰成为欧洲文化和自然风景最为独特的地方。爱尔兰自然环境保持得非常好，全国绿树成荫，河流纵横，被誉为"翡翠岛国"。爱尔兰中原地区山峦环抱、风光旖旎、海滩流沙，5 ~ 6 月份是一年中阳光最充足的时期，非常适合旅行。这里的人们天性热情好客，并且乐于与人交谈。你可以在苏格兰长裙的热情舞蹈和苏格兰风笛的悠扬乐曲中体味别样的苏格兰情调，在众多的历史遗迹、城堡、公园和修道院中流连忘返，在壮阔的大海和雄伟的崖壁边赞叹自然造物的奇妙。一次奇特的爱尔兰环岛之行，定能让你在自然与文化的旅途中获得巨大的快乐与收获。

线路规划 ▶▶▶▶▶▶▶▶▶▶▶▶▶▶▶▶▶▶

Day1 ~ Day2：都柏林

Day3：约 165 千米，都柏林—贝尔法斯特

Day4：约 210 千米，贝尔法斯特—卡里克弗格斯城堡—卡里克空中索桥—巨人之路—老布什米尔斯酿酒厂—黑暗树篱—伦敦德里

Day5：约200千米，伦敦德里—格伦威国家公园—Slieve league—多尼戈尔

Day6：约310千米，多尼戈尔—康尼玛拉国家公园—阿什福德城堡—戈尔韦

Day7：约265千米，戈尔韦—莫赫悬崖—基拉尼

Day8：基拉尼

Day9：约85千米，基拉尼—科克

Day10：约285千米，科克—凯袖宫—基尔肯尼城堡—都柏林

爱尔兰岛环岛自驾线路示意图

亮点速览 >>>>>

① Day1 ~ Day2: 都柏林

都柏林（Dublin）是爱尔兰的首都，在爱尔兰语中的意思是"黑色池塘"。都柏林是爱尔兰的文化之都，拥有众多的大学和美术馆，百年历史建筑随处可见，各种美丽的门窗种满花草，城市里洋溢着一种浓浓的田园气息。

都柏林旅游官网

都柏林城堡

都柏林城堡（Dublin Castle）始建于 1204 年，建成初堪称欧洲最宏伟的城堡之一，被誉为"城中之城"。城堡呈正方形，四角由 4 座陪堡组成，后因一场大火后重建。城堡内布置豪华，许多地方都以水晶和意大利的大理石等稀有建材装饰。如今，都柏林城堡已经成为都柏林独立的见证者，被爱尔兰政府作为重要国事活动的举办场所，爱尔兰历任总统就职典礼都在这里举办，国宴和外国元首的来访仪式也都在此举行。

GPS 地址：Dame St.，Dublin 2
网址：www.dublincastle.ie

凤凰公园

凤凰公园（Phoenix Park）是

西欧最大的城市公园，也是爱尔兰最著名的公园。这座公园是爱尔兰最杰出的总督——詹姆斯巴特勒奥蒙德公爵于1663年修建。园中坐落着总统府邸、动物园和纪念碑，栽种着水曲柳、石灰、悬铃木等植物。此外，还有众多哺乳动物、鸟类以及野生动物。这座公园曾是专属历代王公贵族们休闲享乐的地方，后来又归于爱尔兰人民，每年都有数以万计的游客到此游览。

GPS地址：Phoenix Park, Dublin 8

网址：www.phoenixpark.ie

圣三一学院

都柏林圣三一学院（Trinity College Dublin）由英国伊丽莎白女王于1592年创建，已有400多年历史，是爱尔兰最古老的大学，也是欧洲著名的高等学府之一。古老与现代的交融让这座大学格外迷人，校园中到处是苍翠的草坪和别致的雕塑。画廊、体育馆和图书馆分布其中，圣三一学院中的图书馆，更是世界顶级的研究图书馆之一，里面珍藏了爱尔兰最丰富的善本及印刷图书。

GPS地址：College Green, Dublin2

网址：www.tcd.ie

圣帕特里克大教堂

圣帕特里克大教堂（St. Patrick's Cathedral）建于公元5世纪，在爱尔兰人心中的重要性相当于英国的威斯敏斯特大教堂。这座教堂自建成后几经扩建才成为今天的规模。西侧的钟塔修建于1370年，钟楼上收藏着爱尔兰最大的钟。在这间教堂中，除了有早期塞尔特人的墓碑外，还长眠着爱尔兰历史上重要的一些人物，如第一任总统道格拉斯·海德（Dubhghlas deh i de）便埋葬于此。

GPS地址：St. Patrick's Close, Dublin 8

网址：www.stpatrickscathedral.ie

健力士啤酒展览馆

健力士啤酒展览馆（Guinness Storehouse）是爱尔兰的必游景点之一。健力士啤酒源于18

世纪中叶，是一种酒性较浓烈、味道更醇厚的黑啤酒，健力士也是目前全球第一的黑啤酒生产商。参观展览馆过程中，不仅可以了解健力士啤酒的发展历史，亲眼目睹健力士黑啤的酿造过程，而且还能亲口尝一杯传说中的健力士黑啤。

GPS 地址：St.James's Gate Dublin

网址：www.guinness-storehouse.com

爱尔兰国立博物馆

爱尔兰国立博物馆（National Museum of Ireland）始建于1890年，是爱尔兰最重要的博物馆之一。这座博物馆除珍藏了从凯尔特人的史前时代直到爱尔兰宣布独立期间的大量文物外，还拥有大量中世纪维京人和古埃及人的独家收藏。博物馆拥有7个分馆，展出的珠宝饰品、雕塑绘画等极为珍贵，金光闪闪的"塔拉胸针"

和"阿达克圣杯"更被视为爱尔兰的国宝。博物馆中的礼品店内有这些精品首饰的复制品，精致漂亮，不妨选购一些。

GPS 地址：Kildare St., Dublin 2

网址：www.museum.ie

作家博物馆

作家博物馆（Dublin Writers Museum）位于一座重建过的乔治风格的大楼上，这里拥有种类繁多且引人入胜的收藏品，可以说是对爱尔兰文学史的从头叙述。这里的藏书大多是第一版或是早期的版本，从《格列佛游记》《吸血鬼》《不可儿戏》到《尤利西斯》都可以在这里找到。无疑是一座巨大的爱尔兰文学宝库，其价值不可估量。

GPS 地址：18–1 Parnell Square North，Dublin 1

网址：www.writersmuseum.com

都柏林景点延伸

国家美术馆（National Gallery）收藏着中世纪至20世纪的西欧绘画瑰宝，多达50间的展示室中展出了油画、水彩画、素描、肖像、印刷品、雕塑和文物等各类美术作品 10000 余件，其中不乏维梅尔、莫奈和毕加索等绘画大师的珍贵画作。GPS 地址：Merrion Square W, Dublin 2。

梅瑞恩广场（Merrion Square）是都柏林最大、最漂亮的乔治风格的广场之一，也是欧洲爱尔兰的著名风景名胜之一。广场边的中央公园十分漂亮，有着许多色彩斑斓的花朵和如茵的草坪。GPS 地址：Merrion。Square，Dublin 2 。

② Day3: 都柏林—贝尔法斯特

贝尔法斯特（Belfast）位于都柏林以北约 165 千米处，行车约 1 小时 50 分钟即可抵达。贝尔法斯特是北爱尔兰首府以及北爱尔兰最大的海港，热情好客是贝尔法斯特人的传统。作为旅游名城，传统民族音乐、现代爵士乐、蓝调音乐和摇滚乐传遍城中的大小酒吧，在这里还能品尝到最正宗的凯菲（Caffrey）淡啤酒。

贝尔法斯特旅游

克拉姆林路监狱

克拉姆林路监狱（Crmmlin Road Gaol）修建于 1845 年，曾是仅次于伦敦塔的全英第二著名政治犯关押地，许多"重要的客人"都曾是这座监狱的"狱友"。1996 年监狱关闭后经过大规模修缮才成为著名的旅游景点。英国女王伊丽莎白二世和其丈夫菲利普亲王出访北爱尔兰时，还曾参观了克拉姆林路监狱。

GPS 地址：53–55 Crumlin Rd., Belfast, Antrim BT14 6ST

网址：www.crumlinroadgaol.com

贝尔法斯特市政厅

贝尔法斯特市政厅（Belfast City Hall) 是贝尔法斯特市的标志性建筑之一，也是为了纪念维多利亚女王于 1888 年授予其城市身份而建造。市政厅外观为巴洛克复兴风格，中央的绿色穹顶高 50 余米，极为醒目，正前方是一座维多利亚女王的全身雕塑。市政厅外部肃穆冷峻，内部却富丽典雅，色彩丰富。大楼采用波特兰石料作为石柱，内部以橡木与大理石地板装饰，主楼梯则采用了3种不同的意大利大理石，高雅华丽。夜晚亮灯之时，整座市政厅格外迷人。

GPS 地址：Donegall Square S, Belfast, Antrim BT1 5GS

网址：www.belfastcity.gov.uk

泰坦尼克博物馆

泰坦尼克博物馆（Titanic Belfast）曾是哈兰德与沃尔夫造船厂（The Harland and Wolff Shipyard），也就是在这里建造了著名的泰坦尼克号。博物馆内运用图片、视频、特效等科技手段全面地介绍了泰坦尼克从建造、下水到出航的详细过程。馆中还保存了生还写的信件，并讲述最后一些人的人生结尾。《权力的游戏》第一季中大多数的内景、外景都拍摄于这里的油画大厅。

GPS 地址：Titanic Quarter, 1 Olympic Way, Belfast, County Antrim BT3 9EP

网址：www.titanicbelfast.com

皇后大学

皇后大学（Queen's University）始建于 1845 年的维多利亚时代，是英国历史最悠久的大学之一。它坐落在贝尔法斯特市区南部，建筑古色古香，环境幽美，清新宜人，处处都能感受到浓郁的学术气息。校园对游人免费开放，假日里会有很多人带着孩子和宠物在草坪上玩耍，躺在草地上晒晒太阳也是十分惬意的。砖红色的主楼在夕阳的映照下格外漂亮。

GPS 地址：20 College Green, Belfast, County Antrim BT7 1LN

网址：www.qub.ac.uk

阿尔斯特博物馆

阿尔斯特博物馆（Ulster Museum）是北爱尔兰最大的博物馆，主要展示考古、美术及民族的展品，将阿尔斯特地方的历史、自然乃至艺术、工艺品等各范畴的文物齐聚一堂。这个博物馆特别注重互动，很多恐龙化石都是可以摸的。作为一个免费的博物馆来说真的不要错过，内容丰富，员工会很热心地推荐最佳游览方向。

GPS 地 址：Botanic Gardens, Belfast, County Antrim BT9 5AB

网址：www.nmni.com

③ Day4: 贝尔法斯特—卡里克弗格斯城堡—卡里克空中索桥—巨人之路—老布什米尔斯酿酒厂—黑暗树篱—伦敦德里

这一天的行程将是极为丰富的，从贝尔法斯特沿 M2 公路北上，途经卡里克弗格斯城堡，经过惊险的奈桥前往壮观的巨人之路，午后可在老布什米尔斯酿酒厂用餐，然后驱车经"黑暗树篱"前往历史古城伦敦德里，全天在路上行驶的时间约 3.5 小时。

卡里克弗格斯城堡

卡里克弗格斯城堡（Carri-ckfergus Castle）始建于 1180 年，是爱尔兰最古老、保存最好的诺曼式城堡。城堡自建成之后的几个世纪中经过大规模扩建和加固，逐步成为北爱尔兰最坚实的堡垒，雄踞海岸，气势非凡。卡里克弗格斯城堡地理位置优越，登上城堡可将贝尔法斯特湖（Belfast Lough）全景尽收眼底。

GPS 地 址：Marine Hwy, Carrickfergus BT38 7BG

卡里克空中索桥

卡里克空中索桥（Carrick-A-Rede Rope Bridge）是世界上最险峻的索桥之一，已在当地存在了 200 多年，是北爱尔兰波澜壮阔的海岸线上不可错过的一处经典名胜。索桥位于高 30 多米的悬崖峭壁上，连接爱尔兰主岛和小 Carrick-A-Rede。十几米长的索桥走上去摇摇欲坠，如履薄冰，脚下则是惊涛拍岸的岩石，旷野无垠的北爱风光引无数游人趋之若鹜。当人们穿过索桥时就刚好跨越了 6 千万年的火山口。

GPS 地 址：119a, White-park Rd., Ballintoy, County Antrim BT54 6LS

TIPS:

出于安全考虑，索桥每次只能走 8 人，只允许单向通过，走过去再原路返回。过往游人都必须严格遵守桥上通行流量的限制。

巨人之路

巨人之路（Giants Causeway）是北爱尔兰的著名景点，位于贝尔法斯特西北约80千米处的大西洋海岸，由4万余根大小均匀的玄武岩石柱组成，绵延数千米，整齐有序，错落有致，像巨人精心排好的积木。"巨人之路"形成于约5千万年前，是火山喷发后形成的熔岩结晶再经过海浪冲蚀而形成。石柱连绵有序，平整光滑，呈阶梯状延伸入海，拾级而上，海天一色。巨人之路的意义早已超越了自然景观和地球科学研究的界限，并于1986年被列为世界自然遗产。

GPS地址：44 Causeway Rd, Bushmills, Antrim BT57 8SU

网址：nationaltrust.org.uk

老布什米尔斯酿酒厂

老布什米尔斯酿酒厂（Old Bushmills' Distillery）是爱尔兰最古老的酿酒厂，从1608年取得酿酒执照至今，已运营了400多年。酿酒厂仍保留着维多利亚时代的建筑风格，在北爱尔兰非常出名，至今仍在生产畅销的传统爱尔兰威士忌。酒厂提供个人及团队参观，配有讲解，午餐可以享用地道的威士忌和北爱尔兰美食，是一个了解爱尔兰历史与文化的好地方。

GPS地址：2 Distillery Rd., Bushmills, County Antrim BT57 8XH

网址：www.bushmills.com

黑暗树篱

黑暗树篱（The Dark Hedges）被誉为"世界上10条最美的树隧道之一"，这里巨大的山毛榉有150余棵，在18世纪时种下，距今已有300多年历史。

GPS地址：Bregagh Rd., Ballymoney BT53 8TP

④ Day5: 伦敦德里—格伦威国家公园—Slieve League—多尼戈尔

伴着清晨的阳光游览过古城伦敦德里（Londonderry/Derry），然后驱车前往美丽的格伦威国家公园，欣赏格伦威城堡。沿着爱尔兰蜿蜒的西部海岸，观赏壮丽的 Slieve League 海崖，之后抵达爱尔兰北部小城多尼戈尔，走访这里的多尼戈尔城堡。全程行车约需 3.5 小时。

伦敦德里

伦敦德里（Londonderry/Derry）是一座位于福伊河（River Fowey）河畔的历史名城。在数百年的战争中，这里是欧洲古代少数几个城墙未从被攻破的城市之一，因此也有"处女城"（Maiden City）之称。波光粼粼的福伊河蜿蜒流过，沿着历经 400 多年风雨的城墙漫步，就能体会到这座城市的悠久历史与丰富文化。到访之前不妨先温习一下爱尔兰的历史，这样就能明白这里为什么叫德里，和为什么叫伦敦德里了。

GPS 地址：Guildhall St., Londonderry, BT48 6DQ

格伦威国家公园

格伦威国家公园（Glenveagh National Park）位于爱尔兰多尼戈尔郡（Donegal），占地 16540 公顷（40873 英亩），是爱尔兰的第二大国家公园。公园中景色迷人，有湖泊、山脉、峡谷、森林、野生动物以及格伦威城堡（Glenveagh Castle）。

格伦威城堡建于 1870 年，位于一座美丽的花园之中，有着浓郁的异国情调和庄严的魅力。城堡中的装饰珍贵而华丽，处处透露出独特的爱尔兰文化艺术气息，玛丽莲·梦露、克拉克·盖博、查理·卓别林、葛丽泰·嘉宝等明星都曾到访。

GPS 地址：Churchill, Letterkenny, Co. Donegal

网 址：www.glenveaghnationalpark.ie

Slieve League 悬崖

Slieve League 悬崖位于爱尔兰西北部卡里克（Carrick）旁边的海崖，紧靠波涛汹涌的北大西洋，如同世界边缘一般。阳光透过云层形成一道道光柱投射在海面上，每一个游人到此都会被其壮丽的场景所震撼。

GPS 地址：Carrick, Ireland

多尼戈尔

多尼戈尔城（Donegal）位于伊斯科河（Eske River）的入海口，濒临广袤的北大西洋，拥有壮丽的海岸和历史悠久的古堡，可欣赏壮观的海上落日。同时这也是一座旅游设施完善的城市，各类酒店、银行、超市等一应俱全，是不错的住宿地。

GPS 地址：Castle Centre, Bridge Street, Donegal Town, Co. Donegal

⑤ Day6: 多尼戈尔—康尼玛拉国家公园—阿什福德城堡—戈尔韦

离开多尼戈尔，沿 N15 公路南下行车约 3 个小时即可到达美丽的康尼玛拉国家公园。作为爱尔兰最大的国家公园之一，这里有众多迷人的景色，之后驱车前往附近的阿什福德城堡参观，这同样是爱尔兰一座童话般的城堡。晚上抵达戈尔韦市（Galway）住宿。

康尼玛拉国家公园

康尼玛拉国家公园（Connemara National Park）位于爱尔兰戈尔韦地区，是爱尔兰六处国家公园之一。这座公园面积达 2957 公顷，不仅拥有原始的自然景观，还拥有众多的考古遗迹。公园内湖光山色、空气湿润，大量的鸟类栖息在林间，喧嚣而不失静谧。著名的凯利莫修道院（Kylemore Abbey）是一座美丽的哥特式建筑，坐落在美丽的维多利亚花园中，其背后还有一个极为浪漫的爱情故事，也是戈尔韦地区的必游景点之一。

GPS 地址：Letterfrack, Co. Galway

网址：www.connemaranationalpark.ie

阿什福德城堡

阿什福德城堡（Ashford Castle）是爱尔兰最神秘的古堡之一，由英国人德·伯格家族于 1288 年创建，被誉为"爱尔兰美景中的标志性城堡"，是个宛如童话般的地方。如今这座城堡已经成为一座豪华的酒店，每一位到访的客人都会受到贵族般的待遇。

网址：www.ashfordcastle.com

戈尔韦

戈尔韦（Galway）位于爱尔兰西部，是一座面对大西洋的海港城市。城市的旧城区仍保持着13世纪时期的风格，新市区则是著名的滨海疗养地。城内有埃尔广场（Eyre Square）、戈尔韦大教堂（Galway Cathedral）等景点，夜间的港口风景非常漂亮。

GPS 地址：Newcastle Rd，Co. Galway

⑥ Day7: 戈尔韦—莫赫悬崖—基拉尼

离开戈尔韦，经 N67 公路，行车约 1.5 小时便抵达欧洲最高的悬崖莫赫悬崖（Cliffs of Moher），在此领略过大西洋乱石穿空、惊涛拍岸的盛景之后，继续前往爱尔兰南部的重要旅游城市基拉尼（Killarney）。中途可在利默里克（Limerick）补充食物和加油。从莫赫悬崖到基拉尼约需 3 个小时车程。

莫赫悬崖

莫赫悬崖（Cliffs of Moher）是欧洲最高的悬崖，面向浩瀚无际的大西洋，最高点高出大西洋海平面 210 多米，沿着爱尔兰西海岸绵延 8 千米。莫赫悬崖上生长着众多珍稀植物，还是爱尔兰最重要的海鸟栖息地，每年都会有 3 万多只海鸟在那里繁殖后代。众多著名的影视作品都曾在这里取景，比如《哈利·波特与混血王子》、西城男孩著名的单曲《My Love》的 MV 等。

GPS 地址：Liscannor，Co. Clare

网址：www.cliffsofmoher.ie

> **TIPS:**
> 莫赫悬崖上风较大，参观时要听从当地工作人员安排，注意安全。

⑦ Day8: 基拉尼

基拉尼（Killarney）是一个位于爱尔兰西南部凯里郡（County Kerry）的重要旅游小镇，距离科克（Kork）约 85 千米。城市中拥有众多古色古香的历史遗迹，西南部的基拉尼国家公园更是一处风景迷人之所在。

基拉尼国家公园

基拉尼国家公园（Killarney National Park）建成于 1932 年，占地达 1 万多公顷，是爱尔兰最大、最早和最重要的国家公园。N71 公路从公园中部穿过，公园中有爱尔兰最高的山峰——卡朗图厄尔山（Carrauntoohil），还有壮观的瀑布、宁静的湖泊、美丽的别墅、茂密的红豆杉树林、爱尔兰唯一的本地红鹿群、爱尔兰现存面积最大的原始森林以及众多爱尔兰珍稀动植物。

罗斯城堡（Ross Castle）修建于 15 世纪，位于基拉尼西南的林恩湖（Lough Leane）畔，是一座很难被攻破的堡垒，曾经是爱尔兰部族奥多诺休家族（O'Donoghue clan）势力的根据地。17 世纪，在克伦威尔大军横扫爱尔兰时，这里是最后一个被迫投降的据点。如今的罗斯城堡被改建为一座旅舍，据说经常会有灵异事件发生。

马克罗斯宅邸（Muckross House）有 60 余间富丽堂皇的房间，客厅的各种装饰很好地诠释了主人的财力和地位，宅邸附近还有一处美丽的花园。这一地区禁止汽车通行，但可徒步或乘马车前往。

马克罗斯修道院（Muckross Abbey）位于宅邸北侧，建于 15 世纪中叶，在历次战争中曾多次遭到损毁和洗劫，目前四周的拱形回廊保存完好。墓地中埋葬了凯里郡历史上一些著名的人物。

莱恩湖（Lough Leane）是爱尔兰西南部最大的湖泊，在基拉尼国家公园中极为引人注目。莱恩湖湖水幽深湛蓝，据说曾有人在湖中发现过巨型水怪的踪迹。

托尔克瀑布（Tore Waterfall）位于兰恩湖南侧，沿着N71 公路直走就能看到。这条瀑布虽然规模不大，但分段层次非常清晰，是公园中最著名的景观之一。

紫山（Purple Mountain）位于公园西侧，最高点海拔 830 米，山脊处呈现漂亮的紫色，山坡下覆盖着橡树林，落日余晖下极为靓丽。

GPS 地址: National Park, Killarney, Co. Kerry

网址: www.muckross-house.ie

⑧ Day9: 基拉尼一科克

科克（Cork）是爱尔兰仅次于都柏林的第二大城市。城市四周青山环绕，绿树成荫，山谷、河流、海滩点缀其中，市内古建筑和古迹颇多，学院、画廊、博物馆林立，曾被评为"欧洲文化之都"。每年5月、9月和10月还会有特色的民俗节、国际电影节和爵士乐节等。

圣芬巴尔大教堂

圣芬巴尔大教堂（Saint Fin Barre's Cathedral）修建于1870年，是一座哥特复兴式的新教教堂。教堂外壁全部由石头砌成，被誉为爱尔兰的"巴黎圣母院"。教堂最显著的标志是顶端的金色天使，教堂内部装饰精致，随处可见以《圣经》为题材的彩色玻璃花窗。

GPS 地址: Bishop St., Cork

网址: corkcathedral.webs.com

科克大学

科克大学（University College Cork）前身为皇后学院，成立于1845年，是爱尔兰最古老和最著名的大学之一。校园中芳草如茵，历经岁月的灰色石头建筑上爬满了青翠的藤萝。历史与现代的交织让这所大学别具魅力。

GPS 地址: Western Road, Cork

网址: www.ucc.ie

菲茨杰拉德公园

菲茨杰拉德公园（Fitzgerald Park）位于秀美的丽河（Lee River）河畔，遍布草坪和野花，还有健身房、博物馆、酒吧、餐厅等设施，是一个远离尘嚣的好地方。每逢周末都会有当地人带着孩子和宠物在公园里享受休闲时光。公园中还经常会举办一些活动，如仲夏时节就会有露天电影节等。

GPS 地址: Mardyke Walk, Western Rd., Cork

卡姆登城堡

卡姆登城堡（Camden Fort Meagher）位于科克市东南侧的海角处，距离市中心约25千米。卡姆登城堡是一座充满历史沧桑感的美丽建筑，其最与众不同的一点就是大部分的建筑都位于地下。螺旋楼梯和地下通道非常壮观，登上城堡可俯瞰海湾美景。

GPS地址：Camden Road I cork Ireland, Cork

网址：camdenfortmeagher.ie

⑨ DayIO: 科克—凯袖宫—基尔肯尼城堡—都柏林

离开科克城，沿M8公路北上行驶，沿途拜访两座壮丽的古堡——凯袖宫和基尔肯尼城堡，最后抵达行程的最后一站都柏林，完成此次环爱尔兰之旅。

凯袖宫

凯袖宫（Rock of Cashel）坐落于南蒂珀雷里郡，历史可追溯至

1000多年前。据说凯袖宫来自神话中的一块巨石，是爱尔兰最受欢迎的景点之一。这座雄伟的建筑由巨大的圆塔、高耸的十字架、罗马式教堂、哥特式教堂和中世纪城堡组成，规模巨大。其中高达28米的圆塔是整个宫殿中保存最完整的部分，已有1100年历史，是凯袖宫最古老、最高的部分。

GPS地址：Cashel, Co. Tipperary

网址：www.heritageireland.ie

基尔肯尼城堡

基尔肯尼城堡（Kilkenny Castle）修建于1172年，于1195～1213年重建。在城堡河道岔口，可俯瞰城区，地理位置优越。城堡内部建有大量的鼓楼，周围有美丽的花园和艺术画廊，是爱尔兰最具人气的古堡之一，在冷兵器时代，基尔肯尼城堡被称为"铜墙铁壁"。虽然城堡在数百年间几经易主和改建，但大部分建筑都保留了原来的面貌，著名的爱尔兰民歌《夏天最后一朵玫瑰》便于此创作。

GPS地址：The Parade, Kilkenny

网址：www.kilkennycastle.ie

食宿提示：有机会可以照着尝试

都柏林食宿

住宿： The Croke Park 提供免费无线网络连接和免费停车场。GPS 地址：Jones's Road, Dublin D03 E5Y8。预订官网：www.doylecollection.com。

West County Hotel 提供免费停车场、免费无线网络连接和爱尔兰特色的早餐，酒吧菜单丰富。GPS 地址：Old LucanRoad, Chapelizod, Dublin 20。预订官网：www.westcountyhotel.ie。

美食： John Kavanagh-The Gravedi- ggers 特色的爱尔兰啤酒是这里的招牌。GPS 地址：1 Prospect Square Glasnevin | Prospect Square, Glasnevin, Dublin D09 CF72。

The Vintage Kitchen 位于都柏林中心地带，鳕鱼、红酒和意大利鲜虾饭非常不错。GPS 地址：No7 Poolbeg Street, Dublin。

贝尔法斯特食宿

住宿： Stormont Hotel 拥有自己的餐馆，提供 24 小时前台和免费停车场。GPS 地址：587 Upper Newtownards Rd, Belfast, County Antrim BT4 3LP。预订官网：www.hastingshotels.com。

美食： Holohan's 是一家著名的爱尔兰餐厅，鲈鱼和鸭肉最受食客欢迎。GPS 地址：1 Lanyon Place | Co.Antrim, Belfast BT1 3LG。

伦敦德里食宿

住宿： Brown Trout Golf & Country Inn 拥有免费无线网络连接和免费停车场，距离巨人之路和黑暗树篱都在 30 分钟车程内。GPS 地址：209 Agivey Rd,Coleraine BT51 4AD。预订官网 www.browntroutinn.com。

美食： Brownsin Town 经常推出特色菜供食客选择。GPS 地址：21 Strand Rd, Derry BT48 6BJ。

多尼戈尔食宿

住宿： Ardeevin Guest Accommodation 距离多尼戈尔仅 10 分钟车程，房间价格适中，设施完善，提供免费停车位和爱尔兰风味的早餐。GPS 地址：

Lough Eske, Donegal。预订官网：www.booking.com。

美食：The Harbour Restaurant 以正宗的爱尔兰菜、美味的海鲜和鲜美的比萨而闻名。GPS 地址：Quay Street, Donegal Town 0000。

基拉尼食宿

住宿：Killarney Court Hotel 提供免费无线网络连接和免费停车场。GPS 地址：Tralee Road, Killarney, Co. Kerry。预订官网：www.killarneycourthotel.com。

美食：Cronins Restaurant 是一家正宗的爱尔兰餐厅，海鲜、薯条、烤鸭和三明治都值得推荐。

GPS 地址：9 College Street, Killarney。

科克食宿

住宿：Lancaster Lodge 是科克市中心的一家豪华酒店，各项设施一应俱全，提供免费停车服务。GPS 地址：Lancaster Quay, Cork。预订官网：www.lancasterlodge.com。

美食：Liberty Grill 位于科克市区，是一家主营美式料理和烧烤的餐厅，汉堡、薯条烤鱼非常新鲜，还有各种饮料可供选择。GPS 地址：32 Washington Street, Cork。

重要信息：免费资料别错过

自驾沿途游客中心咨询

名称	GPS 地址	电话	网址
都柏林游客中心	17 O'Connell Street Lower, Dublin 1	0353-18980700	dublinvisitorcentre.com
贝尔法斯特游客中心	9 Donegall Square N, Belfast BT1 5GJ	0442-890246609	www.visit-belfast.com
多尼戈尔旅游办公室	Quay St., Donegal	0353-749721148	—
基拉尼游客中心	Scotts St., Killarney, Co. Kerry	0353-646632638	—
科克旅游办公室	Tourist House, Grand Parade, Cork	0353-214255100	—

PART ③

北欧自驾

A SELF-DRIVING TOUR IN NORTHERN EUROPE

1

挪威峡湾小环线 ——行驶在怪异又不可想象的道路上

▶▶ **奥斯陆（Oslo）—哈马尔（Hamar）—盖朗厄尔峡湾（Geirangerfjord）—松达尔（Sogndal）—奥斯陆（Oslo）**

| 线路全长：约 1020 千米 | 所需时间：5 ～ 6 天 | 最佳季节：5 ～ 10 月 |

🚕 **线路亮点** ▶▶▶▶▶▶▶▶▶▶▶▶▶▶▶▶▶

　　这条线的主题是挪威美丽的峡湾代表——盖朗厄尔峡湾，那里多为高山、悬崖、飞瀑和农田，显得怪异又不可想象的道路走向与穿堂而过的瀑布相结合，更显气势。当然，这条线还会经过尤通黑门山国家公园以及松恩峡湾，尤通黑门山国家公园是挪威首屈一指的徒步旅行和登山天堂，松恩峡湾很大，沿岸美景无数，这里会介绍松恩峡湾另一面的风情。

挪威峡湾小环线自驾线路示意图

线路规划

Day1: 约 130 千米，奥斯陆—哈马尔

Day2: 约 325 千米，哈马尔—利勒哈默尔—盖朗厄尔峡湾

Day3: 约 230 千米，盖朗厄尔峡湾—松达尔

Day4: 约 335 千米，松达尔—奥斯陆

亮点速览

① Day1: 奥斯陆—哈马尔

哈马尔是座很容易被人忽视的小城，但这座小城却是 1994 年冬奥会的赛场所在地，来到这里你就能见到冬奥运会赛场。哈马尔位于挪威最大的湖泊——米约萨湖旁，在这里，乘坐世界上仍在运行的最古老的轮船游览美丽的米约萨湖。从奥斯陆前往哈马尔很方便，只要沿着 E6 向北行驶即可。

米约萨湖

米约萨湖（Mjosa）是挪威最大的湖泊，也是挪威甚至整个欧洲最深的湖泊之一，仅次于松恩－菲尤拉讷郡（Sognog Fjordane）的霍宁达尔湖（Hornindalsva-tnet）。它是一个狭长美丽的高原湖泊，从位于爱德斯沃尔境内明讷孙的最南端到位于利勒哈默尔的最北端，总长 117 千米。白天鹅（Skibladner）号是世上最古老的明轮蒸汽机船（1856 年），目前仍在正常运营，乘上它去看米约萨湖的美景是不能错过的经历。

GPS 地址：Jernbanegata 2,2821 G jovik（白天鹅号）

电话：061-144080（白天鹅号）

票价：单程 220 挪威克朗，往返 320 挪威克朗（白天鹅号）

网址：www.skibladner.no（白天鹅号）

哈马尔

哈马尔（Hamar）是位于挪威海德马克行政区的小城，临近

米约萨湖的东岸。哈马尔旧城成立于 1152 年，而现在的哈马尔则在 1849 年由奥斯卡一世建立。这是挪威的滑冰胜地，1994 年因奥运会而建的奥运速滑赛场（又称"维京船"，因其外形似维京时代的战船而得名）坐落于哈马尔城内。哈马尔市区有步行街，从围绕着西边大广场的图书馆、电影院和市场遗址延伸到东边的东广场。这里还有挪威铁路博物馆（Norsk Jernbane Museum），里面展示了很多关于挪威铁路发展史的展品。

海德马克博物馆（Hedmark Museum)这座露天博物馆是在哈马尔大教堂遗址的基础上建立的，里面展示了很多 18、19 世纪的建筑。在当地民间史展览中你会看见一个魔鬼手指，令人毛骨悚然。此外，你还会看见一座精美的玻璃天主教堂和一座被罩在玻璃里面的中世纪教堂遗址。

GPS 地址：Strandveien 163, 2316 Hamar(挪威铁路博物馆）; Strandveien100, 2315 Hamar（海德马克博物馆）

电话：062-513160（挪威铁路博物馆）; 062-542700（海德马克博物馆）

门票：75 挪威克朗（挪威铁路博物馆）

开放时间：5 月 26 日至 6 月 21 日、8 月 17 日 至 31 日 周一至周六 11:00 ～ 15:00，周日 11:00 ～ 16:00；6 月 22 日至 8 月 16，10:00 ～ 17:00；9 月 1 日至次年 5 月 25 日周二至周六 11:00~15:00，周日 11:00 ～ 16:00，周一休息（挪威铁路博物馆）

网址：www.norsk-jernbanemuseum.no(挪威铁路博物馆），www.hedmarksmuseet.no（海德马克博物馆）

② Day2：哈马尔—利勒哈默尔—盖朗厄尔峡湾

从哈马尔继续沿 E6 向北行驶，不久后就会到达利勒哈默尔。利勒哈默尔位于米约萨湖的最北端，曾在 1994 年举办过第 17 届

奥林匹克冬奥会，至今这里还保留着许多与冬奥会有关的设施和场所。每到冬季，来利勒哈默尔滑雪的挪威人数不胜数。

过了利勒哈默尔继续沿 E6 向北行驶，大约 105 千米后左转进入 Rv 15，沿 Rv 15 行驶 133 千米后右转进入 Rv 63，沿 Rv 63 再行驶 24 千米即可到达盖朗厄尔峡湾顶端的盖朗厄尔小镇。

盖朗厄尔峡湾有 3 个观景点，一个是 Dalsnibba，一个是 Flydalsjuvet，还有一个是 Ornevegen（老鹰之路）。在到达盖朗厄尔小镇之前会经过 Dalsnibba 和 Flydalsjuvet，Dalsnibba 是盖朗厄尔峡湾海拔最高的观望点，在这里能看到峡湾最壮丽的风光；Flydalsjuvet 则十分靠近小镇，这里也有很好的拍摄峡湾风光的角度，它的旁边就是著名的 Hotell Utsiken。1898 年 Siam 国王在他旅行过程中曾经在这里住过，并评价这里是 "A temple to lift your spirits"，从这里可以看出 Hotell Utsiken 是盖朗厄尔所有旅馆中欣赏峡湾风光最好的一个，因此 Hotell Utsiken 住宿和吃饭价格都很昂贵。

Ornevegen 则在盖朗厄尔小镇北侧的一个 620 米高的山腰上，它是欣赏盖朗厄尔峡湾美景的一个经典的观景地点。在到达 Ornevegen 之前，你需要经过 11 个 U 字形弯道，待到达 Ornevegen 之后，你就可以将盖朗厄尔峡湾与附近 Seven Sisters（七姐妹）瀑布的风光尽收眼底。当然，不能错过的还有乘坐邮轮在盖朗厄尔与 Hellesylt 之间巡游，风景无与伦比。

利勒哈默尔

利勒哈默尔（Lillehammer）位于狭长的米约萨湖北端，距离奥斯陆约 174 千米。它作为城市的历史并不长，但凭借它与米约萨湖的便利交通，逐渐发展成一座发达的现代化城市。1994 年，在利勒哈默尔举办了第 17 届奥林匹克冬季奥运会，至今这里还保留着许多与冬奥会相关的设施和场所。在这里，你可以去闻名世界的花样滑冰场馆哈马尔奥林匹克滑雪场去学学花样滑冰，去霍峰高山滑雪中心滑雪。在城郊有一座麦豪根露天博物馆(Maihaugen Folk Museum)，里面有 130 多间民宅和木结构教堂，很有看头。

挪威奥林匹克博物馆（Norwegian Olympic Museum）是北欧地区唯一一座展示奥林匹克运动会从公元前776年的古希腊奥运会直至今日的所有历史的博物馆。它是挪威最大、最重要的体育博物馆。它有着让挪威人痴迷百余年的文化宝藏，总共珍藏着超过7000件奥林匹克运动会的物品。

利勒哈默尔艺术博物馆（Lillehammer Art Museum）坐落在利勒哈默尔市中心，是一座高雅优美的博物馆。它曾在2008年8月22日于斯塔万格举行的国家博物馆大会中被投票选举为"2008年度博物馆"。很多人认为它是挪威国内具有领先水平的视觉艺术博物馆。这里陈列着挪威艺术家创作的很多重要作品。

吕斯郭尔跳雪台（Lysgardsbakkene)是1994年利勒哈默尔冬季奥运会的滑雪跳台，它是这个小镇上一处非常具有纪念意义的地标性建筑，也是一个非常受欢迎的摄影取景点。这个滑雪跳台一年四季都能使用，无论何时来到这里，你基本上都能看见跳台滑雪者的英姿。

GPS地址：Hakons Hall, Lillehammer（挪威奥林匹克博物馆）；Stortorget 2, 2609 Lillehammer（利勒哈默尔艺术博物馆）；Lysg Ardsvegen 55, 2609 Lillehammer（吕斯郭尔跳雪台）

电话：061-288900（挪威奥林匹克博物馆）；061-054460（利勒哈默尔艺术博物馆）；061-054200（吕斯郭尔跳雪台）

门票：75挪威克朗（挪威奥林匹克博物馆）

开放时间：5月中旬至9月中旬10:00 ~ 17:00, 其他月份开放时间很短（挪威奥林匹克博物馆）

网址：www.maihaugen.no（挪威奥林匹克博物馆）；www.lillehammerartmuseum.com(利勒哈默尔艺术博物馆）；www.olympiaparken.no（吕斯郭尔跳雪台）

盖朗厄尔峡湾

盖朗厄尔峡湾（Geirange-rfjorden）是挪威默勒-鲁姆斯达尔郡最南部

盖朗厄尔峡湾旅游网

南默勒地区的一个峡湾，为斯图尔峡湾的一个分支，峡湾的源头坐落着小村庄盖朗厄尔。狭长的峡湾拥有原始秀美的海湾景观，是风景最为秀丽的地区之一，也是挪威最受欢迎的旅游地之一。2005年与松恩峡湾的分支——纳柔依峡湾一起被联合国教科文组织列入《世界自然遗产名录》。

盖朗厄尔峡湾以原始的风光和宏伟的瀑布而闻名。峡湾中，悬崖峭壁上是数不清的瀑布，自由欢畅的河水穿越落叶和松叶林流入冰湖、冰河和崎岖的山地，还有一系列的陆地和海洋景观，如海底冰碛和海洋哺乳动物，共同构成了这里奇特的景致。最值得注意的是，离它不远处是欧洲大陆最大的冰川——约斯特谷冰原(Jostedalsbreen)。

在盖朗厄尔峡湾众多美丽的瀑布中，最著名的一个瀑布是顺着盖朗厄尔峡湾而流的七姐妹（The Seven Sister）瀑布。它像

一幅自然的画作，临近已经废弃的农场Knivsfla。这里有7支瀑布飞泻入峡湾，平均高度大约为250米，当水位较高时，这里的景观极为壮观。20世纪30年代，Knivsfla农场清理了这里的水道，用石块分隔开瀑布，更增加了这里的游览魅力。盖朗厄尔峡湾还有一处瀑布非常壮观，而且它有一个很别致的名字，叫"新郎的面纱"，值得去看看。

你从群山上俯视，可以看见峡湾周围肥沃的土地上点缀着零零星星的农场。其中沿着峡湾的两岸有大量废弃的农场，这两大农场的修复工作已经在进行了。其中游览者最多的三大农场是Skagefla、Knivsfla和Blomberg。Skagefla也可以从盖朗厄尔步行抵达，其他几个农场需要乘船游览。

无论你选择哪一种方式来游

览盖朗厄尔这个小镇，都不会让你失望。乘坐轮渡缓缓地前进，你可以看到小镇在峡湾的东部尽头慢慢收进山谷，而从北侧的陆路进来则会有机会领略到在63号公路上伴着峡湾远远闪烁的小镇。同样的，从15号公路开始驶向南边，你就可以从这里弯曲的公路进入盖伦哥的后方，这里的布局十分精巧，有十分精美的景致。你可以到盖朗厄尔旅游信息中心了解一些峡湾徒步的信息。

盖朗厄尔峡湾中心（Geiranger Fjordsenter）是一座指向峡湾方向的类似枪一样的建筑，非常引人注目。这里有关于自然、农业、旅游等以及盖朗厄尔峡湾的介绍。在这里能看见从盖朗厄尔附近移来的农舍、古老的蒸汽船等，还可以看一些关于码头旧貌的展示，并了解到当地人的生活方式等。

眺望台在盖朗厄尔往奥斯陆方向走的63号公路上，是海拔最高的观赏点，在这里可以俯瞰盖朗厄尔小镇和盖朗厄尔峡湾的风光。在眺望台上有一座叫做"女王陛下的椅子"的雕塑，从这座雕塑旁望向四周，可以看到非常撼人心魄的景观。

电话：070-263007（盖朗厄尔峡湾中心）

门票：90挪威克朗（盖朗厄尔峡湾中心）

开放时间：6月26日至26日、8月6日至23日9:00～18:00，6月27日至8月5日9:00～22:00（盖朗厄尔峡湾中心）

网址：www.geirangerfjord.no（盖朗厄尔中心）

老鹰之路

挪威的西海岸线有一条63号公路，是全世界最曲折蜿蜒、通向峡湾山区的景观公路，被称为世界上十二条最危险的路之一。63号公路第一段被称为"老鹰之路"（Ornevegen），第二段被称为"精灵之路"，顺着峡湾盘绕陡峭的山壁开凿，山势险峻。老鹰之路这个霸气的名字，是因为每年在公路开放前几天，在峡弯的最高点——老鹰之翼（Ornesvingen，620 米）观景台附近经常有老鹰聚集，公路才由此得名。

③ Day3: 盖朗厄尔峡湾—松达尔

在前往松达尔之前，不得不提一下 Trollstigen。Trollstigen 是非常著名的路段，中文意思是精灵的阶梯。这段刺激的公路于 1936 年建成，前后历时 8 年时间。整条路段有 11 个 "U" 字形弯道，坡度为 1:12，有些路段宽度只够一辆车通过。公路的周围三面都是笔直的岩壁，数条瀑布从岩壁的不同位置倾泻而下，造就了一个 "人工" 的自然景观。从 Trollstigen 顶端的观景台往下看，瀑布、公路、峭壁相结合，壮观又诡异。从盖朗厄尔沿 Rv 63 向北走 70 千米即可到 Trollstigen。

从盖朗厄尔沿着 Rv63 向南行驶到头，沿着之前来的 Rv15 往回走到洛姆（Lom），再向南沿 Rv55 行驶，经尤通黑门山国家公园到达松达尔。在 Rv63 到头时如果右转顺着 Rv15 行驶而不是

返回，则可以到达 Rv 258，这中间要穿过连续几个隧道。Rv258 的全称是 THE Old Strynefjell Road，1894 年建成后便是连接 Grotli 与 Stryn 之间的重要通道。Rv258 给人的感受就是荒凉，几乎看不到一点人类活动的痕迹，其两边的景色却是绝美无比。Rv258 行驶到底就是 Grotli，还是会返回到 Rv15 上，有兴趣的话可以绕一下看看传说中的美景。

Rv55 也是值得一走的公路，公路的最高点海拔 1434 米，这使得它成为了北欧最高的一条山地公路，其两边的风光非常迷人。尤通黑门山国家公园就在 Rv55 的旁边，公园内有挪威最高的几个山峰和挪威最大的冰川，许多徒步爱好者和登山爱好者都会来这里享受大自然的馈赠。再往南经过 Gaupne 时会有个 604 公路，这条公路是通往约斯特谷冰原的，沿途的冰原风光很具有代表性。

在到达松达尔之前，不要忘了到 Urnes 看 Urnes Stave

Chllrch，到 Umes 可以从 Skj-olden 走小路开过去，在苏尔沃伦（Solvorn）也有轮渡可以前往Umes。Umes Stave Church 是挪威现存 28 座木教堂中唯一被列入世界文化遗产名录的，非常值得一看。

精灵之路

这条蜿蜒于挪威西海岸的公路原叫托罗尔斯蒂根山道（Trollstigen），意为精灵的阶梯，也有人用精灵之路来称呼它。它是在挪威国王哈康七世（HaakonⅦ）的监督下、历时 8 年的时间建造而成的，于 1936 年 7 月 31 日对外开放，为 63 号公路的第二段。为了更加安全，这条公路近几年曾多次加宽，最近一次是在 2005 年，但是超过 12.4 米长的交通工具依然禁止通行。

约斯特谷冰原

约斯特谷冰原（Jostedak-brenn）位于松恩－菲尤拉讷郡内，是欧洲大陆最大的冰盖，面积 487 平方千米，最大冰厚 400 米。它有很多山岬，占据了诺德峡湾（Noidfjond）和松恩峡湾之间的大部分高地。冰原上的最高峰海拔 2000 多米，还有许多冰川伸人

邻近谷地。它现在是一座受保护的国家公园，为徒步旅行提供了很便利的条件，得到了很多户外运动爱好者的青睐。55 号公路上的 604 高原公路沿途的冰原风光很具有代表性，值得前往游览。

GPS 地址：Breheimsen-teret, 6871 Jostedal（Jostedal Breheimsenteret）

电话：057-683250（Jostedal Breheimsenteret）

开放时间：6 月末至 8 月 9:00 ~ 19:00，5 月和 9 月 10:00 ~ 17:00（Jostedal Breheimsenteret）

网址：www.jostedal.com（JostedalBreheimsenteret）

尤通黑门山国家公园

尤通黑门山国家公园（Jot-unheimen National Park）是挪威的国家级公园，建于 1980 年，被认为是挪威首屈一指的徒步旅行和登山天堂。它是斯堪的纳维亚山脉中最高的一条支脉——尤

通黑门山脉的核心区域，高山、冰河和深湖是这个国家公园的标志。这里有超过 200 座大山，它们的最高峰都在 2000 米以上，其中 3 座最高的山分别为加尔赫峰（Galdh Opiggen）、格利特峰（Glittertind）和大斯卡加斯特峰（Store Skagast Olstind）。关于公园内的更多信息，可与 Lom 旅游局联系。

GPS 地址：Luster, 6877 Skjolden

电话：097-600443

网址：www.dimat.no

TIPS:

1. 公园的迷人风光和特色活动

尤通黑门山国家公园是挪威最受欢迎的国家公园，它聚集了北欧绝大部分的高海拔山峰，十分壮观。公园内还遍布美丽的瀑布、清澈的河流湖泊、迷人的冰川和肥沃的河谷，加上巍峨的山峰，使这里变成了越野、高山滑雪、自行车旅行和登山运动的天堂。在这里，你可以看到最原始的自然，呼吸到最清新的空气。尤通黑门山地区其他较为流行的户外运动项目还包括冰河行走、漂流、洞穴探险、溪降运动和骑马等。

2. 公园奇特的植物

尤通黑门山最为神奇的是这里海拔虽高，却生长着大量的山地植物，其中冰河毛茛是海拔最高的有花植物，盛开在格利特峰海拔 2370 米的位置，非常接近山巅了，开的花特别漂亮。此外在这个国家公园，你还能看见很多石灰岩植物，如香甜的山地水杨梅。

3. 公园可爱的动物们

在尤通黑门山国家公园，你还会看见许多动物快乐地生活在这里，如驯鹿、麋鹿、狍、狐狸、貂、水貂、豹熊和猞猁等。此外，很多的河流湖泊里都有数量庞大的鲑鱼群，具有代表性的鸟类就是松鸡、鹭和鹰了。

乌尔内斯木板教堂

乌尔内斯木板教堂（Urnes Stave Church）始建于 1130 年左右，是挪威现存的最古老的木质教堂。1979 年，它被联合国教科文组织列入《世界文化遗产名录》。教堂的特点是屋角上有巨大的木支柱，上面由梁和承梁所固定，内部的其他支撑件相对减少。从教堂的平面图看，很容易使人联想起那种里面有木头柱廊的大教堂。教堂内保存了许多 12 世纪的精美木雕画，其中不少是方形的浮雕板，周围有人像浮雕装饰，还有雕有叶饰和龙饰的墙裙。教堂内有中世纪陈设，如一个木质的耶稣受难群像和两个利莫格斯的彩饰铜蜡台。圣台与布道坛、边座、唱诗班的屏饰、靠背长凳和壁画等都是 1700 年以前的物品。此外，它还向人们展示了关于所谓"黑暗"木头的建筑艺术。

GPS 地址：Urnes

电话：057-678840

网址：www.stavechurch.com

④ Day4: 松达尔—奥斯陆

松达尔的风光在其所处的这片区域内是十分逊色的，不过娱乐休闲设施却很丰富。想要看到不一样的松恩峡湾风光，就得去松达尔西边的美丽小镇 Balestrand，沿 RV55 西行即可到达。Balestrand 是个低调的小镇，它周边的车辆很少，十分适合漫步，路两边都是苹果园、花园和老房子，可以来这里行走和思考。

从松达尔沿 RV5 向奥斯陆方向行驶 36 千米会来到一个盆路口，右转可到艾于兰、弗洛姆（挪威著名的观光点，直走沿 E16 行驶 28 千米后右转进入 RV52，79 千米后从环岛的 2 出口上 RV7，133 千米后继续转到 E16 行驶，19 千米后沿 E18 到达奥斯陆。

巴莱斯特兰

巴莱斯特兰（Balestrand）背靠青山，面临峡湾，是松恩峡湾上一个著名的度假胜地。这里风光明媚、淡雅恬静。在 19 世纪以前，这里是一个不为人知的地方，但就在 19 世纪初期，这里的美景和冬季奇异的极光吸引了一群风景画家前来采风创作，他们的作品使这一地区被大家所知道，并得到越来越多的游客的欢迎。如果你想徒步或者是去更远的地方游览，那么你可以到位于码头旁边的旅游咨询处（Balestrand Tourist Information Office) 咨询。

食宿提示：有机会可以照着尝试

利勒哈默尔食宿

住宿：MLillehammer Hostel 位于火车站 2 楼，窗外风光无限。电话：061-260024。

GjesteBU 很有乡村味道，而且价格便宜。GPS 地址：Gamlevegen 110。电话：061-254321

美食：Storgata 两边有许多面包店和餐馆。

盖朗厄尔峡湾食宿

住宿：Hotell Utsiken 是观赏峡湾风光的最好旅馆，价格昂贵。GPS 地址：6216 Geiranger。电话：070-269660。

Naustkroa 有个石头小院，可以俯瞰峡湾美景。电话：070-263230。

美食：盖朗厄尔镇中心有两家咖啡厅可以吃饭，旅馆也提供正餐。

松达尔食宿

住宿：可通过旅游局预订私人住宅。HI Hostel 是世界青年旅舍分舍，电话：57-627575。在 Balestrand 也有世界青年旅舍分舍，电话：057-691303。

美食：松达尔连锁餐厅比较多，能挑的不多。

重要信息：免费资料别错过

自驾沿途游客中心咨询

名称	地址	电话	开放时间	网址
哈马尔旅游观光处	海盗船博物馆运动场内	067-517503	周一至周五 8:00~16:00，周六、周日休息	—
利勒哈默尔旅游信息处	利勒哈莫尔的火车站内	061-289800	6 月 22 日至 8 月 16 日周一至周五 9:00~18:00，周六、周日 10:00~17:00；8 月 17 日至次年 6 月 21 日周一至周五 9:00~16:00，周六 10:00~15:00，周日休息	www.lillehammer.com
盖朗厄尔旅游信息中心	盖朗厄尔码头旁边	070-263800	5 月中旬至 9 月 9:00~17:00	www.visitgeirangerfjorden.com
松达尔旅游局	公共汽车站东边几百米处	097-600443	6 月中旬至 8 月中旬周一至周五 9:00~18:00，周六 10:00~16:00；其他月份营业时间短	—
Balestrand 旅游局	Kaien, 6899 Balestrand	057-691255	6~8 月周一至周六 8:00~18:00，周日 10:00~17:00；5 月和 9 月周一至周六 10:00~17:00	www.visitbalestrand.no

2

横穿峡湾内部 ——巨人之舌的呐喊

▶▶ 奥斯陆（Oslo）— 海达尔木堂（Hedda Stave Church）—沃灵爆布（Voringfoss）—奥达（Odda）— 卑尔根（Bergen）

| 线路全长：约 575 千米 | 所需时间：5～6 天 | 最佳季节：夏季 |

线路亮点 ▶▶▶▶▶▶▶▶▶▶▶▶▶▶▶▶▶▶▶▶

　　这条线上有挪威最大的木教堂，有壮观无比的沃灵瀑布（Voringfoss)，有大气秀丽的哈当厄峡湾，更有美丽的村庄——洛夫特胡斯（Lofthus）以及壮观的山地、冰川风景和神奇的"巨人之舌"。驾车行驶在这条线上，没有那么崎岖险峻，道路两旁的山坡上多是农田和野花，配上远处的冰川、瀑布和湖泊，更显秀丽动人。沿路的途中，你还可以在小摊上买到本土鸡蛋、蜂蜜以及可口的水果，哪怕是看着悠闲吃草的山羊也十分的惬意。

横穿峡湾内部自驾线路示意图

线路规划 ▶▶▶▶▶▶▶▶▶▶▶▶▶▶▶▶▶▶▶▶

Day1：约 355 千米，奥斯陆—海达尔木教堂—沃灵瀑布

Day2：约 55 千米，沃灵瀑布—埃德菲尤尔—洛夫特胡斯

Day3：约 30 千米，洛夫特胡斯—蒂瑟达尔—奥达（巨人之舌）

Day4：约 40 千米，奥达—孙达尔—永达尔

Day5：约 95 千米，永达尔—黑姆松—卑尔根

亮点速览

① Day1: 奥斯陆—海达尔木板教堂—沃灵瀑布

从奥斯陆出来，沿 E18 西行，约 40 千米后下 25 出口走 E134，一直沿 E134 行驶 77 千米，右转进入 Heddalsvegen 即可到达海达尔木板教堂。海达尔木板教堂是泰勒马克最吸引人的景点，它坐落于一块墓地中，周围环境十分幽静。此教堂建于公元 12 ~ 13 世纪，至今仍在使用，从复活节到 11 月的每个周日上午 11:00 都有礼拜仪式，游客也可以参加。

从海达尔木板教堂继续沿 E134 向西行驶 11 千米，右转进入 RV361，行驶 10 千米后直行进入 RV37，35 千米后右转进入 RV364。沿着 RV364 绕湖开

到蒂恩（Tinn）后，再向北进入 RV755，从这里开始路会变得非常窄，越向北人烟越少，但风光很不错。大约 44 千米即可进入 RV40，RV40 再向北行驶 45 千米到达耶卢（Geilo），从这里便开始进入 RV7。RV7 是穿越哈当厄高原的一条 National Tourist Route。哈当厄高原属于哈当厄国家公园，在高原的任何一个地方都能看见高原的地标性山峰——豪特根峰（Htoeigen）。这个山峰形似帽子，巍峨中又带有秀丽可爱。沿着 RV7 西行 72 千米即可到达沃灵瀑布。

沃灵瀑布是挪威参观人数最多的一个自然景点之一，每天来这里游览的人络绎不绝。在瀑布的旁边有个 Fossli Hotel，其停车场是观赏瀑布的最佳位置，据说这个停车场最高的一次记录是同时有 43 辆旅行团的大巴停在这里。沃灵瀑布指的并不是一条瀑布，而是由多条瀑布组成，这些瀑布与周围高原绝壁以及绝

壁下的峡谷组合在一起统称为Voringfossen。观赏沃灵暴布的最佳点有2个，一个是停车场，另一个在主瀑布一侧，在这两处看瀑布各有特色。

海达尔木板教堂

海达尔木板教堂（Heddal Stave Church）位于泰勒马克郡（Telemark）的诺托登（Notodden），它在诺托登这个毫无特色的工业城市里显得很特别，是挪威最大的木板教堂，是诺托登最吸引人的景点。这座教堂建于12～13世纪，是中世纪建筑的杰作，至今还被诺托登地区教会使用。

GPS地址：Heddalsvegen 412

电话：035-020400

门票：成人40挪威克朗，儿童免费，周日免费

网址：www.heddalstavkirke.no

海达尔木教堂官网

② **Day2: 沃灵瀑布—埃德菲尤尔—洛夫特胡斯**

从沃灵瀑布沿Rv7西行19千米即是Eidjford。Eidjford是个没有看点的小镇，且小得可怜，但它的旁边却是评价很高的Eidjforden。Eidjforden同属于哈当厄峡湾，这里的水面很开阔，视野很广，与远处的山峦、公路结合，十分美妙。Eidjford东北方的山架上还有个荒完的农场（Kjeasen Farm），这个农场有近400年的历史，农场里至今仍生活着一位老太太，她独自在农场生活了近40年。在农场可以欣赏到哈当厄峡湾的美景，还可以看到老太太布置温馨的房屋，只是去农场的路很特别，中间有段无灯隧道。

过了Eidjford，继续沿Rv7西行，15千米后直行进入Rvl3，再行驶23千米即可达到洛夫特胡斯（Lofthus）。Lofthus的四周遍布果园，建筑都依水而建，它被认为是哈当厄峡湾最美的村庄。

哈当厄国家公园

哈当厄国家公园（Hardangervidda National Park）横跨了布斯克吕郡、霍达兰郡和泰勒

马克郡，是挪威最大的国家公园。它的大部分区域是哈当厄高原，在1981 年成为国家公园。哈当厄尔高原 (Hardangervidda) 坐落在泰勒马克郡的北部，是欧洲面积最大的高原和北欧最大的驯鹿栖息地。

电话：053-673400

网址：www.visitnorway.com

TIPS:

1. 公园内的户外旅行活动

在哈当厄国家公园，你可以参加各种各样的户外旅游活动，这里简直就是户外运动爱好者的天堂。你可以在这里徒步旅行，登山、越野滑雪、骑车等，你还可以在这里探险，模拟和感受一下极地探险的场景。哈当厄高原分布着众多的湖泊、溪流、河流和沼泽，因此又十分适合垂钓。

2. 在众多的动植物中发现惊喜

哈当厄国家公园有非常丰富的动植物种群，虽然它位于挪威最南部地区，但在这里也能看见极地的一些动植物。如果你有时间去慢慢数、慢慢观察的话，你会在公园内的几百种植物、上百种鸟类、几十种哺乳动物中发现惊喜，如北极狐、雪鸮等。在哈当厄高原上，你还可以发现北欧最为庞大的驯鹿种群，它们每年从高原东部的冬季牧草地迁徙至高原西部肥沃的繁殖地，其间会穿越整个高原。在它们迁徙的时候，也许你能拍出很好的照片。

③ Day3: 洛夫特胡斯—蒂瑟达尔—奥达（巨人之舌）

Lofthus 再向南行驶 31 千米即是奥达，在到达奥达前会经过蒂瑟达尔 (Tysssdal)，那里有一座水力发电博物馆和一条景色迷

人的索道。从 Tysssdal 向东有路通往"巨人之舌（Trolltunga）"，乘索道、登台阶上去之后你定会被其所折服。

奥达是座工业城市，本身不是很漂亮，但其地理位置很好，从这里参加徒步旅行和冰川游很方便。

巨人之舌

巨人之舌（Trolltunga）是世界上最神奇的岩石之一。它坐落在霍兰达郡欧达镇（Odda）的

一个峡谷之上，是一块神奇的卧式岩石，因形状独特，又因岩体伸出山崖很远，像是山腰那突兀的魔舌，因此被称作"巨人之舌"。巨人之舌高于海平面1100米，是一块从山脉上延伸出来的岩石，站在上面能让人感受到大自然的鬼斧神工。

TIPS:

1. 登上巨人之舌

巨人之舌是很多户外爱好者向往的地方，但是想要登上它绝非易事，需要先乘坐缆车到达950米高的半山处，然后通过台阶或登山小道到达岩石。虽然登上它不容易，但是一旦上去了，你就会觉得在上去之前的艰难都是值得的。站在巨人之舌上，你会感觉自己是翱翔空中的超人或者是将要翱翔的雄鹰。在这上面，你还可以摆出各种惊险的动作来与这块岩石合影。

2. 攀爬巨人之舌的时间及住宿

每年的6月中旬至10月，是攀爬巨人之舌的最佳时间，具体时间主要取决于山脉的融雪。去巨人之舌需要携带厚衣服、地图、指南针、食物等物品。挪威徒步爱好者协会在附近建有小木屋，可以在此休憩一晚，再开始接下来的徒步之旅。

④ Day4: 奥达—孙达尔—永达尔

从奥达沿Rv551西行可到孙达尔（Sunndal）和鲁森达尔（Rosendal），这两个城镇之间有壮观的山地和美丽的冰川，Sunndal南面3千米处就是高山湖泊与冰川，十分适合徒步。如果不前往Sunndal直接转入Rv550行驶即可到哈当厄峡湾边上的永达尔（Jondal），从这里可以看到哈当厄峡湾无与伦比的自然风光，还可以乘船到对岸去观赏美丽的风光。

哈当厄峡湾

哈当厄峡湾（Hardangerfjorden）位于挪威霍达兰郡，长达179千米，是世界上第三长峡湾，也是挪威第二长峡湾。哈当厄峡湾始于大西洋畔，卑尔根的南面，峡湾沿着东北方向蜿蜒，直到哈当厄高原。哈当厄峡湾最长的分支为南峡湾，从主峡湾往南，长达50千米。峡湾最深处超过800米，位于峡湾中部诺海姆桑德。

电话：081-56822（峡湾旅游公司）

票价：770挪威克朗（峡湾

旅游公司）

开放时间：5~9月（峡湾旅游公司）

网址：www.fjord-tours.com（峡湾旅游公司）

⑤ Day5: 永达尔—黑姆松—卑尔根

从永达尔到对岸后沿Rv49北行可至努尔黑姆松（Norheimsund），这里有游览哈当厄峡湾的邮轮，一直开到埃德峡湾，贯穿整个哈当厄峡湾，不过只有夏季才会有邮轮。

从努尔黑姆松开始沿Fylkesvei 7西行，42千米后可上E16，沿着E16行驶即可到达卑尔根。卑尔根的缆车和海鲜市场是一定不能错过的。

海滨鱼市

海滨鱼市（Waterfront Fish Market) 作为历史上的鱼类交易中心拥有很长的历史，随着游客越来越多，鱼市在交易方式上有了很大的不同，新增加的纪念品商店和海鲜餐馆夹杂其中，活动也更加丰富。在这里可以使游客看到当地人餐盘中各式各样的海鲜，很多摊位都可以免费品尝。

除此之外还可以买到水果、蔬菜和鲜花等其他商品，是前往卑尔根旅游的必去之地。

GPS地址：卑尔根码头百米开外的一片空地上（港口最里面的广场上）

开放时间：6~8月7:00~19:00；9月至次年5月周一至周六7:00~16:00，周日休息

TIPS:

1. 海滨鱼市欢乐购

这个鱼市有很多的海鲜售卖，不过价格比当地超市里的海鲜相对贵一点。市场上每天顾客和游人络绎不绝。来这里的人除了买东西之外，最重要的就是喜欢这里的热闹氛围。在这里买完海鲜之后可以带回家，也可以请店主加工，这样你就可以立马尝到盐煮海虾、熏鲑鱼三明治等美味了。鱼类市场上除了鱼类外，还有鲜花、水果、蔬菜出售。市场周围也有不少旅游商店，你可以购买一些玩偶和特色服装等。

2. 海滨鱼市周边可游景点

在鱼市周围还有很多旅游景点，如市场对面被联合国列为世界遗产的中世纪码头，在码头上你能看见卑尔根最古老和最著名的建筑物——旧码头货仓。此外，市场周围的一些老房子，曾是剧作家霍尔堡、作曲家格里格等著名艺术家的故居，十分值得去参观。

食宿提示：有机会可以照着尝试

Voringfoss 食宿

住　宿：Fossli Hotel 是 Voringfoss 的最佳住宿点，风光无与伦比，住在这里还能免去停车费。电话：053–665777。

美食：旅馆有提供餐点。

Lofthus 食宿

住宿：Lofthus 镇内的 Hotel Ullensvang 曾是爱德华·格里格度假的地方，十分华丽。电话：053–670000。

美食：镇内有一家咖啡馆提供餐点。

重要信息：免费资料别错过

自驾沿途游客中心咨询

名称	地址	电话	开放时间	网址
Eidjford 旅游局	Eidjford 小镇内	053–673400	6 ~ 8 月周一至周四 10：00 ~ 20：00，周五、周六 10：00 ~ 18：00	www.visiteidjford.no
奥达旅游信息中心	Tprget2, 5750 Odda	053–641297	周一至周五 8：00 ~ 16：00	www.visitodda.no

3

深入欧洲大陆最北端 ——邂逅圣诞老人

▶▶ 吕勒奥（Lulea）—罗瓦涅米（Rovaniemi）—卡拉绍克（Karasjok）—北角（Nordkapp）—阿尔塔（Alta）—塞尼亚岛（Senja）—吕勒奥（Lulea）

| 线路全长：约 2310 千米 | 所需时间：8 ～ 10 天 | 最佳季节：5 ～ 10 月 |

线路亮点 ▶▶▶▶▶▶▶▶▶▶▶▶▶▶▶▶▶▶▶▶▶▶▶

这是一条挪威最北部的环线游线路，直接飞到吕勒奥市，然后租车绕北角一圈回到吕勒奥还车，一路可跨越 3 个国家。这条线上最迷人的地方莫过于北角以及塞尼亚岛。北角位于欧洲大陆的最北端，是欣赏午夜太阳美景的最佳地；塞尼亚岛是一个让挪威人都称赞的美丽小岛，岛上的风景能够与罗弗敦群岛匹敌，但知道的人并不多。当然，这一路还有圣诞老人村、阿尔塔石刻等令人兴奋的景点、景观等着你。

挪威旅游官网

线路规划 ▶▶▶▶▶▶▶▶▶▶▶▶▶▶▶▶▶▶▶▶▶▶▶

Day1：约 250 千米，吕勒奥—加默尔斯达德—罗瓦涅米（圣诞老人村）

Day2：约 445 千米，罗瓦涅米—UKK 国家公—卡拉绍克

Day3：约 265 千米，卡拉绍克—北角

Day4：约 235 千米，北角—阿尔塔

Day5：阿尔塔（阿尔塔史前岩石艺术博物馆—Altaelva）

Day6：约 445 千米，阿尔塔—塞尼亚岛

Day7：塞尼亚岛西北岸或半岛游

Day8：约 670 千米，塞尼亚岛—吕勒奥

NP——国家公园英文缩写
E75——主要公路
37——次要公路
859——小路

北角
Nordkapp
P258

约235KM

约445KM

约265KM

E6

E6

E6

E6

特罗姆瑟
Tromso

E6

阿尔塔
Alta
P259

E75

库萨莫
Kuusamo

塞尼亚岛
Senja
P260

859

E6

卡拉绍克
Karasjok
P257

92

E8

E6

37

哈尔斯塔
Harstad

E6

E8

伊纳里
Inari

E75

E6

E8

莱门河国家公园 P257
Lemmenjoki NP

萨里山
Saariselks

E10

基律纳
Kiruna

约445KM

E45

E8

UKK国家公园 P255
Urho Kekkosen NP

约670KM

E75

E10

E45

E8

E10

凯米湖
Kemijarvi

E45

罗瓦涅米
Rovaniemi
P251

库萨莫
Kuusamo

E8

哈帕兰达
Haparanda

E75

约250KM

吕勒奥
Lulea
P250

E4

深入欧洲大陆最北端自驾线路示意图

亮点速览 ▶▶▶▶

① Dayl: 吕勒奥—加默尔斯达德—罗瓦涅米（圣诞老人村）

从吕勒奥出来进入 E4（E4 前段与 E10 并在一起），朝 Haparanda/Kiruna 方向行驶，123 千米后进入芬兰境内的 E8(这之间没有任何的检查，也几乎看不到什么国界的标志)，大约行驶 15 千米后下 Kallinkangas 出口进入 E75，沿 E75 再行驶 105 千米即可到达罗瓦涅米。

首先来说下吕勒奥。吕勒奥是个漂亮的小城，有很多公园以及海湾群岛，乘船游群岛在这里很受欢迎。其实，吕勒奥最著名的是加默尔斯达德（Gammelstad），

这个被列入世界遗产名录的教堂村有着一座石头教堂，400座木屋，在这里走走十分惬意。Gammelstad就在吕勒奥的西北方，吕勒奥市出来沿97号公路行驶即可到达。

罗瓦涅米是圣诞老人在地球上的"正式"居住地，在圣诞老人村里有圣诞老人自己的办公室，每年的单数日期里，人们可以与他亲自见面并合影，但合影的价格不菲。不合影的话可以去圣诞老人邮局购买多种纪念品与明信片。

加默尔斯达德教堂村

吕勒奥的加默尔斯达德是瑞典北部诺兰地区保存最为完好的教堂村。它还是斯堪的纳维亚半岛唯一的兼容两种木质村镇风格的村庄：教堂村和自治区。教堂村由一排排房屋和居住在远离教堂的教民使用的房屋组成。教民们会在大型教会节日、审判、集市和其他活动举行时，住在教堂村。

1996年，加默尔斯达德教堂村被列入世界遗产名录。世界遗产委员会赞誉：加默尔斯达德教堂村是展现斯堪的纳维亚北部地区传统教堂风格的独特地区，它很好地诠释了传统城镇如何在恶劣自然环境下更好地发挥其独特的地理和气候条件的优势。

电话：0920-293581（加默尔斯达德旅游办公室）；0920-96000（北博滕村管理处）

北极中心和拉普兰省立博物馆

北极中心和拉普兰省立博物馆（Arktikum House & Lapland Provincial Museum Arktikum）同在Arktikum这座奇特而充满科技的建筑中，其建筑内的大多房间都在地下。整座建筑反映了这样一个理念：在气候恶劣而严酷的北极，植物和动物只有在地下和雪下才能继续生存。北极中心是拉普兰大学的一个系，主要研究北极地区的自然环境、因纽特人的狩猎习俗，以及开发利用西伯利亚地区的自然资源。而拉普兰省立博物馆是一座旨在研究拉普兰地区的自然环境和极地文化的文化机构。

GPS 地址：Pohjoisranta 4, 96200Rovaniemi

电话：040-7357296

门票：10 欧元

开放时间：6 月中旬至 8 月中旬 9:00 ～ 19:00，6 月上旬、8 月上旬和 12 月 10:00 ～ 18:00，9 ～ 11 月周二至周日 10:00 ～ 17:00，1 ～ 5 月周二至周日 10:00 ～ 18:00

网址：www.arktikum.fi

圣诞老人村

圣诞老人村（Santa Claus Village）位于芬兰的拉普兰地区罗瓦涅米（Rovaniemi）以北 8 千米处的北极圈上，地图上标有 66° 33' 字样的白色标线就是北极圈的纬度。每年源源不断的游客从世界各地涌向这里，只为一睹圣诞老人的风采。圣诞老人村是一组木建筑群，包括有正门的尖顶、餐厅、花圃、圣诞老人办公室、居所、邮局、礼品店、驯鹿园等。

圣诞老人村官网

圣诞老人办公室

圣诞老人办公室在北极圈上，设在了尖尖的木楼里，办公室里挂满了世界各地的名人与他的合影。每天 10:30，圣诞老人便会准时坐在这里，接待来自世界各地的孩子们，回答他们千奇百怪的问题，给他们讲故事，和他们一起做游戏，为他们送上美好的祝福。

这里仿佛是一个神秘而又充满祥和气氛的家，木板墙上挂着串串铃铛，屋顶有彩灯闪烁，正面的墙壁上镶着一幅木质的世界地图。慈祥的圣诞老人笑容可掬地坐在壁炉边的橡木椅上，卷曲的白胡子直垂过胸，浓密的白眉毛几乎遮盖了鼻梁上的整副眼镜，而你花十几欧元就能得到一张与圣诞老人的合影。临近圣诞，圣诞老人和助手们更是忙得不可开交，他要忙着帮访客挑选礼物（如果是虚拟的，就直接发到收件人的电子邮件信箱里）。

圣诞老人之家

圣诞老人自己的家，在拉普兰的密林深处，与驯鹿和拉普兰人一起。小屋壁炉里的火正旺，很温暖；圣诞老人也一如既往的和蔼，一切都像极了童话故事中的描写。在这里能看见成年的驯鹿，它们都有十分引人注目的角。另外，拉普兰人的住所也十分醒目，屋顶一直斜到地上，是为了防止冬天积雪太重把房屋压塌。

圣诞老人邮局

世界上独一无二的圣诞老人邮局（Joulupukin Paaposti）就在圣诞老人办公室的对面，位于北极圈内，是芬兰最繁忙的邮局。听说这里每年要收到来自世界150多个国家和地区的数十万封信，每封信都会保证有回信，回信的邮戳就是"圣诞老人"。信中除了节日问候外，还有一些关于圣诞节的故事。如果你没有机会来北极圈拜访圣诞老人，却十分向往这儿的风情，那么你可以给圣诞老人写封信，不管回信能不能到你手里，你都可以试一试。

每天，邮品

圣诞老人邮局

陈列区是邮局最热闹的地方，来到这里的人都会忙着挑明信片和邮票，那些邮票和明信片印刷精美，充满童话色彩，本身就是难得的宝贝，再加盖上圣诞老人邮局特有的圣诞邮戳之后，它的意义就不再普通了。你可以在这里仔细地粘贴邮票，一笔一划地写上亲人和朋友的姓名、地址，伴随着激动的心情把最美好的词语写在卡片上。

假如希望你寄出的信要刚好在圣诞前到达亲人或者朋友的信箱，那么务必要把这封信件投入红色的邮筒中。而桔色邮筒中的信件则为当日寄出。此外，你还可以在邮局预订一封由圣诞老人亲笔签名的信，在圣诞节时寄到亲朋好友手上，给他们带来意外的惊喜。

礼品店

在圣诞老人村的礼品店里，游客可以买到带有芬兰特色、设计精美的礼品。店里面摆满了各式各样的圣诞老人玩具、杯子、挂坠等，要特别推荐的是Marttiini芬兰刀专卖店，这曾经是一个芬兰著名的土产小刀工厂，如今改建成一座小刀博物馆，出售拉普兰传统的皮鞘小刀，做工精致，很受欢迎。此外，如拉普兰人住宿的篷帐、鹿角和用驯鹿皮和骨制成的各类用具和工艺品，也是颇有意义的纪念品。

GPS地址：Hitsaajantie 2, 96910 Rovaniemi（圣诞老人村）；Tahtikuja1, 96930 Rovaniemi（圣诞老人邮局）

电话：050-5371643（圣诞老人村）；020- 4523120（圣诞老人邮局）

开放时间：圣诞老人办公室全年开放，9月至次年5月10:00～17:00，6月上旬和8月下旬9:00～18:00，6月中旬至8月中旬9:00～19:00，12月24日9:00～15:00；12月25日12:00～17:00，12月31日9:00～17:00，1月1日12:00～19:00；圣诞老人邮局6～8月及12月9:00~19:00，1~5月及9~11月10:00~17:00

网址：www.santaclaus's village.info（圣诞老人村）；www.santaclaus.posti.fi(圣诞老人邮局）

圣诞乐园

梦幻般的圣诞乐园（Santa Park)位于圣诞老人村附近，是罗瓦涅米市另一处圣诞迷必访之地。它是一个藏于地下山洞、以圣诞老人为主题的大型机动乐园。乐园的游乐设施全集中在一个被称为"圣诞老人地洞"的地方。游客经过长长的隧道进来，首先看见的是中间的精灵工场。大批替圣诞老人准备礼物的小精灵们全年都在那儿忙碌工作。入场除了可近距离观看他们情况外，还可尝试参与一些圣诞姜饼的制作。在这里，全年都能感受到圣诞的欢乐气氛，无论外边天气如何也影响不到游玩。

GPS地址：SantaparkLtd., 96930 Arctic Circle, Rovaniemi

电话：016-3330000

门票：10欧元，家庭票30欧元

开放时间：平时周二至周六开放，周日、周一关闭，圣诞季节每日开放

网址：www.santapark.com

拉普兰森林博物馆

拉普兰森林博物馆（Lappish Forestry Museum）是一座户外博物馆，建立的目的是保存尚存不多的拉普兰伐木工地以及伐木工人的生活、劳动用品，于1962年对外开放。博物馆内的展品生动地讲述了森林工业原始阶段的情形，这里曾为拉普兰人提供了重要的就业机会，也曾为芬兰全国经济的发展做出重大的贡献。

GPS地址：Metsamuseontie 7, 96400 Rovaniemi

电话：016-3482083

门票：成人3欧元，儿童1欧元

开放时间：6月1日至8月31日周二至周日12:00~18:00，周一休息

② Day2：罗瓦涅米—UKK国家公园—卡拉绍克

从罗瓦涅米沿E75继续向北便会来到广袤平坦的拉普兰北部地区，那里森林和荒野遍布，越向北景色变化越明显。258千米后你就会到达萨里山（Saariselka），这是在UKK国家公园（Urho Kekkonen National Park）进行徒步旅行和滑雪的基地。从Saariselkg沿E75再向北行驶70千米就是伊纳里（Inari），伊纳里是萨米的首府城市，这里是了解萨米人传统文化的好地方，也是参观莱门河国家公园（Lemmenjoki National Park）不错的基地。

过伊纳里再向北32千米便要转入92号公路，沿着92号公路即可到达卡拉绍克。卡拉绍克同样也是了解萨米人传统的好地方，这里有Sami议会、Sami图书馆，甚至还有一个NRK Sami广播电台。从卡拉绍克沿92号公路往西可到达Kautokeino，这一路的风景相当不错，自驾不远就会看到木屋住宿地Engholm Husky design Lodge，有兴趣的话可以转一下。

UKK国家公园

UKK国家公园（Urho Kekkosen National Park）建于1983年，位于芬兰和俄罗斯边境地区的萨利色尔卡小镇，是以芬兰著名的前总统乌尔霍·凯科宁的名字来命名的。该国家公园是芬兰境内最大的自然保护区之一，也是欧洲境内最大的一片受到保护并仍然维持自然生态的区域，其在北极圈内，非常受游客欢迎。

GPS 地址：Lutontie, 99830 Saariselka(公园事务局)

电话：020-5647200（公园事务局）

开放时间：1月2日至2月13日、4月25日至6月14日、9月26日至12月11日周一至周五9:00 ~ 18:00，周六、周日休息；2月14日至4月24日、6月15日至9月25日、12月12日至12月31日周一至周五9:00 ~ 18:00，周六、周日9:00 ~ 16:00（公园事务局）

网址：www.luontoon.fi(公园事务局)

TIPS:

1. 公园的极地荒原景观

UKK 国家公园属于极地荒原地带，这个美丽的荒原跟芬兰南部的大自然环境迥然不同。在 UKK 北部，遍布粗糙的山岩、深谷及丘陵，由于环境气候原因，相当一块面积的地表上寸草不生，能够适应该地气候的，大部分是耐旱的白桦树和地衣。西南面为沼泽所覆盖，由于游人不容易进入，所以就成为了候鸟们栖息的天堂。

2. 公园的四季变化

一年四季不同的美景对游客都有着不同的吸引魅力，春天万物丛生，到处充满生机；夏季午夜里太阳高照，所有旅游活动的时间都得到了大幅度的延长；秋季里，所有的植物都换上了或红或黄的颜色，大地仿佛变成了斑斓的调色盘；冬天，神秘的北极光经常光顾于此，无数的游人都会慕名而来专程欣赏神秘的北极光。

3. 公园的景点及活动

UKK 国家公园内最为著名的景点是 Sokosti 瀑布、Luirojarvi 湖、Suomujoki 河谷以及黄金村等，可以在此环游或远足。白天环游可以选择去淘金、参观金矿或者坦卡瓦拉(Tankavaara) 黄金村以及国际黄金博物馆。乘坐近海邮轮 Hurtigruten 可巡游到挪威的希尔克内斯 (Kirkenes)，距离萨利色尔卡只有半天的车程。

4. 公园内的自然郊野线路

你在这里还可以随时见到三五成群的驯鹿，原住民每逢夏末秋初会有狩猎活动。国家公园内观赏自然郊野的主要路径有三组，出发点分别是萨利色尔卡荒原中心、Kiilopaa 荒原中心及 Koilliskaira 访客中心。其路程长度由 1 千米到 6 千米不等，长短随游客的时间与体力而选择，其中小部分路径甚至适合轮椅及婴儿车使用。在这个广阔的极地区域里，最适合不过的就是在夏天进行徒步游览、在冬天进行越野滑雪。

5.原野小屋

国家公园内设有很多原野小屋，都是国家森林管理局特设给各方人士免费使用的，屋门全不上锁，里面备有燃烧篝火的木材、餐饮炊具甚至床铺等。

莱门河国家公园

莱门河国家公园（Lemm-enjoki National Park）是芬兰最大的国家公园，涵盖了伊纳里与挪威之间的广袤荒野。这里是欧洲境内最广袤的一片原野森林，道路不通，渺无人烟，70多千米长的莱门河贯穿于整个公园内，是徒步的最佳选择地。

GPS 地址：伊纳里西南50千米处

电话：0205-647793（莱门河自然中心 Lemmenjoki Nature Center）

卡拉绍克

卡拉绍克（Karasjok）是芬马克郡的一个自治市，为萨米的首府和芬马克郡的文化中心。这里距离芬兰边界18千米，是通往北角重要天然停靠点。坐落于此的萨米最重要的公共事业机构包括萨米议会大厦（Sametinget）、萨米收藏中心（De Samiske Samlinger）和萨米艺术中心

（Sami Kunstnersenter）。

在这里，夏天你可以看到分布在山谷中郁郁葱葱的树木，可以穿过长满松柏的小树林，一直走到开阔的山地冻原；秋天你可以看到只出现在此的美丽壮观的彩色光谱。在很多的湖泊和河流中，你可以看到不同的鱼类：鲑鱼、河鳟和梭子鱼。

在萨米文化公园（Sami Park），你可以了解独特的萨米文化和历史，还能看到一部关于萨米的20分钟的电影。在萨米收藏中心，你可以更加深入地了解萨米的历史，看到这里的传统服饰、工具和手工艺品。还可以去参观萨米议会大厦，里面的装饰

很漂亮，特别是在每年的 6 月到 8 月期间，这里会着重装点，你可以看到很多平常看不到的东西。

GPS 地址：Avjov6rgeaidnu 50，9730 Karasjok（萨米议会大厦）；Museumsgata17，9730 Karasjok（萨米收藏中心）

电话：078-474000（萨米议会大厦）；078-469950（萨米收藏中心）

网址：www.samediggi.no（萨米议会大厦）；www.rdm.no（萨米收藏中心）

③ Day3: 卡拉绍克—北角

从卡拉绍克沿着 E6 向北，视野会越来越开阔，过了 Lakselv 后，公路便一直沿着海边行进。大约 137 千米后进入 E69，E69 是通往北角的唯一陆路通道，整条公路都比较窄，双向两车道，公路的一旁是大海，另一侧则是笔直的断壁，行驶在这样的公路上会有一种与世隔绝的荒凉感。不过这段路上有个隧道，虽然挪威的大部分隧道是不收费的，但这个隧道非常例外，不仅收费，而且是双向收费。到了北角后也要面对相对昂贵的门票，好在那

里的设施和风光都很不错。北角有一个规模很大的纪念品商店，含邮局和饭店。另外，从 12:00 开始，一部介绍北角的 180° 宽荧幕影片会循坏播放，时间是 25 分钟左右，影片的效果非常好，画面唯美震撼。

其实，真正的大陆北极点叫 Knivskjelodden，那里交通闭塞，什么车都进不去，只能徒步。徒步的路线很好找，从北角顺着 E69 向南开大约 7 千米会看到 Knivskjelodden 旅游路标提示，旁边有个停车场，从这里顺着清晰的路线走就可以到达美丽的山岬。徒步单程是 9 千米，往返需 5 个小时。

北角

北角（Nordkapp）是位于挪威北角县马格尔岛（Mager Oya）上的一个海岬，在 1553 年由一

位英国探险家理查德德·查斯勒（Richard Chancellor）命名。它距离北极2102.3千米，常被认为是欧洲大陆的最北端，所以又被称为"世界的尽头"。北角拥有高300多米的陡峭悬崖，现已经成为冒险家们的向往之地。

北角大厅

北角大厅是北角的游客中心建筑，非常现代化，绝对不是你想象中的露天帐篷一类的东西，大厅内还藏有不少关于北角历史的展品。一走进大厅，你就可以闻到非常浓郁的咖啡味，你可以坐在休息室内，喝杯咖啡。夏天可以享受从窗户照进来的温暖阳光，没有日落，也没有黑夜。冬天可以在这里看皑皑白雪，等待北极光的出现。

北角地标

北角地标离北角大厅不远，是一个镂空的地球仪雕塑，屹立在岩石之上。走上观景台，你会看见一个指向北方的箭头，上面写着北纬71° 10′ 21″，这是北角的特色地理标志，这说明你已经来到了离地球最北端最近的地方。在观景台后方就是令人无限向往的北冰洋，一定要拿着相机拍下北冰洋的奇景。

GPS地址：北角顶端

电话：078-476860

门票：215挪威克朗

开放时间：5月1日至17日、9月～10月11:00～15:00，5月18日至8月31日11:00至次日1:00，10月2日至次年4月30日12:00～14:00

网址：www.nordkappa.no

④ Day4 ~ Day5: 北角—阿尔塔

从北角沿着E69原路返回到E6，然后顺着E6行驶就可到达阿尔塔。阿尔塔是挪威芬马克最大的城镇，这里有很多加油服务点和停车场，还有芬马克市立大学，更有世界文化遗产之一的阿尔塔史前岩石艺术博物馆（Alta Museum）及北欧最壮丽的峡谷——Altaelva。

史前岩石艺术博物馆

史前岩石艺术博物馆是阿尔塔最主要、最迷人的景点。这里位于海姆鲁夫特（Hjemmeluft），坐落在受联合国教科文组织保护的岩石雕刻（Rock Carvings at Alta）旁。7月，这里每天都有英语导游组织的徒步观光团。如果需要其他语言的导游，则需提前预订。在史前岩石艺术博物馆旁边是阿尔塔博物馆，这里经常举办一些地方性的展览。此外，还有一家咖啡厅，进去坐坐，欣赏一下阿尔塔的风景，看看来来往往的游人也是非常不错的。

GPS 地址：Altaveien19, 9518 Alta

电话：078-456330

门票：85 挪威克朗

开放时间：5、9 月 8:00 ～ 17:00；6 ～ 8 月 8:00 ～ 20:00；10 月至次年 4 月周一至周五 8:00 ～ 15:00，周六、周日 11:00 ～ 16:00

网址：www.alta.museum.no

⑤ Day6 ～ Day7: 阿尔塔—塞尼亚岛

过阿尔塔之后的 E6 公路基本是沿着海岸线行进，一路上可尽览挪威北部峡湾的风光。挪威北部的峡湾没有中部和南部的那么出名，但这里的峡湾跟中部和南部的峡湾相比有一个很大的不同，那就是宽阔感。这里的峡湾更有一些大海的感觉，加上远处高山的映衬，使得这里形成了独特的自然景观。大约 380 千米后转入 Rv855 西行就可到塞尼亚岛的门户芬斯内斯（Hnnsnes），从这里沿着 Rv86 行驶即可进入塞尼亚岛。

塞尼亚岛与罗弗敦群岛的美不太一样，罗弗敦群岛是大气的美，是与世隔绝般的苍凉美；塞尼亚岛则是带着点人文气息的美，有着大片绿色的秀气美，同时也有与世隔绝之美，它更适合那些时间充裕的人慢慢体会。塞尼亚岛的美景主要在西北岸，贯通西北岸的公路是 Rv862。

⑥ Day8: 塞尼亚岛—吕勒奥

从塞尼亚岛沿 Rv86 返回至 E6，然后向纳尔维克方向行驶，大约 83 千米后进入 E10，之后沿着 E10 朝基律纳方向行驶，顺着 E10 就能到达吕勒奥。这段路上的风光与景点可参考挪威群岛游线路（厄斯特松德环线）中的路段 5 与路段 6。

食宿提示：有机会可以照着尝试

罗瓦涅米食宿

住宿：Santasport 酒店距离罗瓦涅米市中心约3千米，提供小屋或酒店客房，设有免费游泳池、SPA、健身中心、体育场馆、保龄球馆、私人浴室和桑拿浴室等设施。GPS 地址：Hiihtomajantie 2。

圣诞老人旅馆是很棒的旅馆，位于市中心，房间舒适宽敞。GPS 地址：Korkalonkatu29。电话：016-321321。

美食：Xianglong 有可口的虾饺和多种驯鹿菜肴，尤其是铁板驯鹿，值得一试。GPS 地址：Koskikatu 21。电话：016-319331。圣诞老人旅馆的楼上也提供高级菜肴，旁边还有个酒吧。

卡拉绍克食宿

住宿：Engholm Husky design Lodge 位于卡拉绍克以西6千米处，一片树林中分布着主人亲手建的温馨木屋，木屋的主人同时也经营着 YHA 青年旅舍，所以来这里住宿没有错。

美食：住木屋有许多种食物可选，可以尝到驯鹿肉。另外，卡拉绍克朴实无华的 Biepmu Cafe 每天都有特价菜。GPS 地址：Soumageaidu 2。电话：098-466151。

北角食宿

住宿：离北角最近的霍宁斯沃格（Honningsvag）有许多旅馆，如风格欢快的 Northcape Guesthouse。GPS 地址：Elvebakken 5a。电话：047-255063。

美食：霍宁斯沃格有几家餐馆，北角旁也有餐馆。

阿尔塔食宿

住宿：Kvenvikmoen Hostel 位于阿尔塔以西10千米处的 E6 旁，这里非常安静，周围有湖泊和森林，也可以看到午夜太阳。GPS 地址：Kvenvikmoen。电话：090-003003。阿尔塔也有 YHA 的旅馆以及家庭式旅馆。

美食：Haldde 供应各种北极菜肴，分量也大，食材都取自当地。

塞尼亚岛食宿

住宿：塞尼亚岛也有 YHA 的旅馆。另外，HamnI 是岛上一个比较有名气的旅馆，其周围风光非常好。

美食：芬斯内斯会有餐馆，岛上基本没什么可以用餐的地方。

重要信息：免费资料别错过

自驾沿途游客中心咨询

名称	地址	电话	开放时间	网址
吕勒奥旅游局	Kulturens Hus	0920-45700	周一至周五 10:00 ~ 19:00，周六、日 10:00 ~ 16:00	www.lulea.se
罗瓦涅米旅游信息中心	Maakunta katu 9	016-346270	9月至次年5月周一至周五 8:00 ~ 17:00，6月至8月周一至周五 8:00 ~ 18:00，周六、周日 10:00 ~ 16:00	www.visitrovaniemi.fi
伊纳里观光导游处	Inarintie 99870 Inari	016-661666	6月至8月每天9:00 ~ 18:00；9月1日至9月14日每天10:00 ~ 17:00；9月15日至次年5月31日周一至周五 10:00 ~ 17:00，周六、周日休息	www.inarilapland.com
卡拉绍克旅游信息处	萨米公园内 (Porsangerveien)	078-468800	6 ~ 8月中旬9:00 ~ 19:00；其他月份周一至周五9:00~16:00，周六、周日休息	—
霍宁斯沃格旅游局	Fiskerivenien 4B	078-477030	6月15日至8月16日周一至周五8:00 ~ 20:00，周六、周日 12:00 ~ 20:00；8月17日至次年6月14日周一至周五 8:30 ~ 16:00，周六、周日休息	www.nordkappa.no
阿尔塔旅游信息处	Parksentret Bldg, Sentrum	078-49554	周一至周五 8:30 ~ 16:00，周六 10:00 ~ 14:00	www.altatours.no

体会瑞典的不同格调 ——玻璃王国的召唤

▶▶ 哥本哈根（KØbenhavn）—马尔默（MalmÖÖ）—韦克舍（VäxjÖ）—卡尔马（Kalmar）—林雪平（LinkÖping）—斯德哥尔摩（Stockholm）

| 线路全长：约790千米 | 所需时间：6天 | 最佳季节：夏季 |

线路亮点

　　开车行驶在这段路上，你会深深体验到瑞典的不同格调与风光。马尔默因厄勒海峡隧道与大桥的开通从快被人们遗忘的地方一下子变成新潮的都市，这里曾经是丹麦的领土，至今仍保留着与众不同之处。从马尔默向北会经过"玻璃王国（Kingdomof Crystal）"，这是此行的亮点，因为每一座玻璃工作坊距离都很远，所以自驾是最合适不过的。卡尔马是一个精致的城市，其东边的厄兰岛也是风光无限。林雪平的大教堂与斯德哥尔摩的魅力更是折服无数人。

瑞典旅游局

线路规划

Day1: 240千米，哥本哈根—马尔默—韦克舍

Day2: 约110千米，韦克舍—玻璃王国—卡尔马

Day3: 约70千米，卡尔马—厄兰岛—哥得兰岛（维斯比）

Day4: 哥得兰岛

Day5: 约370千米，哥得兰岛—林雪平—斯德哥尔摩

Day6: 斯德哥尔摩

体会瑞典的不同格调线路示意图

亮点速览

① Day1: 哥本哈根—马尔默—韦克舍

哥本哈根与马尔默只有一湾之隔，因厄勒海峡大桥的建成，使这两座城市紧密地联系在了一起。从哥本哈根的趣伏里公园向南进入 Kalvebod Brygge/O2 行驶，大约 3 千米后左转进入 Sydhavnsgade，行驶 1.7 千米走匝道进入 E20，之后沿着 E20 向西穿过厄勒海峡大桥，过桥后在 Trafikplats Petersborg 交汇处，靠右沿着 E6/E22 的指示牌朝 Trelleborg/MalmöC 行驶，遇到盆道不转弯，顺着路下高速并入 Trelleborgsvagen，然后沿路向北开就可到马尔默市区。

马尔默这座城市曾经十分破败，犯罪率极高，后来积极进取，变得十分新潮，逐渐走进人们的视野。当厄勒海峡大桥和隧道开通之后，马尔默与大都市哥本哈根联系了起来，真正一跃而起，充满活力，成为了瑞典的第三大城市。马尔默是多元化的，这里生活着 100 多个民族，你可以看到古老的建筑、炫酷的跑车以及充满异国风情的小摊，胡斯城堡、HSB 旋转中心、Lilla Torg 小广场是来到马尔默最不可错过的风景。

马尔默至韦克舍这一路的风光会有明显的变化，街道、建筑逐渐变少，森林、湖泊、沼泽越来越多。从马尔默出来之后进入 Stockholmsvagen，向前行驶约 7 千米并入 E22，沿 E22 行驶 31 千米下 23 出口，从环岛的 1 出口上 23 号公路，沿着 23 号公路一直开就可到韦克舍。进入 23 号公路后自然风光就会好许多，开一会就会遇到一片很辽阔的湖泊，可以停下车来休息一会。23 号公路再向北行驶，森林和草场就多了，快要到韦克舍时众多湖泊点缀其中，景色更好。

韦克舍是个历史悠久的集市小镇，其最为人称道的是该城多年的可持续发展取得的骄人成就，韦克舍市政府和人民在节能上所

使用的方式无所不能。韦克舍的大街小巷都有绿荫，人们或骑车或步行，就算是上下班（学）也都是使用清洁能源的公共交通车辆。如今来韦克舍学习环保节能的团体络绎不绝，这也让韦克舍政府获得了一个意外的商机。

马尔默胡斯城堡

马尔默胡斯城堡（Malmöhus）是斯堪的纳维亚地区最古老、保存最完好的文艺复兴风格的城堡，周围有护城河和绿荫环绕，主要由马尔默城堡、周围的城堡花园、国王公园、城堡公园及周围的几个博物馆组成。最早在这里建立城堡的是丹麦人，丹麦国王把这里作为他的行宫。1937 年城堡被改建成博物馆，包括自然博物馆、市政博物馆、美术馆、科技博物馆和航海博物馆。城堡的一部分作为博物馆对公众开放，开放的部分主要展出当地传统风格的纺织品、服装以及手工艺品，中世纪至今的传统家具、工艺品，瑞典和世界各地的动物、植物和地理模型，在历史角展示的则是马尔默的历史变迁情况。

GPS 地址：Malmohusvagen

6，201 24 Malm 66

电话：040-344400

网址：www.malmo.se

HSB 旋转中心

HSB 旋 转 中 心（HSB Tu-ming Torso）是欧洲第二高的住宅大厦、斯堪的纳维亚最高的建筑物，由西班牙建筑师圣地牙哥·卡洛特拉瓦设计，设计灵感源自雕塑 Twisting Torso。该大厦分9个区层，每个区层有5层。每个区层的方向都跟下面的区层不同，其中最高的一层和最低的一层成直角，使整座大厦看起来好像转动了一般。每个区层的用途也不相同，有的作为办公室使用，有的用作住宅，而最高的第53、54层是会议室。旋转中心建造的原因之一是 2000 年马尔默的旧地标、造船业起重机 Kockumskranen（离旋转中心不到1千米）迁移。旋转中心现成为马尔默一个更国际化、更现代的新地标。

GPS 地址：Lilia Varvsgatan 14，211 15 Malm6

电话：040-174500

网址：www.turningtorso.se

Lilia Torg 小广场

马尔默 Lilia Torg 小广场建于 16 世纪，四周环绕着 16～18 世纪的半木结构房子。这些房子经过修葺后显得熠熠生辉，成了迷人小广场最丰富多彩的背景。起初这里是城里最早的集市，现在这里是餐馆、咖啡馆和礼品店最集中的地方，俨然已经成为全市最热闹的地方。在广场上有一座封闭式的庭院 Hedmanska Gården，庭院里最古老的建筑源自 16 世纪，最现代的建筑是一座 19 世纪的仓库。现在，这里已经是著名的北欧现代设计中心。

GPS 地址：Lilia torg，211 34Malmo

② Day2: 韦克舍—玻璃王国—卡尔马

韦克舍至卡尔马这段路算得上是这条自驾线的精华了，"玻璃王国"不是徒有虚名，它是瑞典除哥德堡和斯德哥尔摩外游客最多的地方。16 世纪，挪威国王古斯塔华萨将欧洲的吹玻璃师带到斯德哥尔摩，开始瑞典玻璃工艺的发展。因为韦克舍与卡尔马之间的这片区域森林资源与湖泊资源丰富，尤其适合制作玻璃，所以这里成了玻璃工艺的发展重镇。其中尼布鲁是"玻璃王国"最大的城镇，在小镇入口处的玻璃工厂能目睹工人吹制电灯泡的全过程。

从韦克舍到卡尔马只要沿着25号公路一路向西行驶即可，中间会经过尼布鲁。这一路上有15家玻璃工坊仍坚持以传统方式制作玻璃，他们共同组成一个联盟，统一价格和营业时间，每家都必须有展室、工作室、卖场，轮流举办传统纪念活动，夏季还有为期一周的音乐节活动。由于玻璃工坊是散落在25号公路沿线一些区域里的，所以从韦克舍出发的时候，先在韦克舍的玻璃工坊里找一张"玻璃王国"地图并办一张玻璃王国卡（Glarsriket Pass），凭借这两样东西就可以寻找到每一家工坊，并享有所有工坊体验玻璃制作、购买商品等九折优惠折扣，或免费导览。

卡尔马是个商业都市，其拥有重要的地理位置，自古就被瑞典、丹麦与挪威所争夺，这里最壮观的是卡尔马城堡，诉说着领土纷争的历史。从卡尔马过厄兰大桥可到厄兰岛，岛上到处是古老的木风车，别具特色的乡村风景及刻着古老北欧文字的石头也是其吸引人的地方。

玻璃王国

"玻璃王国"指的是瑞典东南部斯莫兰地区的韦克舍与卡尔马两座城市之间的地区，200多年历史的Kosta Boda、100多年历史的Orrefors等15个手工玻璃与水晶大厂，都集中在这里。每年夏天，全世界的玻璃与水晶工艺品爱好者都会来到这里收集最新的玻璃艺术品与餐具。在这里，你可以目睹工匠们把火炉里炽热、半液态半固态的红色火球拿到室温下，在桌上滚动，用嘴巴阵阵吹气，拉出形状，手隔着隔热砂布塑型、剪玻璃、加入色彩，每一道手续都在精准的时间控制下巧妙地完成。

卡尔马城堡

卡尔马城堡是一座恢宏壮丽的古城堡，周围自然景色壮丽，城堡前方便是蔚蓝的卡尔马海，需经过一座古桥才能到达城堡。1397年，瑞典、丹麦和挪威三国在卡尔马城堡签订了共处条约，从而建立了历史上著名的卡尔马联盟。瑞典国王古斯塔夫瓦萨就是从这里开始反抗丹麦的斗争，解放了瑞典。

GPS 地址：Kungsgatan 1，392 33 Kalmar

电话：0480-451490

网址：www.kalmar.se

③ Day3 ~ Day4: 卡尔马—厄兰岛—哥得兰岛（维斯比）

从卡尔马沿 E22 向北行驶，大约 70 千米后可到奥斯卡港，奥斯卡港有定时往返哥得兰岛的轮船。哥得兰岛是非常值得一去的地方，那里森林遍布，阳光灿烂，有很多高级餐厅和才华横溢的工匠，更有近百座中世纪教堂和无数的史前遗址。游览哥得兰岛最好的方式是骑自行车，可以在岛上最漂亮的维斯比小镇租赁。

厄兰岛

厄兰岛是波罗的海第四大岛，世界遗产区占岛屿面积的三分之一。虽然早在石器时代（约公元前 3000 ~ 1800 年）岛民就开始耕作土地，但至今土地的使用基本没有太大变化。农业和畜牧业仍是该地区的支柱产业。这里的村庄多为线形，这是依据当时在瑞典东部非常流行的"lagamge"形式建造而成的。在线形村落里，每块农田均朝向村庄内的主干道，农田的宽度是计算农田主在村庄中占有多大份额的主要依据。农田四周通常被具有典型斯堪的纳维亚风格的建筑所包围。

卡尔马郡管理局

GPS 地址：Malmbrogatan 6392 35 Kalmar

电话：0480-82000，厄兰岛旅游委员会电话：0485-560600

网址：www.lansstyrelsen.se

哥得兰岛

哥得兰岛（Gotland）位于瑞典和拉脱维亚中间，是瑞典和波罗的海最大的岛屿。岛上气候宜人，森林茂密，针叶林木较多，风光秀丽，环境幽雅。岛上教堂众多，除了其中的三座外，其余全部建于中世纪，教堂拱形大门上的石刻、木刻以及教堂内部的壁画反映了中世纪文化艺术的高水准。

维斯比

维斯比（Visby）是哥得兰岛上最大的城市，这里有三样东西是别的地方没有或者是没有它那么有特色的：城墙、老街和废墟。虽说哥得兰岛上有近百座中世纪教堂，但在维斯比城内却只有一座。1525 年，维斯比历史上最大的灾难降临。当时维斯比与另外一座汉莎同盟城市同时也是同盟里最强大的吕贝克发生了贸易纠纷，小小的维斯比当然不是德国人的对手，战败后德国人焚烧了除自己人建的主教座堂以外的所有教堂。

法罗岛

法罗岛（Faro）位于哥得兰岛东北角，瑞典最伟大的导演伯格曼便出生于此。夏天时，法罗岛的海滩是度假胜地。

④ Day5 ~ Day6: 哥得兰岛—林雪平—斯德哥尔摩

过奥斯卡港继续沿 E22 向北行驶，约 85 千米后在 Trafikplats Gamleby Norra 交汇处右转进入 Linköpingsvägen/35 号公路，沿着 35 号公路行驶即可到达林雪平。林雪平是一个名字极富特色的城市，它是瑞典著名的"大学城"，也是瑞典历史上建成时间第二早的教区。林雪平最著名、最壮丽雄伟的建筑是宫顶教堂（Domkyrka），在中心城区的所有地方都可以看到它高耸的尖顶。

从林雪平沿着 E4 行驶就可到达斯德哥尔摩，很方便。斯德哥尔摩是瑞典所有城市中的佼佼者，它灵巧、时尚，同时干净、环保、文明。斯德哥尔摩分老城区和新城区，老城区是欧洲最有魅力的历史中心之一，新城区则充满着时尚、潮流，酒吧、夜总会、米其林餐厅比比皆是。来斯德哥尔摩不能错过的景点有斯德哥尔摩皇宫、斯德哥尔摩大教堂、诺贝尔博物馆、瓦萨博物馆等。

林雪平穹顶大教堂

林雪平穹顶大教堂（Linköpings Domkyrka）建于12世纪，是一座哥特式风格的大教堂。建筑高100多米，几乎在中心城区的所有地方都可以看到它高耸的尖顶。塔楼和尖顶与斯德哥尔摩的大教堂（Storkyran）很像，内部装饰也大同小异。在它的左边有一个名叫"The Treeof Life"的雕塑物，形状非常优美，浅绿色中镶嵌着金色。在它两边装饰有彩绘的玻璃窗，虽然没有巴黎圣母院的那么繁复，但简约也是一种美。

GPS 地址：Sankt Persgatan，582 28 Linköping

电话：013-205060

网址：www.linkopings domkyrka.se

斯德哥尔摩皇宫

斯德哥尔摩皇宫（Kungliga Slottet）是目前世界上仍在使用的最大的皇家宫殿。它位于斯德哥尔摩市中心的中央广场旁边，如今这里是瑞典国王办公和举行庆典的地方，同时也是主要的旅游景点。皇宫建于17世纪，为一座方形小城堡，有600多个房间，比英国的白金汉宫还多几间。皇宫对外开放的部分包括：皇家寓所、古斯塔夫三世的珍藏博物馆、珍宝馆、三王冠博物馆、皇家兵器馆。在宫内可以参观各种金银珠宝、精美的器皿，以及宫内精美的壁画和浮雕。

GPS 地址：Kungliga Slottet，111 30 Stockholm

电话：08-4026000

门票：150 瑞典克朗

开放时间：5月15日至9月16日 10:00～17:00；9月17日至次年5月14日周二至周日 12:00～16:00

网址：www.kungahuset.se

TIPS:

斯德哥尔摩皇宫门前的卫兵换岗仪式已成为著名的旅游景观之一。夏季的时候，换岗仪式都在中午进行；其他季节在每周的周三、周六和周日才有。每个月的第一个周六会有大型的军乐队演出，夏季每天中午 12:15。皇宫侍卫会进行换岗，与天安门升旗有点类似，不过这里的持续时间更长，换岗时乐队演奏得非常棒。每到这时，皇宫的广场上总是聚集着来自世界各地的游客，人手一个 DV 或相机，场面很是壮观。

斯德哥尔摩大教堂

斯德哥尔摩大教堂（Stor-kyrkan）也称为圣尼古拉斯教堂，大多数人也称它为大教堂，是旧城最重要的标志性建筑之一。它曾是皇室举行加冕大典的地方，也是该地区历史最悠久、最古老的教堂。这座教堂是瑞典砖砌哥特式建筑的重要例证，以精致繁复的木雕著称，艺术价值非常高。在其内部除了知名度很高的木雕外，还有黑檀木搭建的主祭坛以及其他众多精美的内饰，它们不仅具有较高的艺术价值，还有重要的历史意义。

GPS 地址：Trangsundl，111 29 Stockholm，Sverige

电话：08-7233000

门票：10 月至次年 4 月免票，5 ~ 9 月成人 40 瑞典克朗

网址：www.stockholmsdomkyrkoforsamling.se

诺贝尔博物馆

诺贝尔博物馆（Nobel Museum）位于斯德哥尔摩市中心的老城区，于 2001 年诺贝尔奖百年时建成，前身曾是瑞典古老的证券交易所。博物馆分为当年获奖者介绍、历史回顾、诺贝尔奖介绍、阿尔弗雷德·诺贝尔生平等几部分，旨在通过介绍诺贝尔奖的方方面面，向人们展示诺贝尔奖获得者给世界带来的世纪之变。

GPS 地址：Stortorget2，111 29 Stockholm

电话：08-53481800

门票：60 瑞典克朗，儿童 20 瑞典克朗

开放时间：6 ~ 8 月 10:00 ~ 20:00，9 月至次年 5 月 10:00-17:00

网址：www.nobel.se

斯德哥尔摩市政厅

斯德哥尔摩市政厅（Stock-holm Stadshus）是一座造型别致、装潢精美的建筑。它建于 1911 年，是市政会议的召开地和市府公务的办公地，同时还是每年诺贝尔奖的揭晓地。市政厅整体呈庭院

式结构，内有一个被一圈建筑包围着的小广场。外围两边临水，主体以红砖建造，右侧高高耸立的钟楼顶端是代表丹麦、瑞典、挪威三国的金色三王冠，钟楼内设有以艺术品展览为主的博物馆。它的南面是一个较为宽阔的花园，与骑士岛隔水相望。修剪整齐的草坪点缀着花园，靠水的平台两侧有两座一男一女的雕像，分别代表歌唱和舞蹈。

GPS 地址：Ragnar Östbergs plan 1, 105 35 Stockholm

瓦萨博物馆

瓦萨博物馆（Vasa Museum）专为展览一艘从海底打捞上来的"瓦萨号"沉船而建立。走进依照瓦萨船形建造的博物馆，沿着博物馆四壁同瓦萨号各舱平行的七层看台而行，在幽暗的环境中细细观看，高高的暗金色双层船身，船身伸出的排列整齐的64门火炮炮口，甲板层展示的瓦萨号打捞设备等物，表现船上生活的蜡像等，都会带你进入那个海上争霸的年代。

GPS 地址：Djurgardsvagen 36, 115 21 Stockholm

电话：08-51954800

门票：15 瑞典克朗左右

开放时间：夏季 8:00～18:00，冬季 9:00～17:00

网址：www.vasamuseet.se

斯堪森公园

斯堪森公园（Skansen）又称斯堪森露天博物馆，它是全世界第一家露天博物馆，也是斯德哥尔摩旅游文化中心之一，从多种角度用不同方式向人们展示了昔日瑞典的民俗生活。这座公园集中了瑞典全国各地不同风格的古建筑，有农民家庭、城市街道、手工业作坊、庄园主家庭、教堂和钟楼等。由于馆内景点较多，且有些地方需要爬坡，建议选择观赏两三处有代表性的建筑即可。

GPS 地址：Djurg Ardssatten 49-51, 115 21 Stockholm

电话：08-4428000

门票：每个月门票价格都有一定浮动，成人 70～140 瑞典克朗，6～15 岁 30～60 瑞典克朗，团体 60～120 瑞典克朗

开放时间：夏季 8:00～18:00，冬季 9:00～17:00

网址：www.skansen.se(有英文版详尽门票、开放时间信息)

斯德哥尔摩地下铁

斯德哥尔摩地下铁（Stockholm Metro）可以说是世界上最长的艺术博物馆，这个全长100多千米的地铁网是世界上最长的地铁网，在100多个地铁站内，人们都能欣赏到不同艺术家的作品。斯德哥尔摩市的地下铁每个站看上去都像是地下的岩洞，墙壁被装修成石灰岩的样子，凹凸不平。每站的岩洞都是不同的颜色，Akalla 站颜色比较朴素，而 T-Centmlen 则是鲜艳的深蓝色；洞顶主要涂抹各种延展开来的图形，像是植被又像是骨架，所有的这些与地铁蓝色的门、黄色的车内扶手相互映衬，让你不自觉地沉浸在一片色彩的盛宴中。

食宿提示：有机会可以照着尝试

韦克舍食宿

住　宿：Bed and Breakfast Sodra Lycke 是个庄园式旅馆，有着怡人的环境，还有自行车租赁。GPS 地址：Hagagatan 10。电话：070-6766506。

美食：韦克舍的 Storgatan 两边有很多餐厅，吃饭方便。23 号公路下高速后就是 Storgatan。

卡尔马食宿

住　宿：First Hotel Witt 有健身房，有游泳池，房间布置温馨。GPS 地址：Sodra Linggatan 42。电话：0480-15250。

Clarion Collection Hotel Packhuset 位于海边，有着美丽的海景。GPS 地址：Skeppsbrogatan 26。电话：0480-57000。

美食：因为卡尔马是海港城市，所以在港口附近有许多高档餐厅。Kullzénska caféet 是卡尔马最好的咖啡厅，有各种三明治和蛋糕。GPS 地址：Kaggensgatan 26。电话：0480-28882。

维斯比食宿

住　宿：Hotell Villa Borgen 坐落在一个幽静的庭院里，有舒适的房间与彩画玻璃。GPS 地址：Adelsgatan11。电话：0498-203300。

美食：旧城广场周围、Adelsgatan 或港口附近，有岛上特色菜藏红花煎饼配莓果和奶油，可以尝试一下。Bakfickan 是美食家最爱的地方，GPS 地址：Stora Torget1。电话：0498-271807。

斯德哥尔摩食宿

住宿: 住在 Jumbo Stay, 可以在真正的大型喷气式客机上过夜。GPS 地址:Jumbovagen 4。电话:08-59360400。

Columbus Hotell 的环境及配备的设施总是给人宾至如归的感觉,值得入住。GPS 地址:Tjarhovsgatan 11。电话:08-50311200。

美食: 斯德哥尔摩有 7 家米其林上榜餐厅。Caffé Nero 提供有大杯咖啡、三明治以及意大利家常菜,经济而且美味可口,GPS 地址:Roslagsgatan 4。电话:08-221935。

重要信息:免费资料别错过

自驾沿途游客中心咨询

名称	地址	电话	开放时间	网址
马尔默旅游局	马尔默中央火车站里	040-341200	时间不定,每天 10:00 ~ 15:00 都有人	www.malmo.se/turist
韦克舍旅游局	Vastra Esplnaden 7	0470-41410	6 至 9 月 14 日周一至周五 9:30 ~ 18:00,周六 10:00 ~ 15:00;9 月 15 日至次年 9:30-16:30	www.turism.vaxjo.se
玻璃王国旅游信息中心	AB Glasriket, 382 80 Nybro	0481-45215	—	www.glasriket.se
卡尔马旅游局	landskajen 9	0480-417700	时间不定,每天 10:00 ~ 13:00 都有人	www.kalmar.se/turism
厄兰岛旅游局	Traffpunkt Oland 中心	0485-560600	—	www.olandsturist.se
维斯比旅游信息中心	Skeppsbron 4-6	0498-201700	夏季 8:00 ~ 19:00;其他时间营业时间短	www.gotland.info
林雪平旅游局	ÖstgÖtagatan 5	013-206835	—	www.linkoping.se
斯德哥尔摩旅游局	Hamngatan 27	08-508 25808	周一至周五 9:00 ~ 19:00,周六 10:00 ~ 17:00,周日 10:00 ~ 16:00	www.stockholmtown.com

5

探寻圣洁的美景 ——千湖之国的灵动

▶▶ 赫尔辛基（Helsinki）—拉彭兰塔（Lappeenranta）—
萨翁林纳（Savonlinna）—约恩苏（Joensuu）—伊洛
曼齐（Ilomantsi）—努尔梅斯（Nurmes）

| 线路全长：约745千米 | 所需时间：3～5天 | 最佳季节：6～8月 |

线路亮点

　　芬兰是个"千湖之国"，万千湖泊赋予了它灵动之美。此线路便是穿越其东部湖泊十分密集的地区，寻找那些圣洁的美景。萨翁林纳是这条线上的亮点，它通常被认为是芬兰最美的城市，其壮观的古堡和美丽的湖泊相互映衬，散发着迷人的光芒。紧贴着芬兰

芬兰旅游官网

与俄罗斯分界线的伊洛曼齐也十分具有特色，这里有着十分丰富的野外旅行活动，而且大都要靠步行完成。努尔梅斯的皮耶利宁湖在芬兰这个"千湖之国"中更是显得卓尔不群。

线路规划

Day1：约380千米，赫尔辛基—韦尔拉木浆木板工厂—拉彭兰塔—萨翁林纳

Day2：约140千米，萨翁林纳—约恩苏

Day3：约70千米，约恩苏—伊洛曼齐

Day4：约155千米，伊洛曼齐—努尔梅斯

地图图例与标注

图例：
- E18 高速公路
- 6 主要公路
- 71 次要公路
- 514 小路
- ▲ 路段距离分隔标

努尔梅斯
P290 Nurmes

皮耶利宁博物馆 P289
Pielinen Museum

尤卡
Juuka

库奥皮奥
Kuopio

科里国家公园 P289
Koli National Park

约155KM

维诺萨里
Viitasaari

埃诺
Eno

伊洛曼齐
Ilomantsi
P288

约70KM

于韦斯屈莱
Jyväskyla

约恩苏
Joensuu
P287

Kolovesi国家公园 P285
Kolovesi National Park

K140KM

坦佩雷
Tampere

圣米歇尔
Mikkeli

萨翁林纳
Savonlinna

凯里迈基教堂 P282
Kerimäki Church

Lusto森林博物馆 P282
Lusto Finnish National Forest Museum

嬉诺拉
Heinola

塞马湖

拉彭兰塔
P278 Lappeenranta

伊马特拉 P281
Imatra

韦尔拉木浆木板工厂 P277
Verla Groundwood and Board Mill

约380KM

洛伊马
Loimaa

E75

E18

科特卡
Kotka

赫尔辛基 P276
Helsinki

探寻圣洁的美景自驾线路示意图

亮点速览 ▶▶▶▶▶

① Dayl: 赫尔辛基—韦尔拉木浆木板工厂—拉彭兰塔—萨翁林纳

从赫尔辛基市区出来后直接上 E18/7 号公路行驶，大约 70 千米后下 65 出口进入 6 号公路，沿 6 号公路可到科沃拉（Kouvola），过科沃拉沿 46 号公路北行，根据指示牌可到达著名的韦尔拉木浆木板工厂。如果不转入 46 号公路，而沿 6 号公路一直行驶可到拉彭兰塔。

拉彭兰塔是一个活跃热闹的湖边小城，有着悠久的历史，其最大的看点就是宏伟的沙雕城堡以及塞马大运河。巡游塞马大运河和塞马湖的航线在这里很受欢迎，其中沿着塞马运河去芬兰曾经的第二大城市维堡（Vyborg，现在属于俄罗斯）是最吸引人的，麻烦的是要办理俄罗斯签证。

从拉彭兰塔沿 6 号公路行驶 102 千米后到达帕里卡拉（Parikkala），这中间会经过伊马特拉（Imatra），那里的峡谷激流十分著名。过帕里卡拉后转入 14 号公路行驶，不久会到达湖泊与森林环绕的彭卡哈尔尤，再不久就会到达萨翁林纳。彭卡哈尔尤是一个著名的长满了松树的沙丘，周围的森林和湖泊景色非常迷人，十分适合骑车或者散步，其北部的 Lusto 森林博物馆和 Retretti 艺术中心也值得一看。

萨翁林纳坐落在两个湖泊之间的两座岛屿上，市中心周围微波荡漾，也有大片森林。坐在古老的蒸汽船上巡游萨翁林纳地区的河流与湖泊，是一种非常独特的体验。这里也非常适合骑自行车，城里有许多租自行车的地方。萨翁林纳北部的几个国家公园也十分值得一去。

韦尔拉木浆木板工厂

韦尔拉木浆木板工厂（Verla Groundwood and Board Mill）位于芬兰东南部，赫尔辛基东北 160 千米的地方。工厂以及与之相关联的生活区是一个突出的保存完好的小型乡村工业基地，韦尔拉木浆工厂的木材加工和造纸业，是 19 世纪和 20 世纪初北欧及北美十分流行的民间工业，少量延续至今。现在，这种小工厂式木板作坊在芬兰乃至世界范围内已不多见。1996 年，它正式被联合国教科文组织纳入世界文化遗产名录。

韦尔拉地区的第一个磨木和纸板厂位于韦尔兰考斯基河流的西岸，是 1872 年由一位叫做胡戈·纽曼（1847 ~ 1906 年）的工程师创建的。1876 年一场大火焚毁了这个造纸厂，工厂被迫停业。1882 年，一个新的、规模更大的、设备更先进的造纸厂成立了，创建者是奥地利人戈特利布·克来得尔和德国人路易斯·亨奈尔，1964 年 7 月 18 日工厂倒闭。倒闭后的木业工厂被迅速地改造成工业博物馆。这个活着的工业博物馆，是芬兰工业遗产中的一部分。人们对工厂及其建筑和周围的环境、文化和历史价值都给予了充分的肯定。

现在前去参观，你除了能欣赏那优雅的红砖建筑，还可以借着纪录片与保存完好的厂房设备，细致地了解以前的芬兰人是如何逐步将粗糙的杉木树干，变成一块块平滑的韦尔拉木板的。

在韦尔拉工厂附近，有芬兰极为罕见的史前岩画。岩画正对着湖，有 8 只麋鹿、3 个人和一个几何图形以及各种各样辨认不清的几何图案。在一块光滑岩面上，有一幅用红色绘制的紧凑岩画，高 1.5 米，宽 6 米。岩画之所以能够保存，要归功于这些岩画上形成的一薄层硅质岩的保护。这些岩画可能有 6000 多年的历史，代表了芬兰岩画艺术最古老的阶段。岩画各种图案相互重叠，也许是因为新的岩画在旧的岩画上绘制造成，目前至少可以辨认出可能相隔久远的 3 层岩画。

GPS 地 址：Verla Mill Museum, Verlantie 295, 47850 Verla

电话：020-4152170

门票：成人 6 欧元，学生 3 欧元

开放时间：5 月 2 日至 9 月 15 日 10：00 ~ 18：00，芬兰语以外的导游团需预约

TIPS:

岩画作品是北极区狩猎文化的代表之作，对当时宗教和经济的研究都是重要的见证。

拉彭兰塔

拉彭兰塔（Lappeenranta）是芬兰东南、靠近俄罗斯的城市，位于芬兰最大湖塞马湖（Lake Saimaa）的最南边，是芬兰最大的内陆港。拉彭兰塔建于 1649 年，中世纪时为重要贸易中心、铁路枢纽以及芬兰和俄罗斯的交通要塞。这里气候宜人，水陆交通便利，是芬兰重要的旅游城市和疗养地之一。

拉彭兰塔历史悠久，当地人对历史传统的保护和继承尤为可嘉。至今，在这里仍然可以看见骑兵身着绣花边上衣，下穿红色裤子，骑马从街上穿过，这已经成为当地一道靓丽的风景线。拉彭兰塔曾是一座古老的要塞，保存有防御堡垒、炮台、营房和军械库，现已被改建为各种博物馆。这里还有芬兰最古老的东正教教堂、圣彼得堡著名的家族住宅改建成的胡高夫庄园博物馆、塞马

运河博物馆等。

芬兰最大的萨伊马运河距离拉彭兰塔市中心仅 7 千米，客轮可从拉彭兰塔一直开往俄罗斯的圣彼得堡。拉彭兰塔区域内河流纵横，运河穿插于湛蓝的湖泊之间，小城景色旖旎，如同一座巨大而神秘的水上迷宫，因此有"塞马湖上的珍珠"之称。夏天，湖面波光粼粼，三三两两的白天鹅优雅地拍打着翅膀摇曳在湖面上，给小城平添了几分姿色。人们从拉彭兰塔的码头乘船在萨伊马湖和运河上游览，可以尽情观赏芬兰东部湖区美丽的景色。

骑兵博物馆

骑兵博物馆（Ratsuväkim-useo）位于拉彭兰塔要塞从前的保卫室中，纪录了芬兰骑兵的历史，是拉彭兰塔地区最古老的建筑之一，它的历史可追溯至 18 世纪 70 年代。

GPS 地址：Kristiinankatu2
电话：05-6162257

门票：成人 2.5 欧元，优惠价 1.7 欧元

开放时间：6 月 4 日至 8 月 26 日周一至周五 10:00 ～ 18:00，周六、周日 11:00 ～ 17:00（冬季只对团队开放且需提前预定）

东正教教堂

东正教教堂（Lappeenrannan Ortodoks-inen Seurakunta）位于半岛要塞，于 1785 年完工落成，是芬兰最古老的东正教堂。它同时也是拉彭兰塔地区第二古老的建筑，仅次于骑兵博物馆。教堂原来很狭小，呈拱形而且只有一个走廊，1903 年俄国士兵驻扎于此时，对教堂进行了修缮扩建。教堂于 1983 年到 1984 年进行了全面的修善与恢复。

GPS 地址：Kristiinankatu 7
电话：05-4515511
开放时间：6 月 1 日至 8 月 15 日周二至周日 10:00 ～ 16:00

塞马运河博物馆

塞马运河开凿于 1856 年，是连接塞马湖和俄罗斯的水上通道，沿途景色绮丽，尤其当午夜的太阳照耀在运河上时，景致令人叹为观止。塞马运河博物馆（Saimaan kanavan Museo）于 1995 年对外

开放，展品有摄影作品，以及 20 世纪初期老式船只的缩微模型，反映了运河的修建和发展史。

GPS 地址：Sulkuvarti-jankatu16

电话：020-4483115

门票：成人 2 欧元，16 岁以下儿童免费

开放时间：6 月 11 日至 8 月 12 日 12:00 ~ 18:00

胡高夫庄园博物馆

胡高夫庄园博物馆（Wolk-offin Talomuseo）是一栋木质建筑，也是拉彭兰塔地区现存最古老的木质建筑之一。1870 ~ 1983 年，圣彼得堡名门胡高夫家族的四代人都在这里居住过。庄园豪华典雅，陈设和装饰全部为典型的俄罗斯风格，其中 10 多个房间仍保持着之前的模样，身处其间仿佛置身俄国。庄园还设有小店专卖俄式古老的民间工艺品。

GPS 地址：Kauppaka tu 26,53100 Lappeenranta

电话：05-6162258

门票：成人 5 欧元；优惠价 4 欧元；16 岁以下免费

开放时间：3 月 6 日至 6 月 3 日及 8 月 20 日至 12 月 31 日

周六、周日 11:00 ~ 17:00;6 月 4 日至 8 月 19 日周一至周五 10:00 ~ 18:00，周六、周日 11:00 ~ 17:00

南卡累利阿博物馆

南卡累利阿博物馆（South Karelian Museum）位于要塞北端，由一座宏伟的石头仓库改建而成，主要展品是来自拉彭兰塔、维堡和 Priozersk 的藏品，反映了拉彭兰塔的历史，其中卡累利阿农夫的服饰极为有趣。博物馆还收藏有维堡博物馆的展品，其中 1939 年的维堡微缩模型会勾起人们悠悠的怀乡之情。

GPS 地址：Kristiinankatu 15，53900 Lappeenranta

电话：05-6162255

网址：www.lappeenranta.fi

塞马湖

塞马湖是芬兰最大的湖泊，也是欧洲第四大湖泊。塞马运河把芬兰最大的湖泊同芬兰湾连接起来，客轮可从拉彭兰塔一直开往俄罗斯的圣彼得堡。塞马湖最大的看点是塞马环斑海豹（Saimaa Ringed Seal），它是世界上三种淡水海豹之一。塞马湖在形成其巨大的水系及无数岛屿的过程中

也彻底地与海洋分离，然而，一些原本生活在海洋中的动物却被留了下来，它们逐渐进化为适应在淡水中生存的亚种生物，塞马环斑海豹就是最好也是最被人们所熟知的一个例证。

伊马特拉

伊马特拉（Imatra）位于芬兰东南方，距离拉彭兰塔30多千米，是南芬兰省的主要城市之一。它毗邻芬俄边界，数百年来因峡谷激流而闻名，是一个极受游客欢迎的度假小镇。伊马特拉的人口很少，环境清幽，无论在湖畔垂钓泛舟，还是到峡谷观赏激流，都可让你完全融入大自然，享受自然之乐。每逢夏季周一至周六19:00或周日15:00，伊马特拉的大堤坝开闸泄水，瞬间激流奔腾而下，气势如千军万马，令人叹为观止。

伊马特拉有五分之一的面积是水，钓鱼活动最普遍，距离伊马特拉2千米的Vuoski垂钓公园（Fishing Park）提供了各种设备，方便游客尽享钓鱼之乐。公园内有小艇或小电船接载游客前往湖中垂钓，也可提供技术训练，会使你垂钓"得心应手"，满载而归。若想即兴参加的话，公园内有渔具、钓鱼牌照及住宿等提供。钓上岸的鱼，交给餐厅老板即时处理烹调，可烟熏、可烤焗，鲜味的鱼香，令人垂涎三尺。

吃湖中海鲜后，最适合到湖边尝试一下芬兰正宗桑拿浴的滋味，不过记得不要吃太饱。湖畔的棕黑色小木屋，正是享受芬兰特有烟熏桑拿的地方。在木屋内逗留20分钟，松弛神经，再跑入冰冻的湖水中"过冷河"，如此重复做两三次，一天的疲累，因此而尽消。桑拿之后，在湖畔进行烧烤晚餐，面对优美的湖景，抱天席地，就地取材，用树枝做烧烤叉，将食物烤熟，再送入口中，别有一番味道。

GPS 地址：Kotipolku 4, 55120 Imatra（Vuosk 垂钓公园）

电话：05-4323123（Vuoski 垂钓公园）

Lusto 森林博物馆

Lusto 森林博物馆（Lusto Finnish National Forest Museum)将芬兰人崇尚自然的这一传统体现得淋漓尽致，它位于萨翁林纳风景如画的蛇形湖堤附近，在 Retretti 艺术中心的旁边，是一个展览和活动中心。它于 1991 年由 3 位年轻的建筑师 MikkoKaira、Limari Lahdelma 和 RainerMahlamaki 设计而成。Lusto 展览馆占地约 8 万平方米，被细分成多个展区，并有多条通道贯穿各个展区。

Lusto 森林博物馆里面的总体布局体现了回归大自然的精神，展品主要是关于森林和林学的，你可以通过它们了解芬兰人在过去的百万年中，是如何与森林相互依存、相互影响的。森林博物馆外形建筑优美和谐，一个弧形面与一个长方体交错在一起，颇具视觉美感，定会让你一见倾心。博物馆主体建筑周围，还有一些较小型结构的建筑，使其成为景观的自由延伸，也使得环境更显生动活泼。

GPS 地址：Lustontie 1, 58450 Punkaharju

电话：015-345100

凯里迈基教堂

凯里迈基教堂（Kerimaki Church)位于芬兰东部的蓬卡哈尔尤，距离萨翁林纳以东 23 千米，是世界上最大的木质教堂。凯里迈基教堂由 Anders Gmnstedt 设计，始建于 1844 年，至 1847 年建成，教堂建筑长 45 米、宽 42 米、高 27 米，可容纳 5000 人。凯里迈基教堂融合了新哥特式和新拜占庭式建筑风格，结构紧密宏伟，色彩淡雅，让人看起来很清晰。由于教堂内没有暖气设备，因此主要在夏日才使用。

GPS 地址：Kirkkotie, 58200 Kerimaki

电话：015-5789111

门票：免费

开放时间：夏天开放，6 月、8 月上半月 10:00 ~ 18:00，7 月 10:00 ~ 19:00，8 月下半月 10:00 ~ 16:00

网址：www.kerimaenseu rakunta.fi

门票：成人 10 欧元，儿童 5 欧元，与 Retetti 艺术中心联票成人 23 欧元，儿童 9 欧元

开放时间：6 ～ 8 月 10:00 ～ 19:00，5 月和 9 月 10:0 ～ 17:00，10 月至次年 4 月周二至周日 10:00 ～ 17:00，周六、周日休息

网址：www.lusto.fi

Retretti 艺术中心

Retretti 艺术中心（Retretti Art Center）是世界上非同寻常的一座现代艺术馆，也是北欧最大的艺术中心之一，而其建筑的一半面积处于地下洞穴中，本身也是一处景观。这里有 2000 平方米的普通艺廊和 300 平方米的地下洞穴展厅，还有能容纳千人的音乐厅。

这里利用灯光、声音等技术，配合环境及展品，令你有一种奇异的观赏体验。地上展厅，展示的艺术藏品主要都是一些不宜暴露在潮湿空气的书画作品。这里每年都会在一个地下洞穴中举办当代艺术的展览，创意十足，虽然这个洞穴是人造的，但是氛围很好。地下山洞音乐厅拥有得天独厚的优质声音环境，主要用于歌剧演出。此外，这里还有精品商店，售卖一些非常有创意和设计感的商品；还有一个咖啡馆，装饰现代典雅，有很强的艺术氛围。

GPS 地址：Tuunaansaa-rentie 2，58450 Punkaharju

电话：015-7752200

门票：成人 15 欧元，儿童 5 欧元；与 Lusto 展览馆联票成人 23 欧元，儿童 9 欧元

网址：www.vrfi

奥拉维城堡

奥拉维城堡（Olavinlirma）位于一个充满田园牧歌般情调的小城——萨翁林纳之中，屹立于咋湖上的岩石上。城堡建于 1475 年，以当地的灰色石材作为建筑材料，角楼部分后来又追加使用了瓦当。1872 年贵族元老院曾对城堡加以修缮。而从 1959 年开始的修复扩充工程历经 16 载，终于在 1975 年、古城 500 岁诞辰之际得以完成。

每年 6 月份在萨翁林纳会举行歌剧节，而奥拉维城堡则成为歌剧节的主要舞台，使得整个萨

翁林纳热闹非凡。在歌剧节期间，剧场不仅上演古典歌剧，还为芬兰的优秀歌剧提供初演的舞台。世界著名的芬兰男低音歌手马尔替·塔尔瓦耶在1970年担任该剧场艺术总监期间，使该剧场的演出水平达到很高的水准并使之闻名于世界。奥拉维城堡的天棚设计与其独特的剧场空间、完美的舞台效果相结合，使观众得到了美妙的听觉享受。

GPS地址：Linnankatu，57150 Savonlinna

电话：015-531164

门票：成人5欧元，儿童3.5欧元

开放时间：6月至8月中旬10:00～18:00；8月中旬至次年5月周一至周五10:00～16:00，周六、周日11:00～16:00

网址：www.olavinlinna.fi

省立博物馆

省立博物馆（Provincial Museum）距离奥拉维城堡不远，是萨翁林纳最大的博物馆。它由Riihisasri博物馆、三艘博物馆船、萨翁林纳艺术馆组成，还包括位于Linnankatu 13的家居博物馆以及作家Joel Lehtonen以前的夏季别墅Putkinotko Villa，全面地展示了萨翁林纳的历史和文化。

省立博物馆内的展品包括4艘汽船，上万件藏品，以及数以千万计的照片等，展示了该地的历史和艺术。汽船就停泊在附近岸边，向人们展示着湖区水上交通的发展历史。省立博物馆详细介绍了当地的历史以及水陆运输的重要性。此外，这里还有一个关于国家公园的咨询中心，你可以在这里咨询到芬兰所有国家公园的最新信息，方便你的旅游行程。

GPS地址：Riihisaari，57130 Savonlinna

电话：015-5714712

门票：成人5欧元，儿童1欧元

开放时间：7月至8月上旬11:00～18:00，其余时间为周二至周日11:00～17:00，周一休息

蛇形丘湖堤

蛇形丘湖堤（Punkaharju Ridge）距离萨翁林纳约26千米，位于皮赫拉亚韦西（Pihlajavesi）与普鲁韦西湖（Puruvesi）两个湖泊之间，它形成于冰河时期结束时、陆地上的大冰原移动所带来的沙砾沉积而成。堤长约7千米，可以同时控制水上和陆路交通，因此也是一个具有重要战略

意义的地方。几百年来，它一直是连接着 Savonlirma，是到俄国维堡（Vyborg）、圣彼得堡（St. Petersburg）地区的重要通道。

湖堤中部是最低也是最狭窄的区域，只比一条马路略宽一些。但是，经过中部，很快，湖堤就又宽敞起来。湖堤上生长的树木主要是针叶林，但是在湖堤最北端，每年的 6 月份，却会长出一种野豌豆，这是冰河时期以后在此类苔原地带很少见的植物，而在这里，特别是靠近 Puruvesi 河的地方，却有很多。

如果你站在湖堤的最北端，可将美丽的略带红色的针叶林和水晶一般晶莹透彻的河中风光尽收眼底。漫漫长堤，两壁陡直，丘顶狭窄，蜿蜒曲折如蛇形，是芬兰最著名的风景区之一。堤上绿树成荫，两边湖景美不胜收，是众多艺术家创作灵感的源泉。到这里你会发现，很多介绍芬兰风景的画册都以此形象作为封面。

Kolovesi 国家公园

Kolovesi 国家公园（Kolovesi National Park）是芬兰众多的国家公园之一，建于 1990 年，是为更好地保护芬兰南部地区的森林植被、特有的海豹种群、Saimaa 水系及其群岛的自然生态环境而建立的。现在，公园是欧洲最后的野生生物区之一，里面有很多特殊珍贵的野生动物，成为深受人们青睐的旅游胜地。

公园由两个大的岛屿组成，还有星罗棋布的小岩石岛和碎礁。这里的水道窄而深，一条几百米宽的水道会深达 50 米。有的地方，陡峭的岩石兀然耸立水中；有的地方，巨石形成的岛屿会高出地面几十米。这里的森林内生长着远古时期的松树、云杉和一些落叶林，它们至今都保持着令人惊叹的原始生态。俯瞰 Kolovesi 国家公园，整个地区看似很平坦。可是，当人们乘着小船在这里游览的时候会发现，陡峭的河岸上布满岩石和针叶林，美丽的云杉长在悬崖峭壁间潮湿的深谷中，这里的风景已经不再是"平面"了。

在国家公园的南端，你可以在岩石上找寻到史前人类活动的遗迹。在 Kolovesi 国家公园中，有众多的野生禽类，诸如乌鸦、鹰、红色知更鸟、绿林莺等，所以有些地带是被严格划分出来的，以便保护动物们不受到游客的打扰。在清澈纯净的 Kolovesi 河中，大约有 15 只 Saimaa 海豹在这里安家落户，整个 Saimaa 地区是公园内最精彩的部分。为了保护 Saimaa 海豹，它们的活动区域是不允许人类进入的；而有的区域则是仅仅允许人们步行或是乘小船游览。人们在国家公园里还可以看到水獭、海狸、貛、麋鹿、狐狸、野兔和山猫等动物。

GPS 地址：Hyypiannie-mentie 2, 58175 Enonkoski

电话：020-564120

网址：www.luontoon.fi

林纳萨利国家公园

林纳萨利国家公园（Linn-ansaari National Park）占地 36 平方千米，建于 1956 年，至今已有超过半个世纪的历史。Hankivesi 湖是公园中最重要的一个自然景观，它从 Varkaus 镇向南流到 Savonlinna 镇中心，这条湖中的大多数岛购都属于林纳萨利国家公园。这里有 130 多个大岛屿，还有几百个稍小一些的岩石岛屿，以及无数小小的孤岩和碎礁石，湖边多为岩石和峭壁，整个湖区景致可谓芬兰多湖多岛的典型地貌缩影。

在林纳萨利国家公园里，你可以看到大约超过 40 只生活在这个国家公园中的 Saimaa 海豹。同时，你还可以看见栖息在这里的 70 多种鸟类。其中，有一种被称"鹗"的鱼鹰，它们大量而密集地聚居在一起，甚至可以说，这里鱼鹰的密集程度是全欧洲最高的。此外，这个国家公园的森林中还蕴藏着全芬兰最多的草本植物种群。

在"教堂村"Rantasalmi，有一个湖区中心地，它在整个国家公园中起着重要的作用，它集中展示了这个国家公园的自然风貌。每年的夏天，这里还是巡游国家公园的起始点。在国家公园度假，人们可以尽情参与到各种亲近大自然的运动中，划船、远足、采摘浆果，还可以免费露营、享受到芬兰国粹——桑拿。另外，人们还有机会品尝到湖中盛产的 Vendace 白鲑鱼，煎炸后的 Vendace 白趣鱼分外香脆可口。

GPS 地址：Rantasalmi

电话：040-3221404

网址：www.luontoon.fi

② Day2: 萨翁林纳—约恩苏

从萨翁林纳沿 14 号公路往回走，到 71 号公路路口后进入 71 号公路行驶，60 千米后并入 6 号公路，沿 6 号公路再向北行驶 67 千米即可到达约恩苏。约恩苏是个热闹的大学城，也是旅游中转站，这里丘陵起伏，与湖光山色浑然一体，学生们经常骑车在周边游玩。约恩苏的北卡累利阿博物馆十分值得一看。

约恩苏

约恩苏（Joensuu）是芬兰最东边的观光旅游城市、热闹的大学城，建于 19 世纪中叶。它是卡莱利亚的首府，濒临俄罗斯边境，皮耶利斯河将其分为东西两部分。约恩苏的东正教教堂也是芬兰最美丽的教堂之一，其北面的列克萨（Lieksa）极富刺激性的急流泛舟和古建筑露天博物馆，一直吸引着千千万万的、世界各地的游客。

约恩苏丘陵起伏，湖光山色浑然一体，构成秀丽动人的画面。在诗情画意的风景间，还有不少的刺激动感项目，如水上激流泛舟、陆上飞车奔驰，每样活动都挑战胆识和体力，可满足你的各种爱好。约恩苏每年 6 月末有芬兰歌唱节，届时会有芬兰很多歌唱爱好者和名人来此表演。歌唱节的盛会加上附近湖区的刺激急流及风光如画的远足路线，以及幽默风趣的居民和卡累利阿的美食，一定会让你不虚此行的。

约恩苏也是前往著名的皮耶利宁湖（Lake Pielinen）、科里国家公园（Koli NationalPark）、列克萨（Lieksa）的必经之路，它们都是芬兰经典的户外活动天堂。

GPS 地址：Kirkkoatu 23, 80100 Joensuu（约恩苏美术博物馆）；Koskikatu5, 80100 Joensuu（北卡累利阿博物馆）

电话：13-2675386；13-2675222

网址：www.jns.fi；www.pohjoiskarjalanmuseo.fi

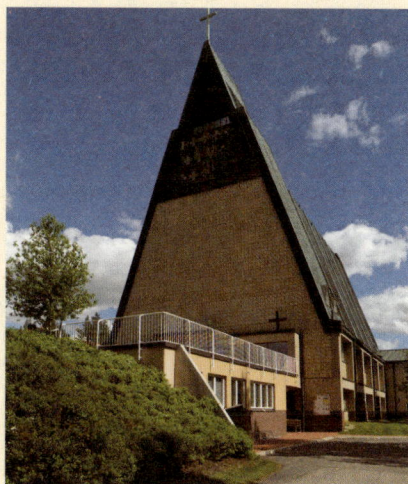

约恩苏美术博物馆

约恩苏美术博物馆（Joensuu Art Museum）永久收藏包括年轻的伊特鲁里亚人的神秘微笑、中国艺术的精华、奥斯卡Parviainen的远见卓识，以及19世纪以来的芬兰艺术家从Von Wright到Edelfelt的经典作品，此外，还有希腊和埃及艺术品。

北卡累利阿博物馆

北卡累利阿博物馆（Pohjois-kaiJalan Museo）是开始游览约恩苏的最佳起点站，永久展览"Karelia-bothsides of the border"向游客展示了卡累利阿作为边界地区、作为东西方文化的交汇点，所拥有的丰富多彩的文化内涵以及广阔地域。Karelia-The Land of Inspiration展详细地向游客描述了20世纪初许多艺术家和学者纷纷到卡累利阿欣赏Pielinen湖的绮丽精致的情景。这里还设有咖啡厅和博物馆纪念品商店。

③ Day3: 约恩苏—伊洛曼齐（徒步）

从约恩苏沿6号公路往回走一点点会看到74号公路路口，从这里进入74号公路、再向东

行驶就可到达伊洛曼齐。伊洛曼齐周围有许多徒步线路，环游卡累利阿是伊洛曼齐和皮耶利宁湖之间有标记的环形路线，这条线是由卡累利阿最好的徒步旅游线路组成的。在伊洛曼齐东南处的Petkeprvi国家公园有一条有标记的徒步路线，通往其北部的Patvinsuo国家公园，这条线再往北正好连接着"熊之路"，即从Patvinsuo国家公园向北经过一个国家公园和保护区就到达Teljo的路线。

伊洛曼齐

伊洛曼齐（Ilomantsi）位于芬兰的最东边，紧贴着芬兰与俄罗斯的国界线，距离约恩苏市约72千米，是芬兰最具有卡累利阿特点的一个市。这里有一个非常吸引人的地区中心，它虽然曾被俄罗斯驱使过，既现代又带点过去的色彩，但确实是值得一看的地方。

伊洛曼齐的主要景点在城市南部的旧卡累利阿人的村落，这

里聚集了北卡累利阿地区的许多木质建筑。这些卡累利阿式的建筑物内部有许多关于芬兰民族史诗《卡勒瓦拉》的展览，还经常举行传统弦乐器康泰莱的演奏会。在餐馆可以品尝到卡累利阿地区的传统菜肴。

科里国家公园

科里国家公园（Koli National Park）特别享有盛名，因为科里山与周围的湖水，被誉为当地的国家级风景区。科里山地已经有了 20 亿年的历史，虽然经常被风雨侵蚀，但现在仍然是芬兰南部最高的地方，海拔 347 米。公园里的主要树种为云杉、节松和桦树。

科里国家公园的范围主要包括科里山的森林和白色花岗岩峭壁；还有皮耶利宁湖（Pielinen）荒原与附近的森林区。这里的植物种类主要是白桦树，山地森林里生长着甚为丰富的草本树丛；蜿蜒曲折的小河，经过连绵翠绿的草原流入皮耶利宁湖。科里国家公园保存有十分多样的野生鸟群，除了不少歌声美妙的鸣禽，还有众多不同种类的极地水鸟，它们栖息在密林中或者湖水旁，融合成动人山水的一部分。

在公园的山地间，遍布着著名的景点，如 Ukko-Koli、Akka-Koli、Paha-Koli、Makm 及 Ipatti 等山岭的高处，都是能让人目穷千里的观景台，时常有画家到那里写生创作。Pimnkirkko 巨石岩洞位于皮耶利宁湖畔，长 33 米的洞府幽深神秘，当地人传说是魔鬼的殿堂。此外，Ukko-koli 山的古祭祀地 Uhrihalkeama，及 Ukko 民俗中心（Ukko Heritage Centre）是喜爱追寻历史者不可错过的文化景观。

GPS 地址：Ylä-kolintie 39,83960 Koli

电话：020-5645654

网址：www.luontoon.fi

皮耶利宁博物馆

皮耶利宁博物馆（Pielinen Museum）位于列克萨小镇中心，是个古建筑露天博物馆，也是芬兰第二大露天博物馆。其主体建筑由售票和信息办公室、咖啡厅、临时展览大厅、两个大厅常设展览组成。这里有超过 70 间的古老建筑，准确地描绘了生活的各个组成部分，如住房、磨房、林业部分和农业部分等，且保存非常完好。其中室内展厅生动地再现

北欧自驾 ▶ 探寻圣洁的美景

了在过去的几百年中，卡累利阿人的生活、劳作方式。

GPS 地 址：Pappilantie 2, 81720 Lieksa

电话：040-1044151

门票：成人 4.5 欧元，儿童 1.5 欧元，团体 3.5 欧元（至少 30 人）

开放时间：5 月 15 日～ 9 月 15 日每日 10:00 ～ 18:00；展厅开放时间 9 月 16 日至次年 5 月 14 日 10:00 ～ 15:00（周二至周五）公共节假日闭馆

网址：www.lieksa.fi

④ Day4: 伊洛曼齐—努尔梅斯

从伊洛曼齐向北沿 514 号公路行驶，24 千米后转入 513 号公路，大约 27 千米后从环岛的 2 出口上 73 号公路，最后沿着 73 号公路行驶经过列克萨（Lieksa）到达努尔梅斯。在进入 73 号公路时其实已经开始绕着皮耶利宁湖行驶了，皮耶利宁湖就像一颗珍珠在北卡累利阿闪闪发光，其四周环绕着迷人的荒野与灵动的小村庄。夏季可以到这里徒步旅行、漂流和垂钓，冬季可以来滑雪。

努尔梅斯

位于芬兰东部的努尔梅斯（Nurmes）别名"桦树城"，是一座美丽的城市，坐落在皮耶利宁水系两个湖泊之间的山上。努尔梅斯拥有大量的卡累利阿早期风格的木屋 Bomba House，Bomba House 位于城外 2 千米的丽特涅米（Ritoniemi），建于 1978 年，是努尔梅斯不可错过的景点。

Bomba House 周围建立了一个"卡累利阿村"。每年夏季、圣诞节和复活节期间，Bomba 都要举行各种丰富多彩的文化活动。这里不仅为游客提供舒适的住宿，也供应当地的特色美食，如各种传统馅饼、小鲑鱼、冷熏白鱼、热熏羔羊、炒锅肉、煎野蘑菇、烤奶酪以及北极黑莓酱等。

GPS 地 址：Suojärvenkatu 1，75500 Nurmes（Bomba House）

电话：013-687201（Bomba House）

食宿提示：有机会可以照着尝试

萨翁林纳食宿

住宿： Perhehotelli Hospitz 离城堡很近，房间古老别致，有一种优雅的气息。GPS 地址：Iinnankatu 20。电话：015-515661。

美食： 萨翁林纳的露天自由市场是品尝休闲小吃的好地方，那里的卷饼一定不要错过。

约恩苏食宿

住宿： Hotel Green Star 是一家注重环保的旅馆，同时设施齐全。GPS 地址：Torikatu16。电话：010-4239390。

美食： 约恩苏的美食也都集中在露天自由市场，有很多烧烤摊和大排档。

重要信息：免费资料别错过

自驾沿途游客中心咨询

名称	地址	电话	开放时间	网址
拉彭兰塔旅游局	Kauppakatu 40D, Maakun-tagalleria	05-667788	6月至8月周一至周五9:00～17:00，9月至次年5月周一至周五10:00～16:30	—
约恩苏旅游局	Koskikatu 5	013-2485319	5月15至9月15日周一至周五9:00～17:00，周六10:00～15:00，周日休息；9月16日至次年5月16日周一至周五9:00～17:00，周六、周日休息	www.jns.fi
伊洛曼齐旅游信息中心 Karelia Expert	Kalevalantie 13, 82900 llomantsi	040-0240072	9月至次年5月周一至周五9:00～16:00，周六、日休息；6月至8月周一至周五9:00～17:00，7月的周六10:00～15:00，其余周六、周日休息	www.visitkarelia.fi
努尔梅斯旅游信息中心	Lomatie 1, 75500 Nurmes	013-481770		

6

冰岛环岛自驾 ——行驶在世界尽头

▶▶ 雷克雅未克（Reykjavík）—维克（Vik）—赫本
（HÖfn）—埃伊尔斯塔济（Egilsstaðir）—胡萨维克
（Húsavík）—米湖（Mývatn）—阿库雷里（Akureyri）—
伊萨菲厄泽（Ísafjörður）—斯奈山半岛（Snaefellsnes）—
朗格冰盖（Langjökull）—蓝湖（Blue Lagoon）

| 线路全长：约 2840 千米 | 所需时间：12 ~ 13 天 | 最佳季节：5 ~ 9 月 |

线路亮点

　　冰岛好比世界的尽头，这里给人的第一感觉是没有一棵树，没有一个人，映入眼帘的是一望无际的、长着黄绿色苔原的火山、岩石和荒漠，但这恰恰是最真实、最原始的美。当你开车环绕冰岛旅行时，一座座火山、冰川从你眼前划过，热泉、活火山、间歇泉、冰湖、冰原、瀑布等定会让你热血沸腾，这里的一切都显现着大自然奇迹般的力量，让人肃然起敬。

冰岛旅游官网

线路规划

Day1：约 185 千米，雷克雅未克—韦斯特曼纳埃亚尔群岛—维克

Day2：约 280 千米，维克—斯瓦蒂佛斯瀑布—杰古沙龙冰湖—赫本

Day3：约 260 千米，赫本—埃伊尔斯塔济

Day4：约 250 千米，埃伊尔斯塔济—黛提瀑布—胡萨维克

Day5：约 85 千米，胡萨维克（观鲸）—米湖（Skutustao-gigar 小镇）

Day6：米湖

Day7：180 千米，米湖—阿库雷里—锡格吕菲厄泽

Day8：200 千米，锡格吕菲厄泽—Hnammstangi

Day9：约365千米，Hnamms-tangi—伊萨菲厄泽

Day10：约620千米，伊萨菲厄泽—拉特拉尔角—斯奈山半岛（欧拉夫斯维克小镇）

Day11：约270千米，斯奈山半岛—朗格冰盖—雷克霍特

Day12：约150千米，雷克霍特—鲸鱼峡湾—蓝湖

线路改变

Day1 ~ Day2：雷克雅未克—Pingvellir国家公园—间歇泉—黄金瀑布—Skogarfoss—Seljalands-foss—维克

Day3：维克—韦斯特曼纳埃亚尔群岛—维克

Day4 ~ Day15：参考之前的Day2 ~ Day12

冰岛环岛自驾线路示意图

亮点速览 ▶▶▶▶▶

① Day1：雷克雅未克—韦斯特曼纳埃亚尔群岛—维克

从雷克雅未克出来后进入1号公路，之后沿着1号公路一直向东南方向行驶，大约120千米后转入254号公路向南可到达Landeyjahofn码头，然后乘坐轮渡前往韦斯特曼纳埃亚尔群岛（Vestmannaeyjar），路上有明确的指示牌，而且路况非常好。

韦斯特曼纳埃亚尔群岛是冰岛南海岸外的火山群岛，岛上岩石裸露，十分荒芜，唯一有居民的地方是最大的岛屿赫马（Heimaey) 岛，那里有个韦斯特曼纳埃亚尔镇。岛上的鸟类非常多，每年光顾此岛的各种鸟类有上百万只，最著名的海鸟叫"海鳞"(Puffin)，因此这里也是观赏鸟类的乐园。在岛上还能看到1973年火山爆发后被火山熔岩掩埋的街道和房屋。

维克最著名的是黑沙滩，另外伸向大海的山岩岬角也是维克十分经典拍摄画面。晚上的维克还能看到美丽的北极光。

哈尔格林姆斯教堂

哈尔格林姆斯教堂（Hallgr-imskirkja) 位于雷克雅未克市中心，是冰岛最大的教堂，同时也是冰岛第六高的建筑。哈尔格林姆斯教堂的建立是为了纪念诗人哈尔格林姆斯对冰岛文学的巨大

贡献。该教堂由冰岛著名的建筑师 Gudjon Samuelsson 设计。教堂外观新颖，为管风琴结构，主厅高30多米，可容纳1200人。主塔高70多米。据说当时冰岛火山爆发后遗留下来的熔岩形状给了 Gudjon Samuelsson 创作灵感，他运用本土的创造素材，使用当地的建筑材料，设计了这坐标新立异、具有冰岛民族风格的教堂。教学内部有电梯，可到达顶部观景台，在此可观赏雷克雅未克风光。

GPS 地址：Hallgrímskirkja, Skólavorðuholti, póstholf 651, 121 Reykjavík

开放时间：9:00 ~ 17:00

门票：观景台500冰岛克朗，儿童100冰岛克朗

电话：045–101000

网址：www.hallgrimskirkja.is

议会大厦

议会大厦（Althingi）是一座建于19世纪的传统建筑，它由丹麦建筑师 Ferdinand Meldahl 设计建造。经过100多年时间的洗礼，现如今只有辩论厅、几间小会议室和某些议员的办公室还坐落在议会大厦内，其他像委员会

会议室、议员办公室和秘书室都坐落在 Austurvollur 广场旁边的其他几栋建筑内。想要参观议会大厦，需要提前发邮件或者打电话预约。

GPS 地址：Kirkjustraeti on Austurvöllur Square

电话：055-630500

网址：www.althingi.is

珍珠楼

珍珠楼（Perlan）是雷克雅未克的标志性建筑，一层的冬园是一个 10000 立方米的展览厅，经常举办音乐会。游客在珍珠餐厅或珍珠咖啡厅享受过美食美酒之后，走上观景台即可欣赏到雷克雅未克绝美的风景。珍珠楼上有一个传奇博物馆 (Saga Museum)，游客身在其中，可以体验冰岛人的生活习俗。

这座楼看上去是个蘑菇形状。那个圆柱形的空间也就是"蘑菇"的柄部，柄部包含了珍珠楼的一层、二层和三层。而四层和五层则是"蘑菇"的冠部。这是一个半圆形的玻璃穹顶，它由 1176 块玻璃格组成，无论是借助夏日的阳光还是冬季的月光，这座建筑都光芒闪烁，酷似珍珠，非常漂亮。另外，在珍珠楼内侧的穹顶上，

还有近千个球形突起，这是为了在夜晚来临时，使室内的人能感受到在星空下的别样感觉。如此设计真是浪漫而美妙。

GPS 地址：öskjuhíð, 125 Reykjaík

开放时间：从 18:30 开始

门票：3900 ~ 5700 冰岛克朗

电话：045-620200

网址：www.perlan.is

劳加达尔斯劳格地热游泳池

劳加达尔斯劳格地热游泳池（Laugardalslaug Geothermal Pool）位于市中心东部的劳加达尔斯劳格山谷，是雷克雅未克最大、设施最齐全的游泳池。整个区域包括两个大型游泳池、几个地热点、一个海水浴场、一个蒸汽浴场以及一个水滑道。室外地热游泳池是冰岛文化的重要组成部分，这里也是游客在雷克雅未克体验地热游泳池并且放松身心的最佳选择。

GPS 地址：Sundlaugavegur 30a Laugaràs

开放时间：周一至周五 8:30 ~ 22:30，周六至周日 8:00 ~ 22:00

电话：044-115100

兰德曼纳劳卡

兰德曼纳劳卡（Landman-nalaugar）是冰岛高地的一个徒步胜地。该地区有很多不同寻常的地理特点，比如在服务区不远处就是色彩斑斓的流纹岩山脉和广阔的熔岩区域。周边地区的许多山脉色彩丰富，有粉红色、棕色、绿色、黄色、蓝色、紫色、黑色和白色。最受徒步者欢迎的两座山脉为蓝峰（Biáhnúkur）和硫波(Brennisteinsalda)。在这里徒步旅行，呼吸着新鲜空气，赏山中的美景，是一种不错的享受。不过这里只有6月到9月下旬为旅游季节，之后道路就封闭了，来的话可要计划好时间。

GPS 地址：位于冰岛南端，靠近海克拉火山

冰岛国家博物馆

冰岛国家博物馆（National Museum of Iceland)是一座全新的现代化博物馆，它为参观者提供全面专业的服务，来展示一个国家的珍贵收藏。博物馆的主旨是为了保存冰岛从早期到现代的文化遗产，这里有很多揭示历史的珍贵展品，使游客徜徉在冰岛历史的长河中，对冰岛有更深刻的了解。

GPS 地址：Suðurgata41, 101 Reykjavík

开放时间：5月至9月10:00～17:00，9月至来年4月11:00～17:00，冬季周一闭馆，重要的节日闭馆

门票：1200冰岛克朗，团体、老人和学生600冰岛 克朗

电话：0354-5302200

交通：乘1、3、6等线巴士至 Haskoli lsland 站下车可到

网址：www.thjodminjasafn.is/english

雷克雅未克艺术博物馆

雷克雅未克艺术博物馆（Rejkiawik Art Museum）是冰岛最大的视觉艺术博物馆。它位于三个不同地点的建筑内。Hafnarhús 是现代艺术中心，展厅内展示了冰岛本地及国际艺术家的深度艺术作品，可以了解到现代艺术的发展；Kjarvahstaðir 主要展示本地及国际艺术家的画

作和雕刻作品；Asmundarsafn
收藏的作品涵盖了 Ásmundur 的
整个艺术生涯，室内室外都有展
示。这里除了众多的艺术藏品外，
还有该国最大的画廊展。在超过
3000 平方米的画廊里，每年都会
举行 20 多次展览，展览主题多种
多样，包括此博物馆的藏品、年
轻艺术家的当代艺术作品，以及
国际知名艺术家的作品等。

GPS 地 址：Hafnarhús:
Tryggvagata 17, 101 Reykjavik;
Kjarvalsstaðir: Flókagata,
105 Rejkiawik, Island;
Asmundur: Sigtún, Reykjavik

开放时间：周五至下周三
10:00 ～ 17:00，周 四 10:00 ～
22:00

门票：年票 3000 冰岛克朗，
成人 1100 冰岛克朗，25 岁以下
学生 550 冰岛克朗，10 人以上团
队 650 冰岛克朗

电 话：Hafnarhús: 0354-
5901200；Kjarvalsstaðir:
0354-5171290；Ásmundur:
0354-5332155

网址：www.artmuseum.is

托宁湖

托宁湖（Tjornin）是位于雷
克雅未克市中心的一个小湖，它
并不是冰岛最大的湖泊，但却是
最知名的一个。大多数前往雷克
雅未克的游客都会在托宁湖边漫
步，因为它就坐落在雷克雅未克
市政府旁边，周围有很多博物馆
以及大学。托宁湖上有很多野鸭、
海鸥、天鹅等野生动物，冬季湖
面通常会被冰层覆盖，但是滚烫
的地热水会为水鸟们开辟出一些
零星的活动区域。

坐在湖边能让人感受到一种
安静的愉悦。湖水清澈灵动，湖
岸的景色也很好，能让人静下来，
享受这份安宁。湖里的动物也给
湖水和周围的环境增加了很多活
力，看到它们在水面上或悠闲或
喧闹的样子，心情也会非常舒畅。
好多人都拿着照相机和摄像机捕
捉这些美好，可见它们是有多讨
人喜爱。

GPS 地 址：Tjörnin, 101
Reykjavik, Iceland

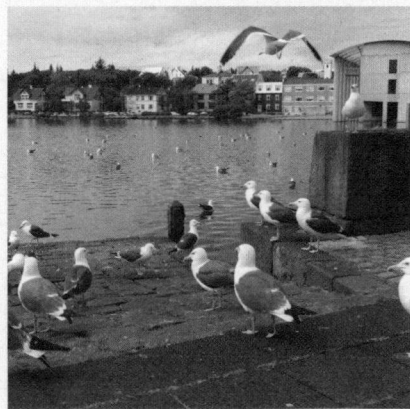

亚柏亚露天民族博物馆

亚柏亚露天民族博物馆（Arbaer Open-air Folk Museun）记录了雷克雅未克的历史，游客在这里可以体验到早期雷克雅未克人的生活、工作和娱乐活动。亚柏亚露天民族博物馆还获得了2006年冰岛博物馆奖，它很好地展示了雷克雅未克人民过去的生活方式。夏季游客还有机会看到当地的野生动物，这里还是老少皆宜的学习历史的好地方。

亚柏亚露天民族博物馆有着深厚的庄园文化底蕴，它展现在我们眼前的是一幅摄人心魄的古老的冰岛文化画卷。这座博物馆展示的主题是不同时期雷克雅未克的农舍发展过程。那些以茅草、泥土简单地搭建起来的茅舍，具有一股淳厚、朴实的气息，和大自然完美地结合在一起，在钢筋水泥构建的现代化城市中保留了一份纯净，守住了农耕文化的根。

GPS地址：Kistuhylur4, Artunsholt, Reykjavik

交通：乘12、24等线巴士至Arbaejarsafn站下车可到

开放时间：6月至8月10:00～17:00，9月至次年5月只可以跟随向导团参观，向导团安排在周一、周三、周五的13:00，团体参观可以预约

门票：1100冰岛克朗，儿童免费，10人以上团体650冰岛克朗

电话：041-16304

网址：www.arbaejarsafn.is

Nylo 艺术博物馆

Nylo 艺术博物馆（Nylo Art Museum）是享誉国际的当代视觉艺术中心。1978年由一群20多岁的艺术家创办，是冰岛最早的非盈利性艺术机构。30多年来，博物馆建立的目的便是为艺术家提供创造和实践的平台。Nylo 艺术博物馆每年举办6～8场展览，另外还通过表演、大屏幕、讨论会等形式提高、展示作品的多样性。

GPS地址：SkúIagata 28, 101 Reykjavík

开放时间：周二至周日12:00～17:00

门票：免费

电话：055-14350

网址：www.nylo.is

韦斯特曼纳群岛

韦斯特曼纳群岛（Vestmanna Islands）是位于冰岛南海岸外的火山群岛，由14个小的岛屿

组成，总面积约 21 平方千米。数年来无数的风暴和海浪雕刻出了韦斯特曼纳群岛陡峭的悬崖，那些风化的无法接近的悬崖却成了数以千计大西洋角嘴海雀安全的栖息地。群岛四处岩石裸露，一片荒芜，唯一有居民的是赫马岛（Heimaey），它是群岛上最大的岛屿，岛上有韦斯特曼纳埃亚尔镇。

GPS 地址：Vik 南部

韦斯特曼纳群岛的海雀

人迹罕至的韦斯特曼纳群岛上，每年 8 月却显得分外热闹。这个时候一些年轻的夫妇会带着他们的孩子来到岛上，并且让孩子留下来住在这里，原因很简单，这些孩子们要拯救小海雀。

成群的海雀一般生活在陡峭的悬崖上，它们在悬崖上挖掘出大洞栖居在这里。小海雀一般在洞里只待 7 个星期，然后它们便离开冰洞去大西洋北部海里学习游泳和捕鱼。但是有些海雀却因为翅膀和腿脚不够发达而没有能力学会捕食，也无法飞回悬崖，因此留在了附近的镇里。在地面上，小海雀不会飞很容易成为猫和其他动物口中的食物。

多年来，岛上居民一直帮助小海雀。孩子们也在 8 月的时候带着厚纸箱和食物来寻找海雀，然后好好照顾它们。等海雀成长，能独立生活后就把它们带到海洋，还给它们自由。

线路改变

Pingvellir 国家公园

Pingvellir 国家公园内最著名的是议会旧址，它位于一个又长又宽的断层旁边，这个断层正巧是欧亚板块和美洲板块的交界处，十分美丽壮观。园内还有冰岛最大的天然湖泊——国会湖，湖有一条裂缝隐没在其中，在那条裂缝下面是一个神秘的"水底世界"。

GPS 地址：雷克雅未克北部

间歇泉

间歇泉（Geysir）是一个大喷泉区，到处冒出灼热的泉水，热气弥漫，如烟如雾。很多热景观可参观，包括喷泉、彩池、喷气孔等。

每次泉水喷发之际，只听洞内隆隆作响，渐渐地，响声越来越大，而且沸水也随之升涌，最后冲出洞口，向高空喷射，中间水柱变成蒸汽能冲上天空约 20 米高，而又随即化作琼珠碎玉落下。

GPS 地址：801 Haukadalu

黄金瀑布

赫伟它大峡谷向南部延伸，河流在黄金瀑布（Gullfoss）上部 1 千米的地方突然向左转，然后坠入一个弯曲的三级"阶梯"，瞬间流入下方两个分别为 11 和 12 米的"阶梯"，最后注入 32 米深的峡谷裂缝，由此形成了壮丽的黄金瀑布。黄金瀑布气势宏大，景色壮观，湍急的水流顺势而下，注入峡谷，落差达 50 多米，发出震耳欲聋的轰鸣。阳光下，在蒸腾的水雾中，布满闪着金色的点点水滴，亮艳的彩虹若隐若现，仿佛整个瀑布是用黄金造就。

GPS 地址：Geysir 东北处

Skógafoss

这个瀑布远观很漂亮，瀑布的旁边有一条上山的小路，沿着这条小路一直走就可以看到一个大冰川的源头，你可以在这里报名参加徒步冰川之旅，去看看冰川的源头。

GPS 地 址：Gönguleiðum Fimmvörðuháls

② Day2: 维克—斯瓦蒂佛斯瀑布—杰古沙龙冰湖—赫本

从维克出发，沿 1 号公路继续行驶，135 千米后到达斯卡夫塔菲尔国家公园，在到达国家公园之前就会看到一望无际的瓦特纳冰原以及唯美的乡村景致。斯卡夫塔菲尔国家公园属于瓦特纳冰原（Vatnajokull）的一部分，位于冰原的最南边，这个公园最有名的是斯瓦蒂佛斯瀑布（Svartifoss）。把车开到山上的停车场，再走一段山路下到山谷，就能看到瀑布的全景了。斯瓦蒂佛斯瀑布是"黑色瀑布"的意思，它是世界十大玄武岩柱状结构景观之一。

瓦特纳冰原是除极地之外世界上最大的冰盖，数十条冰川以碎冰河的形式从中心地带流出。如今的瓦特纳冰原被建成了国家公园，其中就包括斯卡夫塔菲尔国家公园，这个国家公园的面积达到了整个冰岛面积的 11%。

从斯卡夫塔菲尔国家公园往杰古沙龙冰湖（Jokulsárlón

Lagoon）的一路上都能清楚地看到冰川和火山，景致相当好，55千米后可到达杰古沙龙冰湖。杰古沙龙冰湖有一条大约只有几百米的水道与大西洋相连，涨潮的时候，海水会涌进冰湖，退潮的时候，冰湖的水又会流入大西洋，而冰湖里的浮冰也会顺着水流争先恐后地奔向大西洋。出到入海口，潮水又将浮冰推向岸边，千姿百态、晶莹剔透的冰块聚集在入海口两边的黑沙滩上。

过了杰古沙龙冰湖沿 1 号公路再行驶大约 80 千米，可到达赫本。赫本是前往附近冰川旅行的便利基地，其三面环海，风景也是相当不错。

瓦特纳冰川国家公园

瓦特纳冰川国家公园（Skaftafell National Park）位于冰岛东南部，是冰岛面积最大的国家公园及自然保护区。该公园集冰川、火山、峡谷、森林、瀑布为一身，景色非常壮观。比较知名的景点有杰古沙龙冰湖、史卡法特、瓦特纳冰原。

杰古沙龙冰湖

杰古沙龙冰湖（Jokulsarlon）是冰岛最著名也是最大的冰川湖。

很多电影都在杰古沙龙冰湖取景，包括《古墓丽影》《蝙蝠侠诞生》和两部"007"系列电影。来这里可以亲身体验一下电影中的情节，更可以领略冰川盛景，甚至还可以拿一小块冰湖里的冰来品尝，别有一番滋味。

史卡法特自然保护区

史卡法特自然保护区（Scully Falt Nature Reserve)包括冰川、雪山和瀑布，在这里游客可以欣赏到掩映在冰川下的碧绿的灌木丛以及漆黑的火山熔岩山。史瓦提瀑布是这里最著名的景观，由于山体是由黑色的玄武岩堆砌而成的，因此也被称为"黑瀑布"。站在山上向 Sjonarsker 方向远望，可以看到斯凯达拉尔沙漠以及冰岛的最高峰华纳达尔斯赫努克火山。

瓦特纳冰原

瓦特纳冰原（Vatnajokull）是冰岛最大的冰冠，奇特的是冰

下经常分布着熔岩流、火山口和热湖。瓦特纳冰原上有一个巨大的火山口，叫做格里姆火山口。火山口内的热湖深近 500 米，湖泊被 200 多米厚的冰所覆盖，但是冰下这股热量正在慢慢地被融化，也许某天融化了的冰水就会冲破冰层奔涌而出。在瓦特纳冰原的另一个地区，是厄赖法冰盖崎岖不平的火山残迹。据说 14 世纪一次巨大的火山爆发，掩埋和摧毁了周围数千米范围内的一切。

③ Day3: 赫本—埃伊尔斯塔济

从赫本出发，继续沿 1 号公路行驶，约 164 千米后向右进入 96 号公路，沿 96 号公路行驶 60 千米后右转进入 92 号公路，再行驶一会到达 Reyðarfjorður。Reyðarfjorður 是个峡湾里的寂静小镇，风景优美，适合居住。如果到达赫本的时间还早，不妨赶到这里住宿。在小镇附近的峡湾转转，还能看到许多白天鹅。

从 Reyðarfjorður 沿 92 号公路向西北方向行驶即可到达埃伊尔斯塔济 (Egilsstaeir)。埃伊尔斯塔济是冰岛的一个服务业城镇，也是交通运输中心，那里的设施十分齐全，基本都集中在镇中心的十字路口附近。从埃伊尔斯塔济向东沿 93 号公路行驶可到塞济斯菲厄泽小镇（Seyeisfidreur）。这个小镇非常安静，彩色的房屋与远处的雪山相得益彰，十分漂亮。小镇的中心是个不大的湖，房子几乎就是围湖而建的，一座淡蓝色的教堂是小镇的标志。

④ Day4: 埃伊尔斯塔济—黛提瀑布—胡萨维克

从埃伊尔斯塔济出发，沿 1 号公路向西北方向行驶，大约 128 千米后右转进入 864 号公路，沿 864 号公路北行 32 千米可到达黛提瀑布（Dettifoss）。黛提瀑布是欧洲冲击力最强、最大、最壮观的瀑布，它属于格柳沃冰河（Jdkullsárgljúfur）国家公园的一部分，位于公园的最南端。黛提瀑布的气势很像壶口瀑布，但是它的落差要比壶口瀑布高，看起来也很有气势。黛提瀑布四周没有栏杆，没有警示，更没有什么观景台，除了能看到人踩出来的痕迹，其他都是很自然的。

黛提瀑布的北边就是格柳沃冰河国家公园，格柳沃冰河国家公园也被称为冰岛大峡谷

（Iceland's Grand Canyon），现在的格柳沃冰河国家公园已经归属于瓦特纳冰原国家公园的一部分了，站在高高的山坡上便可看到峡谷的纵深。

从黛提瀑布沿 864 号公路穿过格柳沃冰河国家公园，转到 85 号公路行驶即可到达胡萨维克。胡萨维克是著名的观鲸点，世界上有一半的鲸鱼都会经过冰岛，在冰岛北部看到鲸鱼的概率据说高达 99%。看鲸鱼的最佳季节是每年的 4 ~ 5 月，那时大西洋的鲸鱼洄游产卵，坐船出海 1 个多小时就可以到达鲸鱼出没的地点，不仅可以看到鲸鱼，也可以看到海豚围绕船舷嬉戏。

黛提瀑布

米湖湖区附近的黛提瀑布很有名，它宽度约 100 米，高度也有 40 多米，被认为是欧洲落差最大、流量最大的瀑布。来这里可以亲身体验它的恢宏气势。米湖附近还有一个具有传奇色彩的瀑布，叫做"神之瀑布"。

⑤ Day5 ~ Day6: 胡萨维克（观鲸）—米湖（Skutustaogigar 小镇）

从胡萨维克出发，继续沿 85 号公路行驶，大约 9 千米后转入 87 号公路行驶，42 千米后可进入 1 号公路，沿着 1 号公路南行至 848 号公路，然后绕米湖一圈就到达了米湖最迷人的小镇——Skutustaogigar，你可将米湖的几大景致大致游览一遍。米湖地区处于活跃火山地带的中央，这一带的景色非常独特，大自然的杰作在这里到处都是，这里的温泉有可以用"仙境"来形容的湖光景色，汇集数十种珍禽鸟类，是鸟类的天堂。有草木丛生的熔岩岬角，伪火山坑，有两千多年历史的熔岩流凝聚成的迷宫，有地热喷气口和冒着泥浆的硫磺坑，还有让人觉得恐惧的巨大火山坑。

米湖的周边有几大奇景，第一个就是 Skutustaogigar 小镇，简直就是人间仙境；第二个是 Hofol（嫁岩岬角），清澈无比的湖水里矗立着座座岩石，画面唯美；第三个是 Dimmuborgir（熔岩迷宫），堪称是大自然的杰作；第四个是 Hverir 地热区，那跳动的泥浆、蒸腾的热气以及硫磺泉让人大开眼界；第五个是 Hvergall（黑菲尔）火山坑，这是一个直径 1 千米、深 140 米的椭圆型大黑坑，十分壮观；第六个是克拉夫拉（Kmfk），火山口里有个蓝绿色的湖泊，火山口的周围是黑色的岩土以及皑皑白雪，远远看去十分漂亮，克拉夫拉火山口旁边还有一个小火山口，有人称之为炼狱火山口（Víti）。

米湖

米湖（Myvatn）是冰岛的第五大湖。可以搭船游湖，更可在湖畔钓鱼。由于山的屏障，米湖被视为冰岛最干燥的区域之一，天气经常很好，是冰岛最重要的旅游区。米湖除了美丽的景色之外，还保存有完整的火山地理景观，包括地热、间歇性喷泉、火山口等。火山口、地下温泉、克拉夫拉热气田是米湖的三大奇观。雷克雅里德是米湖旅游的首选之

地，主要旅行团、旅客服务中心、住宿区、加油站都在这里，附近还有著名的地热发电场。过了发电场就可以步行到维提湖及附近火山遗迹参观。

克拉夫拉火山

克拉夫拉火山是冰岛北部的火山，火山口直径约 10 千米，高度 818 米。克拉夫拉火山是冰岛最壮丽、最活跃的火山之一，其包含了冰岛两个最著名的维提（Víti）火山口的其中一个，另一个则在阿斯克火山地区。在冰岛语中，Víti 的意思是指地狱，因为在远古时候，当地人认为地狱就在火山的下边。而克拉夫拉火山的维提火山口则是一汪深绿色的湖水，在周围黑压压的群山环绕中相当引人注目，也非常的漂亮。

⑥ Day7: 米湖—阿库雷里—锡格吕菲厄泽

从米湖出发，沿 1 号公路西行可到阿库雷里，中间会经过著名的上帝瀑布 (Godafoss)。阿库雷里紧靠冰岛最好的海湾，是冰岛这个寒冷的国度里最温暖的地方，其地处北极圈边缘，背依雪山，面临碧湖，风景秀丽，有"北极圈边的花园城市"的美誉。阿

库雷里有着除雷克雅未克之外最好的饭店、咖啡馆及电影院，并且偎依在冰雪覆盖的群峰下。在阿库雷里的南部有着深受出游家庭喜爱的森林。

过阿库雷里继续沿 1 号公路行驶，9 千米后右转进入 82 号公路，沿 82 号公路、76 号公路一直向北行驶即可到达锡格吕菲厄泽（Siglufjörður）。镇格吕菲厄泽是冰岛位置最北的小镇，这里的环境非常吸引人，以前小镇的捕鱼业给当地带来了狂热的活动和无尽的财富，如今它却有着与世隔绝的宁静。小镇同时也是徒步旅行、钓鱼和滑雪的理想地点，不过冬天很难进入这个镇子。

⑦ Day8: 锡格吕菲厄泽 — Hnammstangi

从锡格吕菲厄泽出发，继续沿 76 号公路行驶在海岸边，大约 80 千米后右转进入 75 号公路，并行驶 13 千米到达峡湾的一个小镇，过小镇后进入 744 公路行驶，穿过连绵的山脉后进入 74 号公路南行，然后便可回到 1 号公路，沿 1 号公路再行驶 54 千米转入 72 号公路北行就到达 Hnammstangi。到 Hnammstangi 就是为了看海狮，不过只能隔海观望，傍晚的时候海狮都睡觉了，早上它们才活动，所以最好早起去看。

⑧ Day9: Hnammstangi— 伊萨菲厄泽

从 Hnammstangi 返回至 1 号公路，然后沿 1 号公路继续行驶约 28 千米，再右转进入 61 号公路，沿 61 号公路一直行驶即可到达伊萨菲厄泽。这一路都是峡湾风光，偶尔会看到几间房屋，不过路边草滩地上的一簇簇雪绒花十分抢眼。伊萨菲厄泽好比大地的尽头，那里是冰岛西峡湾最大的定居点，在令人眩晕的群山和深深的峡谷中，宁静的小镇风情、古老雅致的旧建筑，给人一种遗世独立的平静感。

从伊萨菲厄泽沿 61 号公路继续行驶到底就可到达博隆加湾（Bolungarvik），博隆加湾位于 Isafjareardjup 峡湾边上。在博隆加湾附近找个地势高点的地方观看，你会发现那里的风景非常大气。

伊萨菲厄泽

伊萨菲厄泽（Isafjordhur）是冰岛西峡湾区的一个小镇。这座城镇算是西部峡湾区的首府，镇里还有购物街、游客中心、酒店甚至咖啡茶座，在这个荒凉的火山脚下透露着淡淡的城市气息。在城镇附近还有一座西部峡湾历史文物博物馆，在这里可以看到很多渔船模型、打渔工具和图片等，可以了解冰岛的渔业发展史。这里还有一座教堂，既简约又气派，夏季的时候还会举行音乐节，给小镇增添了不少热闹气氛。

⑨ Day10：伊萨菲厄泽一拉特拉尔角一斯奈山半岛（欧拉夫斯维克小镇）

从伊萨菲厄泽出发，沿 60 号公路向南行驶，大约 50 千米后可到达 Dyra Qdreur 峡湾边上的小镇辛盖里（Pingeyri），在小镇背后的山坡上，有一条岔路可以上到一个叫 Sandafell 的地方，那里可以俯视峡湾的美景。过辛盖里继续沿 60 号公路行驶，翻过一座山后到达 Amarfjdreur 峡湾边的赫拉本塞里（Hranfnseyri）小镇，这个小镇有座教堂和几栋房子，很漂亮。过赫拉本塞里继续行驶可远远地看到一个壮观的瀑布，瀑布的所在地叫丁扬迪（Dynjandi）。

沿 60 号公路行驶到最南端就是 Flókalundur 小镇，从这里沿

62 号公路西行，之后转入 612 号公路走到头，再经一段沙石路可到达冰岛西峡湾的最西端——拉特拉尔角（Látmbjarg）。拉特拉尔角是世界最大的海鸟栖息地之一，这里有冰岛最大的海蚀岩，长达 14 千米，最高处高达 441 米，十分壮观。在悬崖边没有任何围栏，也没有人工的路径，一切都保持着自然状态，来这的游人也很少，从不同的角度可以看拉特拉尔的岬角，很特别。天气晴朗时，站在拉特拉尔角的最高处，向东南方向望，可以看到斯奈山冰川。向西望去，海天相连，大海的那边就是格陵兰岛。

从拉特拉尔角沿原路返回至 Flókalundur 小镇，然后继续沿 60 号公路东行，大约 195 千米后右转进入 54 号公路，最后沿 54 号公路一路西行就可到达斯奈山半岛的美丽小镇——欧拉夫斯维克（ólafsvík）。欧拉夫斯维克是

个很可爱的小镇，那里的居民不到 1000 人，游客中心的工作人员十分热情。在前往欧拉夫斯维克的中途还会经过斯蒂基斯霍尔米（Stykkishólmur），那里的教堂十分特别，有兴趣可以拐弯进去看一下。

拉特拉尔角

拉特拉尔角是世界最大的海鸟栖息地之一，并且以其壮观的峡湾而闻名。拉特拉尔角周边地区是冰岛除了内陆地带，定居人口最少的地方。这里有海鸟、起伏的悬崖和峭壁、北极狐和它们的栖息地以及零落在岸边的小渔村。拉特拉尔角拥有欧洲最大的海鸟栖息悬崖，长 14 千米、高 440 米，常年吸引着许多旅游者前来参观，人们会带着各种各样的高级照相机和摄像机等工具来记录这自然界的精灵们。

⑩ Day11: 斯奈山半岛—朗格冰盖—雷克霍特

从欧拉夫斯维克出发，沿斯奈山半岛的环岛公路绕行，路上都是黑色的砾石滩、阴凉的山脉，地面全是坑洼的黑色熔岩礁石，举目望去看不见任何生命的迹象。沿路也会遇到美丽的灯塔、潟湖以及 1948 年的一艘英国海轮残骸构件。绕到斯奈山半岛南部的海德纳尔（Hellnar），可以看到遍地黑黝黝的火山岩，其中海边一个很大的海蚀洞十分神奇。

出了斯奈山半岛后进入 54 号公路，大约 100 千米后左转沿 1 号公路行驶，约 18 千米后右转进入 50 号公路，沿着 50 号公路东行至 518 号公路，沿 518 号公路东行经雷克霍特（Reykholt）可到达朗格冰盖的边缘。在 50 号公路转入 518 号公路之前，会有一个岔路去代尔卡通加（Deildartunguhver），这里有冰岛最大、最臭的地热喷泉，浓烈的臭鸡蛋味让人受不了。

朗格冰盖（Langjokull）一望无际，但是车不可以开进去，只能停在上冰盖的工作站。游览冰盖可以选择徒步或者乘冰原车。朗格冰盖如今看上去依旧有点灰，原因就是埃亚菲亚德拉冰川（Eyj#dkjokull）下面的艾雅法拉火山（Eyjafjalk）爆发时产生的大量火山灰落在了冰盖上面。在雷克霍特附近还有个著名的熔岩瀑布（Hraunfossar），这个瀑布看不到水流源头，水都是从火山熔岩浸流而出的，十分独特。

德尔达图赫菲温泉

德尔达图赫菲温泉（Deild-artunguhver）是冰岛最大的温泉，水温最高达 97℃。同时它也以水流速度快而出名，达 180 公升/秒，是欧洲水流速度最快的温泉。在游玩了一天之后可以泡泡温泉来解除一天的疲惫。温泉的一部分水资源还用于向 34 千米外的波加内斯和 64 千米外的阿克兰斯两市供热。

GPS 地址：距离雷克雅未克 70 千米

⑪ Day12: 雷克霍特—鲸鱼峡湾—蓝湖

从雷克霍特返回到 50 号公路，之后沿 50 号公路向南行驶，一直可到鲸鱼峡湾（Hvalfjörður）边的 47 号公路。沿着 47 号公路行驶在鲸鱼峡湾边，可以清楚地欣赏美丽的峡湾风光。过了鲸鱼

峡湾后进入 1 号公路行驶至雷克雅未克，然后沿 41 号公路向蓝湖（Blue Lagoon）方向行驶，最后沿 43 号公路到达蓝湖。蓝湖是冰岛最著名的地热温泉，湖底的白色泥膏有很好的美容效果。在蓝湖的湖中搭有一些露台，上面放了一些木桶，桶中是工作人员特地挖出的泥膏，专供泡温泉的客人使用，可以把这些泥膏抹在脸上或身上。

蓝湖

蓝湖（Blue Lagoon）是冰岛最大的温泉，所在地地热发达，即使是在雪花飘飞的时候，你仍可以泡在暖融融的水中，充分享受泡温泉的舒适。这里的湖水呈蓝色和乳白色，富含火山矿物质，还有具有洁净和活血作用的天然白泥，具有很好的美容保健功效，所以人们称蓝湖是个"天然美容院"。

蓝湖的形成十分特别，海水经过地下高热火山熔岩层而吸收热量，水中含有许多化学与矿物结晶。这些结晶已被冰岛医学院证明，对舒缓精神压力具有某种疗效，因此从蓝湖中提炼出来的各种产品也受到肯定。不过进入蓝湖时不要过于兴奋，要沿着沙

地缓缓下去，因为水底起伏不平，要小心避免撞到忽然出现的熔岩，出现危险。

GPS 地址：Blue Latoon

开放时间：9 月至次年 5 月 10:00 ～ 20:00，6 月、8 月 16 ～ 8 月 31 日 9:00 ～ 21:00，7 月至 8 月 15 日 9:00 ～ 24:00

交通：乘当地的旅游巴士可以到达

食宿提示：有机会可以照着尝试

维克食宿

住宿：维克小镇非常小，旅馆也少。推荐 Hotel Lundi Restaurant。GPS 地址：Vikurbmut。电话：0354–4871212。

美食：Strondin Bistroand Bar 就位于 1 号公路旁。

赫本食宿

住宿：Hotel Hofn 是家商务旅馆，这里的大部分房间都能看到大海和冰川。GPS 地址：Vikurbraut。电话：047–81240。

美食：Hotel Hofn 的两个餐厅都提供正餐、快餐和自助餐，其中比萨饼十分有创意。

埃伊尔斯塔济食宿

住宿：Hotel Edda 位于 Tjamarbrau 附近，游泳池对面的学校里，房间有独立卫生间。电话：044–440000。

美食：Hotel Edda 有一家能总览全景的餐厅，镇上 Shell 加油站的套餐也不错。Cafe Nielsen 从素食汉堡到扇贝应有尽有。GPS 地址：Tjamarbraut1。电话：047–12626。

胡萨维克食宿

住宿：Visir Gusethouse 是一家非常奇特的小旅店，位于一个鱼肉工厂里，一半的房间能看到海景，设施齐全。GPS 地址：Gararsbraut 14。电话：085–65750。

Kaldbaks–kot 是位于胡萨维克以南 2 千米的木屋旅馆，房间舒适，价格适中，设施十分齐全。电话：046–41504。

美食：Salka 有丰富多样的本地菜肴，也有汉堡和比萨。GPS 地址：Gararsbraut 6。电话：046–42551。

米湖食宿

住宿： Hraunbmn 是活动房屋式旅馆，价格便宜，可做饭和洗澡。电话：046-44103。

Hotel Reykjahlið 位于湖畔，房间里都有浴缸，十分舒适。电话：046-44142。

美食： Hote lReykjahlið 有一家酒吧和餐厅，其他吃饭的餐厅很少。

阿库雷里食宿

住宿： Akur-Inn 是一个老房子改成的旅馆，房间舒适，也很有历史的味道。GPS 地址：Brekkugata 27a。电话：046-12500。

Gula Villan 很适合家庭住宿，房间十分干净。GPS 地址：Brekkugata 8。电话：089-68464。

美食： Greifinn 是个很热闹的地方，常有家庭聚餐、生日聚会，菜品多种多样，其中比萨饼十分受欢迎。GPS 地址：Glerargata 20。电话：046-01600。

Bautinn 全天营业，价格公道，量足。电话：046-21818。

伊萨菲厄泽食宿

住宿： Hotel Edda 内，装饰简单。电话：044-44960。

在镇中心有家时髦的酒店，十分具有商务风格。电话：045-64111。

美食： Kaffi Edinborg 位于文化中心，菜单上的菜品十分齐全，很受当地人喜欢。电话：045-64400。

斯奈山半岛食宿

住宿： 欧拉夫斯维克的中心位置有家舒适的旅馆，如果不介意用公共浴室，房价可以优惠一半。电话：043-61650。

镇东 1 千米处有个带篷的露营地。电话：043-61543。

美食： 欧拉夫斯维克吃饭的地方很少，旅馆有餐厅但价格贵，可以去街对面的面包店。

朗格冰盖食宿

住宿： Hotel Reykholt 位于雷克霍特，是一家现代旅馆，房间小但舒适。电话：043-51260。

美食： Hotel Reykholt 有自己的饭店。

重要信息：免费资料别错过

自驾沿途游客中心咨询

名称	地址	电话	开放时间	网址
斯卡夫塔菲尔国家公园游窖中心	斯卡夫塔菲尔国家公园	047-81627	6月至8月8:00~21:00；5月和9月10:00~15:00	www.ust.is
埃伊尔斯塔济旅游局	露营地	047-12310	每天9:00~17:00	www.east.is
米湖旅游局	Hraunvegur8	046-44390	6月至8月9:00~19:00；5月和9月周一至周五10:00~17:00，周六、周日10:00~16:00；10月至次年4月周一至周五10:00~17:00	www.visitmyvatn.is
阿库雷里旅游局	Hafnarstraeti82	046-27733	6月中旬至8月7:30~19:00；5月至6月上旬和9月周一至周五8:00~17:00，周六、周日10:00~14:00；10月至次年4月周一、周六10:00~14:00,周五8:00~16:00	www.nordurland.is
伊萨菲厄泽旅游局	伊萨菲厄泽	045-08060	6月中旬至8月周一至周五8:30~18:00，周六、周日10:00~13:00；9月至次年5月周一至周五9:00~16:00	www.vestfirdir.is
斯奈山半岛旅游局	Stykkish 6 Imur(斯蒂基斯霍尔米）	043-38120	6月至8月周一至周五7:00~22:00，周六、周日10:00~19:00	—

冰岛教会山瀑布